国学公开课系列

孙子公开课

刘亚玲 ◎ 编著

当代世界出版社

图书在版编目（CIP）数据

孙子公开课 / 刘亚玲编著 .—北京：当代世界出版社，2016.11
ISBN 978-7-5090-1147-8

Ⅰ.①孙…　Ⅱ.①刘…　Ⅲ.①孙武—军事思想—思想评论　Ⅳ.①K825.2②E892.25

中国版本图书馆 CIP 数据核字（2016）第 266482 号

书　　名：	孙子公开课
出版发行：	当代世界出版社
地　　址：	北京市复兴路4号（100860）
网　　址：	http：//www.worldpress.org.cn
编务电话：	（010）83907332
发行电话：	（010）83908455
	（010）83908409
	（010）83908377
	（010）83908423（邮购）
	（010）83908410（传真）
经　　销：	新华书店
印　　刷：	北京时捷印刷有限公司
开　　本：	710毫米×1000毫米　1/16
印　　张：	17.5
字　　数：	270千字
版　　次：	2017年3月第1版
印　　次：	2017年3月第1次
书　　号：	ISBN 978-7-5090-1147-8
定　　价：	39.80元

如发现印装质量问题，请与承印厂联系调换。
版权所有，翻印必究；未经许可，不得转载！

前言

《孙子兵法》一书作为我国古代最伟大的军事著作之一，其军事思想至今仍然光芒万丈，具有世界范围的影响力。作为军事著作的《孙子兵法》，不仅对当今世界军事学起着弥足珍贵的启迪意义，其所蕴含的丰富而又深刻的哲理在我们日常生活的各个方面也具有极强的指导意义。尤其是在现代商业竞争中，它的作用已被愈来愈多的商界人士所重视。

据说，第二次世界大战结束后的日本商界，《孙子兵法》几乎人手一册，更有甚者，号称日本"经营之神"的松下幸之助，竟把《孙子兵法》列为松下公司全部管理人员的必读书。日本商人为何如此痴迷于中国古代的一本兵书呢？这在当时很让国人费解，但纵观战后日本经济的腾飞，以及日本商人高超的商战韬略，人们起码可以得出这样一个结论：《孙子兵法》的战争艺术与现代商战韬略有很多内在的联系。基于当今世界经济全球化，市场竞争空前惨烈，比之于战争也毫不夸张，如何打赢现代商战，制定自己的商战谋略，成了每一位企业决策者的必修之课。《孙子兵法》所提倡的上兵伐谋、兵贵神速、出奇制胜、先为不可胜、避实就虚、知己知彼、重用人才等对现代商战极富启示意义。因此，从这一方面来解读孙子的兵法谋略是有着巨大价值和空间的。本书正是以孙子的兵法谋略为底料，从《孙子兵法》中汲取智慧，试图将孙子的兵法谋略与现代商战有机地结合在一起，为广大读者朋友编写一本商战谋略全书。

一部《论语》可治天下，一部《孙子兵法》亦足以称霸商场。前人的智慧，后人的财富，古为今用。值得提醒读者的是：《孙子兵法》最讲究的就是灵活二字，所以在运用时万不可刻舟求剑，胶柱鼓瑟，不知变通，此乃读书之大忌也！

　　当然，作为一本研究孙子及其兵法谋略的书，本书不仅限于商战，而且将孙子的兵法谋略在处世中的重要意义也一并奉献给了读者。另外，为了证明其可操作性和典型性，又用孙子的兵法谋略在历代政治得失上的影响来加强其指导作用。相信读者在读完本书之后一定能领略到《孙子兵法》的商战艺术和处世智慧的精髓。

目录

第一章 东方谋略——孙子和他的《孙子兵法》

孙子是世界军事史上最负盛名的思想家之一,他的思想不但在中国,而且对中国之外的许多国家都有很大影响。

《孙子兵法》一书自问世以来,就对中国古代军事学术的发展乃至整个中国传统社会的进步产生了极其深远的影响,被人们尊封为"兵经""百世谈兵之祖"。历代军事家、政治家甚至是医学家无不从中汲取养分,用于指导其自身的实践。

进入近代以后,《孙子兵法》则奇迹般地成为了商人们的"经营《圣经》"。

孙子其人 ……………………………………………………… (2)
《孙子兵法》的思想与智慧 ………………………………… (4)
享誉世界的东方圣典 ………………………………………… (7)
百家皆尊的制胜秘诀 ………………………………………… (9)

第二章 做人不妨活一点——孙子与现代人的处世之道

孙子与现代人的处世之道,有些人看了这个题目或许会产生疑问,那是一本兵学书,怎么能与处世扯上关系?难道让我们用其中的"诡道"谋略去处世?然也,我们正是建议用"诡道"去处世,当然前提是正确理解孙子所谓的"诡道",万不可把它当成走入邪道的工具。

《孙子兵法》教你处世就是告诉你:做人不妨活一点。

暂时让步以图更好地选择 ……………………………………（14）
动人心者先乎情 ………………………………………………（16）
临危不乱,随机应变 …………………………………………（18）
察微知著,细节决定成败 ……………………………………（20）
敢于挑战权威 …………………………………………………（22）
交往贵在相互理解 ……………………………………………（24）
敢于以奇招表现自我 …………………………………………（26）
利而诱之,惩治奸诈之徒 ……………………………………（28）
防人之心不可无 ………………………………………………（31）
灵活应对各种人 ………………………………………………（33）

第三章 创业凭什么——孙子教你走出创业之路

有人说:掌握了成功创业之道,就等于拿到了成功创业的钥匙。确实如此,非凡的成功,不同凡响的创业招数,最实用、最有效的创业方法都是有章可循的。而当我们翻开《孙子兵法》一书时,就会惊奇地发现,原来孙子早在两千多年前,就为我们精心制作了一本无往而不利的创业秘籍。

借米下锅,没有资本要会找 …………………………………（40）
人脉即财脉,早为创业储备社会关系 ………………………（43）
企业会在危机感中壮大 ………………………………………（47）
先发展自己,再寻找机遇 ……………………………………（50）
标新立异,创业需要创新 ……………………………………（55）
单干难成大事,合伙生意风险小 ……………………………（58）

第四章 商者，诡道也——孙子谋略与现代商战的制胜之道

孙子云："凡战者，以正合，以奇胜。故善出奇者，无穷如天地，不竭如江河……战势不过奇正，奇正之变，不可胜穷也。奇正相生，如循环之无端，孰能穷之？"孙子指出决战靠"奇兵"取胜，作战的方式无非"奇""正"两种，但其变化却无穷无尽。孙子又云："攻其无备，出其不意。"这一作战思想对商战的启示是：市场竞争要靠"出奇"的诡道韬略制胜。

市场竞争不相信眼泪 …………………………………………（62）
以实力说话，不可盲目出击 …………………………………（65）
危言耸听，百事反败为胜 ……………………………………（69）
投石问路，艾柯卡力挽狂澜 …………………………………（72）
捏住软肋，戴尔与对手玩柔道 ………………………………（74）
攻其不备，古耕虞出奇招整洋商 ……………………………（77）
反传统反垄断，避实而击虚 …………………………………（79）
商场如战场 ……………………………………………………（81）
假痴不癫，小心笑容背后的陷阱 ……………………………（83）
"金融鳄鱼"巧破"毒丸" ……………………………………（86）
灵活取舍，不与对手硬拼 ……………………………………（90）

第五章 不打无准备的商战——孙子谈现代商战的策划之道

"夫未战而庙算胜者，得算多也；未战而庙算不胜者，得算少也。多算胜，少算不胜，而况于无算乎！吾以此观之，胜负见矣。"《孙子兵法》军事思想的一大亮点是强调对战争的准备，孙子指出只有经过精心策划的作战方案，才有胜算的把握。

做生意讲究生财之道。商战中，善于精心策划者必然财源滚

滚，不善于策划者则可能被淘汰出局。

商业策划以精准的预测为根本 …………………………………（96）

"专案定位"，攻击对手弱点 …………………………………（99）

面向大众，精心谋划 ……………………………………………（102）

广告策划，常用常新 ……………………………………………（106）

尤伯罗斯：巧妇能为无米之炊 …………………………………（110）

巧施烟幕，迂回制胜 ……………………………………………（115）

不要小看比你弱的对手 …………………………………………（117）

开风气之先，抢占市场 …………………………………………（120）

第六章　知己知彼，百战不殆——孙子与现代商业的信息战

孙子在《孙子兵法》里用一个整篇来论述了谍报工作在战争中的重要性，指出在战时要做到"知己知彼"，就必须要重用间谍，"故明君贤将，所以动而胜人，成功出于众者，先知也。"

在经济日益全球化的今天，企业之间的交往日趋密切，可以说情报工作是决胜商战的前提。要在商战中制胜，得了解竞争对手的情况，但也要做到保守自身的商业机密。

保密，筑起反商谍的防火墙 ……………………………………（126）

"技术扒手"，无孔不入 ………………………………………（129）

情报信息是决策成败的关键 ……………………………………（133）

重金收买，情报扭转乾坤 ………………………………………（137）

将计就计，反间更具杀伤力 ……………………………………（139）

巧用信息，先发制人 ……………………………………………（143）

谍中谍，让人防不胜防 …………………………………………（146）

闭门造车没好处，利用信息广赚钱 ……………………………（150）

全方位地获取信息 ………………………………………………（152）

第七章　上下同欲者胜——孙子与现代企业的团队精神

　　孙子在《孙子兵法·谋攻篇》里提出"上下同欲者胜"，在《计篇》中又说到"道者，令民与上同意也，故可以与之死，可以与之生，而不畏危"。这说明孙子非常重视军心向背对战争的影响。

　　在现代商战中，人们一般都把团队精神、团队作战能力视为企业发展的支柱。而如何保证"上下同欲"，这是商家要研究的主要谋略。

高明的决策者可以带企业走向辉煌……………………（156）
发动全体职员改进工作…………………………………（160）
毫无保留地接纳意见……………………………………（163）
激情利剑无所不能………………………………………（165）
进退一致，方能所向披靡………………………………（167）
独木不成林，独花不是春………………………………（169）

第八章　形象宣传懂谋略——孙子与现代企业的形象塑造

　　对现代企业来说，产品的质量固然最为重要，但形象宣传也不容忽视。单纯的地段式的广告宣传只能让你做到第一步：让顾客注意到产品的存在。但一则好的宣传方案却能让顾客眼前一亮，永生难忘。所以生意人必须在宣传上下功夫，运用行之有效的宣传手段。孙子曰："奇正相生，如循环之无端，孰能穷之？"而广告与质量正是商战中的奇与正，故此，不能不重视。

赞助公益，让"仁"的形象更加高大…………………（174）
提高知名度，扩大市场占有率…………………………（176）
"礼品"开路，白兰地倾倒美国…………………………（178）

巧借名人效应，摆脱经营困境 …………………………………（181）

企业宣传也要斗智斗勇 ………………………………………（184）

吸引顾客要卖巧又学乖 ………………………………………（186）

借树开花，造势宣传出奇迹 …………………………………（188）

第九章　善于合作，追求双赢
——孙子与现代企业的战略合作意识

"故用兵之法，十则围之，五则攻之，倍则分之，敌则能战之，少则能逃之，不若则能避之。故小敌之坚，大敌之擒也。""集中兵力，避实就虚"是《孙子兵法》一条经典的指导思想，其目的是时刻保持自己的优势，以自己的优势兵力打击敌人的薄弱环节，这一指导思想也可用在商战中。在自己的实力不足时，可以通过与人合作达到壮大自己、弥补自己不足的目的。

取长补短，追求双赢 …………………………………………（192）

合作是壮大自己实力的手段 …………………………………（195）

多兵团作战，有钱大家赚 ……………………………………（197）

欲取先予，互惠互利共同发展 ………………………………（201）

在商言利，要合作更要竞争 …………………………………（205）

联合制胜 ………………………………………………………（209）

靠着大树好乘凉 ………………………………………………（211）

第十章　得人才者得天下——孙子的用人之道

孙子高度重视人才。他提出："兵众孰强？士卒孰练？"孙子的这一军事思想对现代商战颇有指导意义：现代商战首先是人才的争夺战。特别是在高度现代化的今天，可以说人才是商战制胜的关键。

用人只用聪明人 …………………………………………………… (218)

学会尊重每一位员工 ………………………………………………… (221)

为人才而收购对手 …………………………………………………… (224)

薪酬是争夺人才的手段 ……………………………………………… (227)

提升所有员工的竞争力 ……………………………………………… (231)

用纪律来保障企业的发展 …………………………………………… (235)

视"员工"如子 ……………………………………………………… (239)

第十一章 攻心为上——孙子与现代商家赢得客户的谋略

《孙子兵法》中指出,打仗的最高境界是用谋略战胜敌人,使用攻心战术,使敌屈服,而不是直接与敌人交锋。如"上兵伐谋,其次伐交,其次伐兵,其下攻城""不战而屈人之兵,善之善者也"。

在商战中,除了挖空心思与对手竞争,还不应忘了要"俘虏"客户,当然这两者是统一的,但客户是最终的决定因素,赢得了客户的信任就等于是赢得了商战的胜利,而对待客户的最好韬略就是"攻心为上"。

了解客户的心理需求 ………………………………………………… (244)

多花心思打广告 ……………………………………………………… (247)

巧妙地调动客户兴趣 ………………………………………………… (249)

赞美的语言最能打动客户的心 ……………………………………… (251)

别把顾客当作实验品 ………………………………………………… (254)

多收集客户的资料 …………………………………………………… (256)

让客户自己说服自己 ………………………………………………… (260)

攻心为上,说到他人心里去 ………………………………………… (262)

第一章 东方谋略
——孙子和他的《孙子兵法》

  孙子是世界军事史上最负盛名的思想家之一，他的思想不但在中国，而且对中国之外的许多国家都有很大影响。

  《孙子兵法》一书自问世以来，就对中国古代军事学术的发展乃至整个中国传统社会的进步产生了极其深远的影响，被人们尊封为"兵经""百世谈兵之祖"。历代军事家、政治家甚至是医学家无不从中汲取养分，用于指导其自身的实践。

  进入近代以后，《孙子兵法》则奇迹般地成为了商人们的"经营《圣经》"。

孙子其人

孙子是《孙子兵法》的作者，原名孙武，字长卿，春秋末期人，其出生年代据推算在公元前550年至公元前540年之间。

孙武的祖籍是春秋时一个小国——陈国，位置大概在现今的河南与安徽的交界处。孙武七世先祖陈完本是该国国君陈厉公的儿子，由于宫廷爆发内讧，陈完怕祸及自身，逃难到齐国。其时齐国由桓公当政，封陈完为工正，即掌管齐国手工业生产的官职。这时的陈完改姓田，原因是当时陈与田音同义通。及至田完的四世孙无宇时，生有二子，一为恒，二为书。田书被当时齐国君主齐景公派去讨伐齐国的邻国莒国，立有战功，被王室赐姓孙，食采于乐安（一说今山东省惠民县）。自此开始，孙氏一家成了军事世家。

孙武的父亲叫孙凭，孙凭是孙书的儿子。当时，齐国发生内乱，孙凭为避祸乱而率全家逃难到了南方的吴国。这时的孙武虽只有20余岁，但钻研兵法颇有成就。他藏形而不露，过着亦耕亦读的田园生活。

中国原始社会末期中原部族联盟首领舜，据传是陈国人的祖先，孙武因此也被视为是舜的后裔。《吴越春秋》里记载，孙武发怒时，"两目忽张，声如骇虎，发上冲冠，项旁绝缨"。可见其双眼有神、声音洪亮、体魄健壮、满头乌黑硬发，是一位标准的豪侠之士。他的性格内向、耿直，语言明快，思想深刻。

在吴国期间，发生了一件对孙武的命运产生决定性影响的事情，这就是历史上有名的吴宫教战。

原来，当孙武到吴国后，被楚国亡臣伍子胥发现，相谈之下，引为知己；后又由伍子胥推荐给吴王阖闾，阖闾对孙武的兵法极为赏识，当即派180名宫女，以作练兵示范。孙武严于军令，当着吴王的面，斩掉两名不服从军纪的队长，而这二人正是吴王的爱姬。吴王虽万分惋惜，但在伍子胥一再劝导下，确认孙武是一位既能运筹帷幄，又可决胜千里的安邦定国的奇才，于是封孙武为上将军，令他日夜练兵，为争霸诸侯国作准备，而吴国争霸的第一个敌人就是当时强大的楚国。

几年后，吴国正式向楚国开战，并以孙武和伍子胥为统帅。孙武利用楚国内忧外患的时机，联合唐、蔡两国军队，与伍子胥一起，率水师溯河西上，中途突然决定改变沿淮水进军路线，在今河南潢川淮河的一个弯曲部位舍舟登陆，迅即通过大别山与桐柏之间的黄岘关、武胜关、平靖关三道关口，直插楚国要害部位。楚军被迫仓促应战，经过前哨战和柏举决战，楚军大败而逃。孙武率军乘胜追击，11天行军700里，五战五捷，占领楚国都城郢，楚昭王弃城南逃，吴军则声威大震。这次战役中，吴军以3万人对楚军20万，出征千里之外，竟取得辉煌战绩，令人不胜感叹。战国时期军事家尉缭子赞赏说："有提十万之众，而天下莫当者谁？曰桓公也。有提七万之众，而天下莫当者谁？曰吴起也。有提三万之众，而天下莫当者谁？曰武子也。"可见对孙武用兵之神推崇备至。而近代历史学家范文澜先生也把柏举战役称作"东周时期第一大战争"。

吴楚战争结束后，吴国的霸业在继任者夫差的手下已初具规模，而这时的孙武却看穿了其刚愎自用、暴戾残忍的本质。明智地选择了退隐山林，终老其身。

《孙子兵法》的思想与智慧

《孙子兵法》是我国同时也是世界上最古老的一部兵书,自诞生以来一直为历代政治家、军事家、商人、学者奉为至宝。该书对中国历代军事学术的发展产生了巨大而深远的影响,被人们奉为"兵经""百世谈兵之祖"。

《孙子兵法》共 13 篇,约 6000 字,言简意赅,正可谓字字千钧,掷地有声,令人回味无穷。它从"计"开始,到"用间"结束,把用兵中的各个侧面、各个环节都论述得细密而周全。特别是由于它使用"舍事而言理"的叙述方式,将战争中的计与战、力与智、利与害、全与破、迂与直、数与胜等的相互冲突又相互联结的辩证关系,分析得鞭辟入里,更显示出它特有的哲理之光。

如孙武最著名的论断:"知彼知己者,百战不殆。"孙武认为,战争有客观的法则,这些法则可以被人认识,因此,战争双方的胜负也可以预知。这些法则究竟是借助于哪些条件而起作用呢?他提出道、天、地、将、法五条。一是决策时必须使老百姓和决策者的意愿一致,"令民与上同意"("道");二是有利的天候气象条件("天");三是便于作战的地形地貌和有利的地理位置("地");四是有善于指挥作战的将领("将");五是有良好的军事纪律及充分的后勤供应("法")。假若这五方面都胜过对方,便可以兴兵作战,有取胜把握;假如其中一项或两项不合乎要求,又没有相应的补偿办法,便不应发兵,即使发兵也难以取胜。

当然,以上这几点并不是制胜的全部。在孙子看来,全面地了解敌我双方情况,只是提供了战争中取胜的必要条件,尚不是充分条件。想要取得最终的胜利,还须对了解来的实际情况,进行"察"(考察、研究)、"算"(计算、谋划),形成具体的战略、战术,然后力求在行动中创造出使自己不被敌人战胜的条件，再设法战胜对方，也就是"先为不可胜，以待敌之可胜"。这里的"察"和"算"都要有上乘的思维方式辅助进行，也就是运用辩证思维。

孙武还提出："乱生于治，怯生于勇，弱生于强。"这里说的生，意思就是出现、发生或转化。这种转化就像在自然界里"五行无常胜，四时无常位，日有短长，月有死生"一样的道理。孙武这种把考察对象看成活生生的、运动变化的、相互联结而又彼此对立的东西的观点，体现了科学的辩证思维。

既然战争变化万端、难以把握，那么，从事战争的人，无论国君或将帅也必须适应这种变化，善于将变与不变巧妙结合起来，方能取胜。孙武说："声不过五，五声之变，不可胜听也。色不可五，五色之变，不可胜观也。味不过五，五味之变，不可胜尝也。战势不过奇正，奇正之变，不可胜穷也。"他把变与不变的落脚点归到奇正（正是正规，奇指奇变），认为两者可相机使用或交替运用。《孙子兵法》在谈到战争指挥者要把战争原则灵活运用时又说："兵无常势，水无常形。能因敌变化而取胜者，谓之神。"

《孙子兵法》中不仅有明显的哲学思辨的特色，而且有深邃博大的文化意识内涵，即中国古人特有的人文睿智，这当中包括谋略、系统方法及心理分析等几个方面。

谋略是什么？简言之就是智谋与方略，由于在战争行为里，参战双方往往在限定的时间与地域，倾其所有物质力量与精神力量，进行全方位的生死较量，因此将它当成谋略学最初的发源地也在情理之中。《孙子兵法》作为一本优秀的军事哲学著作，它所提供的谋略内容也必然成为其中的核心组成部分。书中说的"兵者诡道""多算胜""上兵伐谋""攻其无备，出其不意""知彼知己者，百战不殆""兵无常势，水无常形"，乃至"齐勇若一""吴越同舟""不战而屈人之兵"等，更成为名传千古、家喻户晓的名言粹语，为古今中外之千万人所传诵。

系统方法则是《孙子兵法》里以朴素形态出现的一种相当重要的方法。例如，在《计篇》里，孙武提出军事系统里五种相关要素是道、天、地、将、法；在《形篇》里分析一个国家的战争能力与潜力究竟有多大时，又提出了度、量、数、称、胜五个关节；在分析一位将领应具备哪些基本素质时，又举出智、信、仁、勇、严五项；当分析间谍的类型时，还提出其包括因间（乡间）、内间、反间、死间、生间五类；在《地形篇》与《九变篇》里则又分别提出了兵有六败、将有五危，即用兵不当，有六种情况要失败，主将不力，有五种情况很危险。所有这些，都表现了孙武在分析战争问题时，极善于从其各个侧面进行系统分析或整体分析，并通过对这些相关要素的分析与估算，去推断战争的未来与结局。

除了谋略内容与系统方法的运用以外，《孙子兵法》里心理分析也很突出。也就是说孙武着重于研究某一个体或群体，在特定社会生活条件下，或处在一定的特殊境遇时，其心理活动的内容及心理态势变化的规律。

比如，书中分析道：君有三患，一是不了解军队该前进还是该后退而贸然作出决定；二是不熟悉军队的正确管理而盲目干涉下属的行军部署事务；三是不懂得谋略而给部下乱出主意。这三种祸患都是由于君主自以为身处高位便全智全能，这是一种极不正常的心理态势，须时刻加以防范。

孙武又分析说，作为主将有一些性格上的弱点也很危险，如过分地自信、懦弱及优柔寡断，特别是当将帅和士卒心理态势不统一时往往使战争失败。他举例说：有的部队里士卒强悍而将领懦弱，上级难以对部下统率约束，致使军政废弛而失败，叫作"弛"；又有些队伍里，主将极有谋略且有主见，但命令下达后，部下却不理解主将意图，不服从指挥，埋怨之余又自行出战，叫作"崩"。诸如此类，都告诉人们：做一名主帅，如果不能从根本上改善自己的心理素质和心理态势，那么就难以成为合格将领，更不必说去统兵御敌了。

享誉世界的东方圣典

《孙子兵法》成书后，先是在国内广为流传，据《韩非子·五蠹》记载，战国时，"藏孙吴之书者家有之"。事实上，《战国策》《尉缭子》《吕氏春秋》《荀子》《淮南子》等书里，对《孙子兵法》也多有征引。三国时的诸葛亮曾盛赞孙子的高超计谋："曹操智计，殊绝于人，其用兵也，仿佛孙吴。"这里的孙即指的是孙子，吴指吴起。而曹操本人在为《孙子兵法》作注时，也有不同凡响的见解，他说："吾观兵书战策多矣，孙武所著深矣。"这表明孙子的许多论断已深入到曹操军事生涯的精髓。

在国外，《孙子兵法》也产生了难以估量的影响。自8世纪时（中国唐代），该书被日本在中国的一位留学生吉备真备带回日本，这部兵书便越出国界。15世纪中期，《孙子兵法》传到朝鲜（李成桂王朝）。17世纪时，孙子学几乎成为日本的显学，以后各个时期都有大量研究《孙子兵法》的成果问世。到第二次世界大战前，日本出版有关《孙子兵法》的专著多达100种以上，而且仅传到我国的就有50余部。代表作如山鹿素行的《孙子谚义》，著名武将武田信玄的《风、林、火、山——孙子的旗帜》。《孙子兵法》西渐，以法国为最早。1772年，一位名叫阿米奥的神甫把《孙子兵法》带回法国，在巴黎有了第一本法译本。此书受到拿破仑的青睐，他特别赞赏书中说的"施无法之赏，悬无政之令"，并在率军作战中信赏信罚，破格提拔许多有胆识之士，满足下属的功名心态。1860年《孙子兵法》有了俄译本。紧接着，德、意、捷、越、希伯来、罗马尼亚等各种文本相继问世。

第二次世界大战后，许多国家的著名军事家与杰出的学者越来越推崇《孙子兵法》谋略学的价值。俄国著名学者E. A. 拉津教授说："孙子在古代中国军事理论思想发展中所起的作用之大，相当于古代的亚里士多德。"

英国功勋卓著的军事家、元帅蒙哥马利也说："世界上所有的军事学院应把《孙子兵法》列为必修课程。"与此同时，翻译和出版有关《孙子兵法》的著作也纷至沓来。继美国退休准将格里菲斯的《孙子》新译本问世之后，接连推出的有阿多俊介的《孙子之新研究》、左藤坚司的《孙子思想史的研究》等。有学者统计，从20世纪起，仅西方世界便出现过《孙子兵法》的7种英译本。又据统计，到1992年12月底为止，全球出版的《孙子兵法》已有29种文字的版本，甚至包括坦桑尼亚的斯瓦希利语和印度的泰米尔语等稀有语种。《孙子兵法》在传播过程中还有一个特点也应看到，它虽说是一部兵书，但由于其思想深刻、涵盖面广，其影响所至，远远超出军事，变成指导经济、政治、文化、外交、体育乃至人生等各个方面的不朽经典。美国智库兰德公司的著名学者波拉克说得好，孙子和孔子一样有永恒的智慧，这种智慧属于全世界。

百家皆尊的制胜秘诀

《孙子兵法》是中国历史上第一次文化大发展时期的产物，它既融合了儒、墨、道、法等各种思想流派的精华，也吸收了医、商、农、工等各行各业的根本规律，因而得以从多方面、多层次系统地揭示出战争规律和战争指导规律。由于融汇百家，兼取众长，《孙子兵法》不仅适用于军事领域，而且适用于为人处世、生产经营、养身治病、文教体育等各个领域，被各家共尊为竞争的制胜秘诀。日本的会田雄次先生说得好，"《孙子兵法》是一针见血地道出了人类生存的竞争社会之本质的兵书……它所阐述的战略、战术，是以从深刻洞察人类心理而获取的智慧为基础的。因此，孙子的学说，在人与人、群体与群体之间所竞争的方方面面，是可以超越时代而加以应用的。"这番评价并没有夸大《孙子兵法》的用途，当今风行于世界的"孙子热"证明，钟情于《孙子兵法》的绝非只限于军事家，政治家、外交家、众多企业家、商业家、医学家、体育家等也对之垂青已久，并且在各自的领域实践和发展了孙子的思想。

1. 《孙子兵法》与商业经营

古人说"治产如治兵"，今人说"商场如战场"。词虽各异，理实相同，都说明兵战和商战这两种竞争活动之间的确有着诸多共同之处。概略而言，二者之间至少有三点是一致的。一是兵家"非利不动"，商家以利为本，在商言利，天经地义，商人彼此均以利益为竞争的价值取向。二是兵家"不厌诈伪"，商家巧于计算，彼此都以谋略为竞争的最佳手段。三是兵家依法治军，商家以规治业，彼此的兴衰成败都依赖于团体的素质和力量。正因为二者具有这些一致的特点，兵战和商战的基本原则才能互相通用。那么，在兵战中屡试不爽的《孙子兵法》自然也适用于现代企业经营管理和商业竞争。单以《计篇》而言，它就告诉我们企业家在决策过程中必须做到视野开阔，胸怀全局，全面比较，综合分析，从而选择最佳的方案。要求企业家要像统率千军万马的将军一样善于运用"经之以五事，校之以计，而索其情"的战略运筹原则。又如，企业家必须要能扬己之长，避己之短，把握时机，创造条件，主动进取，出奇制胜。这就要求企业家善于运用"因利而制权，以佐其外"的原则，以及"诡道十二法"。再如，企业家必须洞察诡诈行为，避免无谓损失，任凭风浪起，稳坐钓鱼台。这就要求企业家善于识别"诡道"，并且精于"庙算"。至于"不战而屈人之兵""知彼知己者，百战不殆""先为不可胜，以待敌之可胜"等，这些揭示人类竞争活动一般规律的原则，无疑在企业管理和商业竞争领域都大有用武之地。

2. 《孙子兵法》与医药业

18 世纪中叶的清朝乾隆年间，有一位曾任太医的名医徐大椿。他在自己撰写的《医学源流论》中专辟《用药如用兵论》一章，全面、详尽、准确地阐述了"防病如防敌""治病如治寇""用药如用兵"等医理。文中提出了治病用药的 10 种方法，其中"以寡胜众"之法就典型地运用了孙子的"十则围之，五则攻之，倍则分之，敌则能战之，少则能逃之，不若则能避之"的观点，主张"一病而分治之，则寡可以胜众，使前后不相救，而势自衰"。如痢疾这种病，症状甚多：便脓血，里急后重、腹痛等。治疗时，以行气、活血两种方法分而治之。行气则后里自除，腹痛亦止，活血则使脓自愈。一种病按气、血分治，从而达到以寡胜众的目的，作者最后得出结论说："《孙武子》十三篇，治病之法尽之矣。"

从指导思想上看，兵学与医学也有着许多共同点。如防病如防敌，对于疾病医家主张"圣人不治已病治未病"，这与《孙子兵法》中所讲的"用兵之法，无恃其不来，恃吾有以待也；无恃其不攻，恃吾有所不可攻也"的道理如出一辙；再如择医如用将，医家主张"知其方击以生付之，用医之道也。"（《诸氏遗书》）这与《孙子兵法》中所阐述的委派良将指挥战斗的道理也是一样的。这里我们虽然只是略举数端却也足以证明医学与兵学的互通。

3. 为人如为将

《孙子兵法》对教化人生的作用，很早就已经被社会各界所重视和认可。明代谈恺称"孙子上谋而后攻,修道而保法,论将则曰仁智信勇严,与孔子合",将孙子与孔子相提并论,认为《孙子兵法》无论对军事斗争,还是处世交际,都具有教化作用。明代文人李贽更发出"吾独恨其不以七书与六经合而力一,以教天下万世也"的感叹,把《孙子兵法》等七部兵书与"六经"一样视为人生处世的经典。到近现代,将《孙子兵法》借鉴于人生更成为一种自觉行为。民国时期研究《孙子兵法》的专家李浴日指出:"《孙子》是《圣经》,倘若你苦闷时,拿起它读读,必会快乐风生;倘若你失败时,捧起它研究研究,必会吸收着成功的降临。"日本的福本义亮则把《孙子》作为人生处世的座右铭,认为:"盖孙子者,兵书而外交教科书也,亦人事百般座右铭也。今更生于新时代,依各人之职务而活用之,处世上有所裨益也,必矣。"还有一些将《孙子兵法》用于人生的著作,如张廷灏的《从孙子兵法研究做事方法》、李英豪的《孙子兵法与现代人》,以及近年来出版的徐如林的《孙子与人生》等。

《孙子兵法》中最能教化人生的莫过于"将帅论"。为人如为将,既要有超群的智慧和才干,又要有良好的性格和情操。孙子的"为将五德"之说,概括了将帅应有的品质,不类为世人修身养性的规箴和鉴镜。

此外,孙子所主张的"诡道"对处世也很有积极意义,但令人感到遗憾的是,后世之人多将其误读,在这一点上,本书将给予校正。

从《孙子兵法》内含特质上看,其思维的辩证性,可满足人们启迪心智的需要;内涵的丰厚性,可为人们提供智慧;论述的可操作性,易为人生立世的鉴镜;观念的超前性,可促进积极人生的升华;文笔的优美性,可使人生修养受到美的陶冶。从现代社会的特点看,《孙子兵法》不仅可以满足处于竞争激烈的当代人对智谋的需要,而且对于激发人的主观能动性,增强"事在人为"的观念,具有促进作用。

以上仅仅从三个方面概略介绍了《孙子兵法》在非军事领域被运用的情况,除此之外,在其他领域《孙子兵法》也有着很强的实用性,而本书将侧重于论述其在商业领域的作用。

第二章　做人不妨活一点
——孙子与现代人的处世之道

　　孙子与现代人的处世之道，有些人看了这个题目或许会产生疑问，那是一本兵学书，怎么能与处世扯上关系？难道让我们用其中的"诡道"谋略去处世？然也，我们正是建议用"诡道"去处世，当然前提是正确理解孙子所谓的"诡道"，万不可把它当成走入邪道的工具。

　　《孙子兵法》教你处世就是告诉你：做人不妨活一点。

暂时让步以图更好地选择

【原文】军争之难者，以迂为直，以患为利。(《孙子兵法·军争篇》)

【大意】与敌人争夺有利条件时，最困难的地方是如何通过迂回曲折的道路达到最佳目的，如何化不利为有利。

在"军事之难者，以迂为直，以患为利"之后，孙子进而对"以迂为直"作解说："诱之以利，后人发，先人至，此知迂直之计者也。"意思是暂时让步以迷惑敌人，然后后发先至，占领先机。

中国有一句老话："忍一时风平浪静，退一步海阔天空。"今天的忍与退是为了明天的海阔天空。儒家的忍术，要求有宽广的胸襟，做人的气度，而这与孙子所说的"以迂为直"是相同的。

暂时的让步不是吃亏，而是为了更好地选择，为下一个目标作准备，这就是做人的道理，赢在结果，不强调过程。

公元616年，李渊被诏封为太原留守，北边的突厥用数万兵马多次冲击太原城池。李渊遣部将王康达率千余人出战，几乎全军覆灭。后来巧使疑兵之计，才勉强吓跑了突厥兵。更可恶的是，在突厥的支持和庇护下，郭子和等纷纷起兵闹事，李渊防不胜防，随时都有被隋炀帝借口失职而杀头的危险。

在当时的人们看来，李渊当时内外交困，必然会奋起反击，与突厥决一死战。不料李渊竟派遣谋士刘文静为特使，向突厥屈节称臣，并愿把金银珠宝统统送给始毕可汗。

李渊为什么这么做呢？原来李渊根据天下大势，已决定起兵反隋。要起兵成大气候，太原虽是一个军事重镇，但不是理想的发家基地，必须西入关中，方能号令天下。西入关中，太原又是李唐大军万万不可丢失的根据地。那么用什么办法才能保住太原，顺利西进呢？

当时李渊手下兵将不过三四万人马，既要应付突厥的随时出没，同时又要追剿有突厥撑腰的四周盗寇，即使全部屯驻太原，也是捉襟见肘。现在首先要进伐关中，显然不能留下重兵把守。唯一的办法是采取和亲政策，让突厥"坐受宝货"。所以李渊不惜俯首称臣。

李渊的退步策略获得了大丰收，始毕可汗果然与李渊修好。后来，李渊派李世民出马，不费多大力气便收复了太原。

而且，由于李渊甘于让步，还得到了突厥的不少资助。始毕可汗一路上送给李渊不少马匹及士兵，李渊又乘机购来许多马匹，这不仅为李渊拥有一支战斗力极强的骑兵奠定了基础，而且汉人素惧突厥兵英勇善战，李渊军中有突厥骑兵，自然凭空增加了声势。

李渊让步的行为，不管是从名誉还是物质方面来说，虽然有很大牺牲，但在当时的情况下，不失为一种明智的策略，它使弱小的李家军既平安地保住后方根据地，又顺利地西行打进了关中。如果再把眼光放远一点看，突厥在后来又不得不向唐求和称臣，这当初的让步可谓是九牛一毛了。

由此看来，明谋善略者暂时的让步，往往是赢取对手的资助，最后不断走向强盛，伸展势力再反过来使对手屈服的一条有用的妙计。

动人心者先乎情

【原文】古之所谓善战者，胜于易胜者也。(《孙子兵法·形篇》)

【大意】古时所说的善于打胜仗的人，是在容易战胜敌人的情况下取胜的。

"投其所好"是兵法中的"胜于易胜"在交际过程中的一个体现，这就好比钓鱼要先知道鱼爱吃什么，再以之为饵的道理一样。

明白他的兴趣、他的需要，从对方的角度考虑问题，容易引起共鸣。白居易说："动人心者先乎情。"情动而心动，心动后理顺，理顺了，自然万事大吉。

长期以来，"投其所好"一直被人们视作谀媚讨好、拍马奉迎的贬义词。其实，如果"投其所好"的目的是光明磊落、合乎情理的，那它则可称得上是与人交往中的一把万能钥匙。它的含义常指从对方的喜好、兴趣中的"闪光点"入手，从而博得人的好感，进而产生理解、接纳、合作等行为效果。

美国国内战争时期的领导人乔治采取的就是这种方式。常常有人问他：有些战时的领导人被踢开或遗忘了，你为何仍能掌握大权？他说：如果你的出人头地有任何理由的话，可能是因为你早已学到：要钓鱼的话，饵必须适合鱼儿。

这就表明了一个简单的道理，你感兴趣的是你所要的，你永远对自己所要的感兴趣。但别人并不见得对你所要的感兴趣，他们只对他们自己所要的感兴趣。因此，唯一能影响别人的方法，是谈论他所要的，教他如何去得到。换句话说，一个人要逐渐学会以别人的观点思考，从别人的角度来看事情，如果你掌握了这一点，它就可以轻易地变成你事业中的一个里程碑，你所做的每件事都会在对方迫切需要的状况下有所收获。例如，有一天，美国哲学家爱默生和他的儿子要把一头小牛赶回牛棚，但是他们犯了一个一般人易犯的错误——只想到他们所要的：爱默生在后面推，他儿子在前面拉。但小牛所想的并不是它所要的，所以它四脚蹬地，顽固不前。爱尔兰女仆看到这些，想到了那只小牛所要的，便把她的拇指放入小牛的口中，让小牛吮着手指，同时轻轻地把它引入牛棚。从这一事例中可看出，这位女仆虽然不像爱默生那样博学多才、洞悉人间学问、能著书立说留传后世，但由于在此应用了"投其所好"这一方法，所以能解除这一困境。

所以，我们为人处世一定要牢记这样一条定律：交往之前，知晓别人内心的渴望。

临危不乱，随机应变

【原文】故兵无常势，水无常形。能因敌变化而取胜者，谓之神。(《孙子兵法·虚实篇》)

【大意】用兵作战没有固定不变的方式方法，就如同水没有固定的形态一样，能根据敌情变化而取胜的，就叫用兵如神。

能根据敌情变化而取胜的，就能做到用兵如神；能根据对方变化的心理，审时度势，采取不同的对策，就能做到处世如神。

善应变者，克敌制胜，唯一的办法就是临阵不慌，沉着应付，依据客观情况，采取不同对策。打仗如此，处世亦是如此。

1945年"五四"那一天，云南大学在操场上正在举行纪念大会。

到会的人很多，大家情绪也都很热烈。

但大会刚开始，天公偏不作美下起雨来。许多人争相避雨，秩序开始乱起来。

主持会议的人连声嚷道：

"不要动，大家站好，就要开会了！……"

可这样的嚷嚷几乎毫无效果。

此时闻一多正好在讲台上，主持人就请他出面稳定秩序。

闻一多站起来向正在朝四面移动的人群讲道：

"同学们！我给你们大家讲一个故事。两千多年以前，周武王决定起义，去打倒暴君纣王。就在出兵的那一天，像我们现在一样，忽然下起雨来了。许多人都觉得很不吉利，建议武王改期。这时候管占卜的，就说是当参谋的人吧，出来啦，他说这不是坏事，这是'天洗兵'，是老天爷帮我们忙，把兵器上的灰尘，都洗得干干净净的，打敌人更有力啦！

我们今天也碰上了这样的机会，这就是天洗兵！不怯懦的人回来！走近来！勇敢的人站过来！……"

闻一多先生的话打动了人心，大家都不再走动，会议顺利地开始了。

闻一多先生面临天气环境突然恶化的情况，巧借武王伐纣出师"天洗兵"的典故，使听众深受鼓舞，从而抑制了避雨而造成的混乱，人们冒雨听讲，秩序井然。

闻一多先生根据突如其来的情况借题发挥，表现了极高的智慧和才能。

应变有术，也叫随机应变，以突发事件为话题，能够有效地吸引对方的注意力，保证活动正常进行。心理学以为，突然的事件、刺激，是引起人们注意的重要原因，在这些突然刺激出现时，人都会被吸引而忽视正在进行的活动，因此一味劝说人们不去注意突然的刺激，效果并不理想。

闻一多先生未像会议主持人那样焦躁地大喊，而是以"雨"为题，大谈"天洗兵"典故，首先就适应了听众的注意特点，先生随机应变的演讲就牢牢地吸引了大众的注意力，很快控制了会场局面。加之他又引申出"不要怯懦，勇敢地接受'天洗兵'，像武王伐纣那样同黑暗势力斗争"的含义，巧妙地扣住大会主题。

闻一多先生之所以能做到应变如神，另一个重要原因是因为他具有高超的语言技巧、镇定自若的气势和机敏的思维，做到孙子所说的"因敌变化而取胜"。所以才能够在此变化中游刃有余。

察微知著，细节决定成败

【原文】 众树动者，来也；众草多障者，疑也；鸟起者，伏也。(《孙子兵法·行军篇》)

【大意】 树林里很多树摇动的，是敌军向我袭来；在草丛中有许多遮蔽物的，是敌人想要迷惑我；群鸟飞起，是下面有伏兵。

孙子这段话如果用四个字来概括的话就是所谓的"察微知著"，它不仅是用兵的关键，在处世中的作用也同样不容忽视，它能使你从细微的小处着眼，迅速分析出对自己有利和不利的因素，随机应变，把握机会。它还可以帮助你了解对方的想法和意图，做到知己知彼。

TCL集团执行董事吴士宏的故事不断见诸报端后，成为当时很多年轻人效仿的对象。

在吴士宏努力向上的过程中，以她初次到IBM面试那段最为精彩。

当时还是个小护士的吴士宏，抱着个半导体学了一年半《许国璋英语》，就壮起胆子到IBM来应聘。

那是1985年，站在长城饭店的玻璃转门外，吴士宏足足用了五分钟的时间来观察别人怎么从容地步入这扇神奇的大门。

两轮的笔试和一次口试，吴士宏都顺利通过了。面试进行得也很顺利。最后，主考官问她："你会不会打字？"

"会！"吴士宏条件反射般地说。

"那么你一分钟能打多少？"

"您的要求是多少？"

主考官说了一个数字，吴士宏马上承诺可以。之前她环顾了四周，发现现场并没有打字机。果然考官说下次再考打字。

实际上，吴士宏从未摸过打字机。面试结束，她飞也似的跑了出去，找亲友借了170元买了一台打字机，没日没夜地敲打了一个星期，双手疲乏得连吃饭都拿不住筷子了，但她竟奇迹般地达到了考官说的那个专业水准。过了好几个月她才还清了那笔债务，但公司也一直没有考过她的打字功夫。

我们在这里作一个假设，如果吴士宏当时没有注意到考场内没有打字机，而贸然回答自己不会打字，或者考场有打字机，而她没能发现，那么她可能会失去这个良机，也不可能有今天的传奇人物吴士宏了。

第二章 做人不妨活一点——孙子与现代人的处世之道

敢于挑战权威

【原文】君命有所不受。(《孙子兵法·九变篇》)
【大意】有时君主的命令也可以不接受。

"君命"放之于处世就相当于"权威"的论断。

权威是一种很坚硬的东西，在人们的心目中已经根深蒂固。但是权威也并不是坚不可摧的，真正有作为、有创意的人往往是那些有勇气挑战权威，不被权威所束缚、吓倒的人。

世界著名交响乐指挥家小泽征尔在一次欧洲指挥大赛的决赛中，按照评委会给他的乐谱在指挥演奏时，发现有不和谐的地方。他认为是乐队演奏错了，就停下来重新演奏，但仍不如意。这时，在场的作曲家和评委会的权威人士都郑重地说明乐谱没有问题，而是小泽征尔的错觉。面对着一批音乐大师和权威人士，他思考再三，突然大吼一声："不，一定是乐谱错了！"话音刚落，评判台上立刻报以热烈的掌声。

原来，这是评委们精心设计的圈套，以此来检验指挥家们在发现乐谱错误并遭权威人士"否定"的情况下，能否坚持自己的正确判断。前两位参赛者虽然也发现了问题，但终因趋同权威而遭淘汰。小泽征尔则不然，因此，他在这次世界音乐指挥家大赛中摘取了桂冠。

处世没有智慧不行，没有勇气也不行。谁也不敢说有智慧的人一定有勇气；但缺少智慧的人，基本也没有勇气，或者其勇气亦是不足取的。

怎样是有勇气？不为外界威力所慑，视任何强大势力若无物，担负任何艰巨工作而无所怯。没勇气的人，容易看重既成的局面，往往把既成的局面看成是不可改的。说到这里，我们不得不佩服孙中山先生，他真是一个有大勇的人。他以一个匹夫之身，竟然想推翻二百多年大清帝国的统治。没有勇气，是不敢做此想的。然而没有智慧，则此想亦不能发生。他何以不被强大无比的清朝所慑服呢？他并非不知其强大，但同时他知此原非定局，而是可以变的。他何以不自看渺小？他晓得天下为公是人类的理想，其力量是可以增长起来的。这便是他的智慧。有此观察理解，则其勇气更大。而正唯其有勇气，心思乃益活泼敏妙。智也，勇也，都不外其生命之伟大高强处，原是一回事而非二。反之，一般人气慑，则思呆也。

没有勇气不行。无论什么事，你总要看它是可能的，不是不可能的。无论任何情况、面临的是怎样强大的一个"权威"，你都要敢于不受"君命"。

一个人如果在权威面前一旦养成屈膝哈腰的"好"习惯，不但自己只能生活在人家的影子中，而且人家也未必看得上你。要成大事就要摆脱权威的阴影。

当然，不是任何情况都可以挑战权威的，像孙子说的那样"有所不受"，只有当你觉得权威是错的，或者不符合当时的情况时，才可以。

第二章 做人不妨活一点——孙子与现代人的处世之道

交往贵在相互理解

【原文】 知彼知己者，百战不殆。(《孙子兵法·谋攻篇》)

【大意】 了解敌人和自己，百战都不会失败。

兵法中的知己知彼，运用到为人处世上，就可以得出那句颇为感人的话"理解万岁"。理解别人，从别人的角度出发为对方考虑，同时也给对方一个机会进而了解自己。打开心扉，包容别人，不仅会增进双方的情感，更重要的是，在这样的沟通与理解中，自己也拥有了一份幸福，这是人与人之间的一种美德。

人与人之间如果缺乏了解，就会产生误会。为什么会这样呢？因为人们往往有一种倾向，喜欢用自己的反应来判断别人的反应，即以己之心度他人之腹。即使在家庭中，父母和孩子的性格不同、观点不同，或者是性格很相似却不能够认识到这一点，也会造成种种矛盾。

有一位有才能、有进取心的24岁青年在被老师问及有什么问题时，他答道："有！……我的母亲……事实上，我已决定在这个周末离开家庭。"老师向他分析道："你的行为和你母亲的行为似乎是十分相似的，就像两种同极磁力相互作用时，它们就互相抵抗与排斥。如果你能够以你对待她的方式来确定她将如何待你，通过分析你自己的感情来评价你母亲的感情，那你就能轻易地解决你的问题。"老师告诉他，"如果你能够了解你的母亲与自己性格的相似性，主动作出一些友好、积极的表示，比如，当她告诉你去做什么事，你就愉快地去做；当她给你一个建议，你愿意接受或诚恳地说出自己的想法；当她发火时，你说些好听的话等。这样，就会取得令人高兴的效果。"

一周之后，当老师再次询问这个青年时，他答道："我很高兴，在这一周中，我们之间没有说过一句令人不愉快的话。知道吗？我已经决定留在家里了。"

有时，家庭闹矛盾的原因在于父母没有认识到时间既改变了自己，也改变了孩子。所以，他们不能调整自己去适应孩子及他们本身的变化。

一位律师和他的妻子有 5 个孩子，但他们并不愉快，因为大女儿——一个大学一年级的学生，不能按照他们所规定的方式生活。他们希望女儿能学做家务，或者到百货公司去锻炼锻炼，但女儿自己却很喜欢弹钢琴，不喜欢做家务。这位姑娘有雄心、有能力、有自己的想法，想按自己的方式生活，不愿听命于父母。而父母呢，认为弹钢琴是浪费时间，作为一个女孩子，总有一天她要结婚、要理家，所以，她应该实际一些。

父母用一种方式思考，而女儿用另一种方式思考，导致他们对对方都很难理解。但当他们三个人致力于互相了解之后，便又和睦地相处了。

由此可见，互相了解，是解决家庭矛盾与纠纷的钥匙，是家庭幸福的重要条件。只有知己知彼，才能百战百胜，解决一切棘手的问题。

事实上，理解不仅仅是幸福家庭的一把钥匙，在处世的其他情况下，也具有非常大的实效性，比如与朋友、与上司、与同事等，能做到相互理解，那么就一定能拥有美丽的人生。

敢于以奇招表现自我

【原文】凡战者，以正合，以奇胜。(《孙子兵法·势篇》)

【大意】大凡作战，都是以"正"兵挡敌，"奇"兵取胜。

孙子主张"兵者，以奇胜"。这一个"奇"字，含义颇妙，它既要使人出乎意料，又要很好地发挥己方的优势，令敌方防不胜防。

同样的道理，为人处世中也讲究一个"奇"。打破常规，标新立异，逆向思维出奇招，往往能让你脱颖而出。

下面我们来看看初唐著名文人陈子昂是如何自我"炒作"的。

初唐宫廷诗风盛行，陈子昂虽然满腹经纶，才华横溢，也不过是一个名不见经传的小小文人罢了。初到长安，想要让人知晓自己的名声和才气，谈何容易！

这一天，陈子昂听说西市中有人卖一把古琴，标价纹银一百两，因其价格昂贵，几天内都无人问津，只是招来越来越多的人围观。

于是陈子昂来到市集，拿出二百两银子当即买下这把琴。

众人吃惊地问："为什么用这么高的价买琴？"

陈子昂说："这琴乃世间少有之珍品，奏出音响如天籁清声，弦弦珠玑，如凤齐鸣。因为我酷爱此音，所以出高价买下。"

众人又一惊，就请求陈子昂弹奏一曲给大家听听。陈子昂指着琴说："明日请众位到宣武门下，听我弹琴。"

这个消息一传十，十传百，很快传遍整个长安，到了第二天，宣阳城下挤满了无数来看琴听琴的人，大家都望着陈子昂。

这时，陈子昂走上城头捧起琴对大家说：

"我叫陈子昂，四川人，做有文章一百卷，奔走京城，碌碌尘上，不为人知，此琴虽名贵，乐虽动人，不及我的文章，因此，在我看来，它如废物一堆！"

说罢，他高高举起琴，一摔而碎。然后走下城头，把自己的文章一一赠给众人。

这样，只用一天时间，陈子昂的名字与他的才能便传遍了大半个京城。

后来，陈子昂果然成为名垂千古的一代文家，也成为唐朝雄健诗风的最初的倡导者。

陈子昂以"买琴""摔琴"这一系列出"奇"的举动达到传说文章、广播己名的目的，从而一鸣惊人。

对于现代人来说，在处世过程中如何从众多人中脱颖而出，确实应该在这"奇"字上下功夫。当然我们也不主张过于"奇"，一些哗众取宠的"奇"招还是少用为妙。

第二章 做人不妨活一点——孙子与现代人的处世之道

利而诱之，惩治奸诈之徒

【原文】 故迂其途，而诱之以利，后人发，先人至。(《孙子兵法·军争篇》)

【大意】 故意走迂回道路，并以小利引诱敌人。比敌人晚出发，却比敌军到达会战地点。

天有阴阳，人有善恶。善人做善事，不喜欢用"诡道"；恶人行恶事，当然满脑子是坏水。善人之善，在于让众人得善。让众人得善，不仅要对善人做善事，行正道，还得要对恶人施"诡道"。所以，对恶人施"诡道"就是对善人做善事，是真正的善人。从这方面说，孙子的这句话就可以理解为，故意上了恶人的当，再用利迷惑他，最后达到惩罚恶人的目的。

很早以前，在湖北襄阳城南门口，有一家旅店，老板姓赵。说起这个赵老板，远近都知道他可是个为人奸诈、唯利是图的人。白米饭中掺杂质，一盘肉里尽是碎骨头之类的东西，客商与过往行人都不愿进这店门。无奈南门口只有这一家旅店，所以到南门口办事的人常常不得不在这里投宿。

一天，有个过路客商大摇大摆地走进店来。赵老板一看他那架势，知道又有油水可捞，躬着腰乐哈哈地迎了上去，问道："贵客哪里来的啊？"那客商回答说："我是武汉来的，后面还有五个伙计，赶着三十多头猪，天气太热，想来贵店讨扰，度过中午再走，不知道有没有放这些猪的地方？"赵老板一听，来者果然是个大户头，看来今天的油水捞定了，如此良机，岂能放过。于是，他便讨好那客商说："请坐，请坐，有什么尽管吩咐，本店尽力而为。"客商应声道："老板太客气了。我是领头的，先到这里来订个数，我们五个人共要煮三升米，炒三只鸡，再来二斤半白酒，并请熬四斗米的稀粥，备做猪食。""行，行，现在就做。"赵老板赶紧招呼老婆煮饭、杀鸡，自己便安上三口大锅，熬起稀粥来。

过不多久，一阵炒鸡香味儿飘进房来，那客商见自己伙计还没赶到，心里不免着急起来，老是跑到店门口去张望。赵老板一看，连忙招呼老婆把饭菜端上来，转身对那客商说："客家，饭菜做好了，你就先吃吧，何必一个人在这苦等呢？"客商想想也是，便说："也可以，不妨我边吃边在这里等他们。"于是，客商就坐下吃喝起来。吃着，喝着，他看见赵老板馋涎欲滴地坐在桌边，便大大方方地对赵老板说："店家，你也来喝几杯吧，钱全由我付。"赵老板巴不得客商说这句话哩，假意推辞了几句，便顺水推舟地一起喝了起来。

吃饱喝足了，客商那几个伙计还没赶到，客商沉不住气了，跑到门口望了几回，大路上连个影子也没有。一定坏事了！客商哭丧着脸对赵老板说："店家，帮个忙吧，请你把那三锅粥熬稀烂些，我去接接他们，今晚不走了，就住你这儿了！"说着，又从身上解下一个钱褡子，交给赵老板说："店家，随身带着也不方便，请帮我照管一下。"赵老板接过钱褡，心里乐坏了：你交给我这钱褡也没说个实数，待会我尽可拿掉一些，看你能拿我怎么样！想到这里，便满口答应道："可以，可以，你快去接他们吧。"

客商谢过赵老板，三步并作两步奔出店门。赵老板看着那客商走远了，得意扬扬地拉起老婆回到里屋，提起钱褡往桌上倒——只听"稀里哗啦"一阵响，赵老板傻眼了。万万没有想到的是，倒出来的尽是些扁圆的鹅卵石，里面还夹着一张纸条，上面写道："赵老板，活剥皮，酒掺水，饭糊粘；今日碰上唐惯石，请你尝尝稀粥味。"

原来，这客商不是别人，正是大名鼎鼎的唐惯石！唐惯石也是贫家子弟，他生性豪爽，仗义执言，平时好打抱不平。前天路过此地，听得赵家店如此贪财图利，唐惯石便想存心治一治赵老板。今天，就是冲着他来的。这赵老板两口子呢，原以为能捞到大油水，殊不知丢了鸡、赔了米不算，称米煮粥时掺了六斤糠，这一下三锅粥也全完了。两口子一个"我的娘呀"，一个"我的鸡呀"，号啕大哭起来。众客商见了，好一阵哄堂大笑。

而要对恶人施"诡道"，最好的方法就是以利诱之，因为恶人往往是见利忘义之徒。

上面这个故事中的赵老板损人、坑人、害人，对这样的恶人不惩治，岂不是要让更多的人被损、被坑、被害吗？然而惩治要有道，对恶人以利诱之最见效。这叫"以毒攻毒""以牙还牙""以其人之道还治其人之身"。

唐惯石先是以"大户头"气势出现，给赵老板以可图之"利"，一出场便将赵老板"诱"住，此为一诱。

继而抛出"五个伙计""三十多头猪""煮三升米，炒三只鸡""来二斤半白酒""熬四斗米稀粥"之"利"，再将赵老板"诱"住，此为二诱。

最后抛出"今晚不走了，就住你这儿"之"利"，以及交出没说实数的钱褡子请赵老板帮助照管之"利"，更把赵老板牢牢"诱"定，此为三诱。至于请馋涎欲滴的赵老板一起喝几杯的蝇头小利，那也是赵老板自己的酒水钱。

试想，有此三"利"三"诱"，还不把赵老板"耍"得眼一眨一眨的？"诈"得脑袋一晕一晕的？"气"得浑身一抖一抖的？"治"得神经一愣一愣的？

由此可见，处世之中若遇到恶徒欺压，不妨就巧用孙子兵法中的"以利诱之"，让其吃尽苦头。一来为自己出口恶气，二来也能为他人打抱不平，三来让恶徒知道厉害，有所收敛。一举三得，又何乐而不为呢？当然，善人在行事时勿要触犯法律，对于恶人，也不要忘记用法律武器。

防人之心不可无

【原文】 故用兵之法，无恃其不来，恃吾有以待也；无恃其不攻，恃无有所不可攻也。(《孙子兵法·九变篇》)

【大意】 所以，用兵的法则是：不要寄希望于敌人不会来，而要依靠自己，充分准备；不要寄希望于敌人不会进攻，而要依靠自己有使敌人无法击破的力量。

孙子的这种主张在处世上有一句老话可与之对应，即"害人之心不可有，防人之心不可无"。与别人交往，尤其是在生意场上，固然不能去想着害别人，但要知晓"人心隔肚皮"，不可不防别人。做人，尤其是做生意人绝不可无防人之心。

生意场上合作可以，但是会处世的人总是给自己留一手，因为人心防不胜防，有防人之心就可应对突如其来的变故。

慈祥、和蔼的爷爷正和小孙子在屋里玩耍，爷爷满脸爱意地和小孙子在沙发、窗台间转来转去。小孙子玩得开心极了。

小孙子见爷爷今天情致这么好，也异常顽皮。爷爷把他放在壁炉上，鼓励他使劲儿往下跳，跳了一次，爷爷接住了他，又把他抱上壁炉，鼓励他再跳。小孙子看见爷爷伸着手，毫不犹豫地跳下来，但这一次，爷爷突然缩回双手，小孙子扑通一声掉到地上，痛得大哭大闹，爷爷却在一旁微笑着。

面对旁人不解的神色，爷爷回答道："我是个成功的商人，我知道怎样去相信别人。而小孙子并不知道，他以为爷爷是可靠的。但这样的事情重复上二至三遍，他就会渐渐明白：爷爷也不可靠，不要盲目相信任何人，靠得住的只有自己。"

对于瞬息万变、风云莫测的商场来说，相信他人是应该慎之又慎的。

虚假的需求信息，深藏欺诈的报价，吹得天花乱坠的广告，都是防不胜防的陷阱，你若没有防备，随时可能血本无归。近来多次曝光的电信诈骗案，更提醒善良的人们不能轻信，更不能贪图小利而失大。

孙子云：知彼知己者，百战不殆。尤其是与人合作，更不可忘记这一深刻的古训。永远对你的对手保持警惕和戒备。随时随地密切注视对手的情况，如果不把问题弄个水落石出，就仓促与对方签合同做生意，将是十分危险的。据一位厨艺精湛的厨师讲，每条鱼的纹路都不一样，从鱼的外观可以分辨出鱼的味道，而我们多数人在同对手打交道很长时间后，仍然对对手的情况知之甚少，而且我们还缺少对他们了解的好奇心，这样粗枝大叶地做生意，又怎么能指望获得全面的胜利呢。

还有的人对信誉的依赖过分突出。不错，越来越多的商人懂得建设良好的信誉，因为有信誉意味着生意的兴隆。信誉作为自己的事情，当然越牢固越好。但具体到每一笔生意时，信誉是不能依靠的。

孙子还说：兵不厌诈。精明的商人和高明的骗子都知道这个道理。

在生意场上，即使成功地与对方合作了一次，并不意味着下一次就有保证，人家不一定会因此信任你，你不必指望它会给你带来多大的好处；同时，你也不能因此无条件信任对方，生意场中，没有永远的朋友，应将每次合作都当作"初次"对待。

灵活应对各种人

【原文】是故不知诸侯之谋者，不能预交；不知山林、险阻、沮泽之形者，不能行军；不用乡导者，不能得地利。(《孙子兵法·九地篇》)

【大意】所以不了解诸侯各国的图谋，就不要和他们结成联盟；不知道山林、险阻和沼泽的地形分布，不能行军；不使用向导，就不能掌握和利用有利的地形。

孙子在这里讲的是对有关系的诸侯国各方面的了解，他主张既要了解地形，又要了解该国各方面情况，还必须了解诸侯之谋。这里讲的不止是军事地形和自然地理问题，还是一个如何处理国际关系，在异地如何谋划战争，指挥军事行动的问题。也就是在进入异乡异地之前要了解当地的风土人情、社会关系和人际关系，如不这样，行军、打仗、外交活动就会招致失败。

孙子的这种思想延伸来讲，就是入乡随俗，到哪个山坡唱哪首歌。

灵活的人，一定要具备灵活应对各种人的能力，不能对不同的人，总唱"同一首歌"。

和别人沟通，首先要看对方是什么人，因为每个人的脾气禀性不同，所以他所能接受的说话方式就可能不一样。要想达到成功的交际，就要收集信息，因人而异，运用恰当的技巧，千万不可意气用事，一言不合，怒发冲冠，引起对方的反感，这绝不是解决问题的正确方法。

这就要求人必须先控制自己的情绪，除了控制情绪之外，交涉时还要消除"自我限制"的心理，因为自我限制往往使人作茧自缚，无法放开手脚，说话也不会有创造性的成果。

此外，在交际的过程中，也要能善于利用信息。现代人拥有许多信息，却不知道如何去利用它，甚至还会使用错误，造成反效果。所以，求人时必须先认清自己的行动目标，把握资料的正确使用方法，随时观察对方的反应，越是到最后阶段，越不能有丝毫的疏忽，最好是顺着对方的思路去接近对方，这样才能使对方心悦诚服，与你携手合作。要是坚持己见，结果难免会背道而驰，离目标越来越远了。

技巧有如种子，种什么种子，就结什么果。如果希望顺利达到交际的目的，就必须研究出一套恰当的手段，尤其是言谈的手段，才能收到预期中的理想效果。至于什么样的手段才最恰当，并没有一定的标准可言，只要光明磊落，不搞旁门左道，能因人因事应变，知道何时该紧抓不舍，何时该放宽条件，才能争取最佳的结局。

与人交际的时候，倘若能够明白对方属于何种类型，说起话来就比较容易了。现列举交往中易见的十类人供参考。

1. 死板的人

这类型的人比较木讷，就算你很客气地和他打招呼、寒暄，他也不会作出你所预期的反应来。他通常不会注意你在说些什么，甚至你会怀疑他听进去没有？你是否也遇到过这种人？

与这种人交流的时候，刚开始多多少少会感觉不安，但这实在也是没办法的事。

举个例子，当你遇到F先生时，直觉马上告诉你："这是一个死板的人。"此人体格健壮，说话带有家乡口音，至于他是怎样的一个人，你却不太清楚。

遇到这种情况，你就要花些功夫注意他的一举一动，从他的言行中，寻找出他所真正关心的事来。你可以随便和他闲聊一些中性话题，只要能够使他回答或产生一些反应，那么事情也就好办了，接下去，你要好好利用此类话题，让他充分表达自己的意见。

譬如，当你们聊到有关保龄球时，F先生的话就开始多了起来，这表示他对这种球类很有兴趣。他很起劲地谈到打球的姿势、球场的情况和自己最近的成绩……原来死板的表情，竟一扫而空，代之以眉飞色舞。

每一个人都有他感兴趣、关心的事，只要你稍一触及，他就会开始滔滔不绝地说，此乃人之常情，因此你必须好好掌握好话题内容并利用这种人性心理。

2. 傲慢无礼的人

有些人自视甚高、目中无人，时常表现出一副"唯我独尊"的样子。像这种举止无礼、态度傲慢的人，实在叫人看了生气，是最不受欢迎的典型。但是，当你不得不与他交流的时候，你应该如何对付他呢？

某个企业的一位副科长，说话虽然客气，眼神里却有些许傲慢，并且不带一丝笑意，这种人实在是非常不好对付的，让人一见到他，就感觉有一种"威胁"存在。

对付这种类型的人，说话应该简洁有力才行，所谓"多说无益"正是如此。而且，你要尽量小心，以免掉进他的圈套里。

不要认为对方客气，你也礼尚往来地待他，其实，他多半是缺乏真心实意的。你最好在不得罪对方的情况下，言词尽可能"简省"。

3. 沉默寡言的人

和一个不爱开口说话的人沟通实在是非常吃力的，因为对方如同哑巴一样，半天嘴里挤不出一个字来，你就没办法了解他的想法，更无法得知他对你是否有好感。

有一位新闻记者，他为人沉默寡言，根本就不像个记者。不论你和他说什么，他总是沉默以对，真是拿他没办法。当有人给他介绍广告客户时，他也只是淡然地说声："喔！是这样啊。"然后手持对方名片，呆呆地看着。

对于这种人，你最好采取直截了当的方式，让他明白表示"是"或"不是"，"行"或"不行"，尽量避免迂回式的谈话。你不妨把所有的选择都摆在他的面前，直接对他说："对于 A 和 B 两种办法，你认为哪种较好？是不是 A 方法好些呢？"迫使他作出选择性回答。

4. 深藏不露的人

我们周围存在有许多深藏不露的人，他们不肯轻易让人了解其心思，或让人知道他们在想些什么。有时甚至说话不着边际，一谈到正题就"顾左右而言他"，自我防范心理极强。

与这样的人沟通更是难上加难，往往搞得人们无所适从。

但是，当你遇到这么一个深藏不露的人时，你只有把自己预先准备好了的资料拿给他看，让他根据你所提供的资料，作出最后决断。

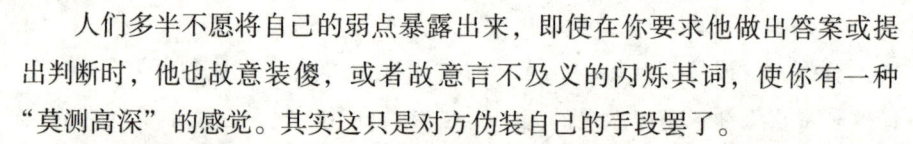

人们多半不愿将自己的弱点暴露出来，即使在你要求他做出答案或提出判断时，他也故意装傻，或者故意言不及义的闪烁其词，使你有一种"莫测高深"的感觉。其实这只是对方伪装自己的手段罢了。

5. 草率决断的人

这种类型的人，乍看好像反应很快，你的要求，他回复得非常快，甚至还没听明白你到底要干什么的时候，忽然作出决断，给人"迅雷不及掩耳"的感觉。由于这种人多半是性子太急了，因此有的时候为了表现自己的"果断"，决定就会显得随便而草率。

这类人决断过于草率，其特征是：没有耐心听完别人的谈话，往往"断章取义"，自以为是地妄下决断。如此草率作出的决定，多半会留下后遗症，招致意料不到的枝节发生。

和这种人沟通，也要按部就班，最好把谈话分成若干段，说完一段（一部分）之后，马上征求他的同意，没问题了再继续进行下去，如此才不会发生错误，也可避免发生因自己话题设计不周到而引出的不必要麻烦。

6. 过分糊涂的人

这种人一开始就没弄懂你的意思，你就是和他长时间频繁地接触，结果也是枉然。

小朱经常光顾一个书店，其中的一位女店员，常常在小朱讲明购买的书名时，还会糊里糊涂地弄错。像这种错误，一般人难免犯个一两次，但像她那样经常犯错，也就有点不可原谅了。因为小朱是这家书店的常客，老是遇到这种事情，心里总觉得不太舒服。终于有一次，小朱把情形告诉书店经理，不多久，女店员就被辞退了。

经常犯错的人不外乎两种：一种是自己从来不知反省；另一种则是理解能力差，完全没听懂别人的谈话。

7. 顽固不通的人

固执的人是最难应付的。他们自己的原则性太强，尽管有时连他们自己的坚持对否他们自己也不知道。因为无论你说什么，他都听不进去，只知坚持自己的观点，死硬到底。求这种顽固分子，是最累人且又浪费时间的，结果往往徒劳无功。因此，要和这种人说话的时候，千万要记住"适可而止"，否则，谈得越多越久，心里越不痛快。

这种人回复往往很干脆，如果没有达到预期，你不妨及时抱定"早散""早脱身"的想法，不必耗时费力，自讨没趣。

8. 行动迟缓的人

对于行动比较缓慢的人，交涉时最是需要耐心。

有一位年轻而稍显肥胖的王小姐，也许因为体型的关系，她做起事来，总是比别人慢半拍，感觉上，工作效率总比别人差一点，严格说起来，倒不是她的办事能力不如其他同事，只不过她做起事来太过"慢吞吞"而已。

与人交际时，可能也经常会碰到这种人，此时你绝对不能着急，因为他的步调总是无法跟上你的节奏，换句话说，他是很难达到你的办事标准的。所以，你最好按捺住性子，拿出耐心，言谈上永远别透出恼火的意思。

此外应该注意的是：有些人言行并不一致，他可能处事明快、果断，只是行动不相符合罢了。

9. 自私自利的人

这世上自私自利的人为数不少，无论你走到哪儿，总会遇到几个。这种人心目中只有自己，凡事都将自己的利益摆在前头，要他做些于己无利的事，他是断不会考虑的。

有一位李先生，经常手不离计算器，这说明他始终在计算着自己的利益。正因为他最看重数字，他所坚持的，一定是自己的利益。至于其他事情，他不会在意如何做好，只考虑怎样做才最省事。这种悭吝之徒谁都不会对他产生好感。

但是，当你不得不与他交流的时候，只有暂时按捺住自己的厌恶之情，说话要顺水推舟、投其所好。当他发现自己所强调的利益被肯定了，自然就会表示满意。

10. 毫无表情的人

人的心态和感情，常常会通过脸部的表情显现出来，所以在求人的时候，这些往往可供作为判断情况的工具。

然而，有些人却是毫无表情可言的，也就是说，他的喜怒是不形于色的，这种人不是城府很深就是呆板的。当你需要和这种人进行交谈的时候，最好的方法就是特别注意他的眼睛和下巴。

常人说："眼睛是会说话的"，诚然，眼睛是灵魂之窗，"观其眸子"，你自然可以知道对方的心思。

你可以从对方的表情中，看出他对你的印象究竟如何？有时候，自己会过分紧张得连表情都很不自在，此时，你不妨看看对方的反应：是毫不在意、无动于衷？还是已经察觉、面露质疑？留意他的眼神，你一定可以得到答案。知道了他的态度，话自然就好说了。

与这种人沟通，别被他这种表情吓住，一定要放松、从容不迫。但要注意的是，当你明白对方的反应可能是受自己的应对态度所影响，进而影响到结果时，就不得不特别注意、研究一下自己的言行举止了。

能说会道不仅要有嘴上功夫，更要有能力，不同的人，要用不同的方法应对。这才是一个灵活的人必备的。

第三章　创业凭什么
——孙子教你走出创业之路

有人说：掌握了成功创业之道，就等于拿到了成功创业的钥匙。确实如此，非凡的成功，不同凡响的创业招数，最实用、最有效的创业方法都是有章可循的。而当我们翻开《孙子兵法》一书时，就会惊奇地发现，原来孙子早在两千多年前，就为我们精心制作了一本无往而不利的创业秘籍。

借米下锅，没有资本要会找

【原文】善用兵者，役不再籍，粮不三载；取用于国，因粮于敌，故军食可足也。(《孙子兵法·作战篇》)

【大意】善于用兵的人，兵员不一再征集，粮草不多次运送；武器装备从国内取用，粮草补给则在敌国就地解决，军队的粮食就可以充足供应了。

"因粮于敌"是孙子在《作战篇》中提出的重要作战补给原则。它的精髓是取之于敌，以战养战。这种兵家克敌制胜的妙法也可运用到创业中来，那就是"借米下锅"，借别人的钱创自己的业。

没有一个企业主不希望自己的企业成功，而获利的前提之一是必须有足够的资金。而对于创业和发展中的企业，资金显然是一个困扰性的话题。这时企业主显然可以采取一种用借来的钱赚钱的方式，俗称"借鸡生蛋"。

在用别人的钱来创造自己的事业方面，美国商界大亨洛维格是一个成功的范例。洛维格9岁时，他发现一艘沉入水底的小汽船。他用自己打零工的钱，再加上向父亲借的钱，凑了25美元，买下了这艘沉船。然后把它打捞上来，花了一个冬天修好它，再把船租出去，赚了50美元。这是他第一次发现了借钱的作用。但真正懂得借钱的价值，并创造性地借钱生利，还是在他40岁时。当时，他准备借钱买一艘货船，改装成油轮，以赚取更多利润。因为载油比载货更有利可图，他到纽约找了好几家银行，但人家看了看他磨破的衬衫领子，便拒绝了他。这时，他想了一个办法。他有一艘油轮，他以低廉的价格把它包租给了一家石油公司，然后拿着租契再去找银行，告诉他们租金可每月转入银行来分期抵付他所借贷的款项本息。银行考虑了这个看似荒诞不经的借款方案。尽管洛维格没有资产信用，但石油公司却有着良好信誉。银行每月收租金，刚好可以分期抵付贷款本息，银行并不吃亏。就这样，洛维格巧妙地利用石油公司的信誉为自己贷到了款。他买了一艘船。这样，每当一笔债付清后，洛维格就成了某条船的主人。他的资产、信用以及他的衬衫领子，都迅速改善了。

洛维格更巧妙的借钱策略还在后面。他设计一艘油轮，在还没开工时，他就找到人，答允在船完工后把它租出去。他拿着租约，去找银行借钱。银行要船下水之后，才能开始收钱。船一下水，租费就可转让给银行，这样，贷款也就可以分期付清了。这种想法，开始时让银行大为吃惊，因为洛维格等于是在无本生利，他一分钱不用出，靠银行贷款来造船，又靠租船的租金来还贷款。但银行最终还是同意这样做。这不但是因为洛维格的信用已没有问题了，而且还有租船人的信用加强还款保证。洛维格靠这种方法，建造了一艘又一艘船，他的造船公司成长起来。

生意人们都希望通过借贷来发展生意，但像洛维格这样创造性地借钱生利，却不多见。洛维格拿别人的钱打天下，他成功了。他的成功对我们不是一种启迪吗？

通过上面的例子，我们显然可以看出在现代经济中，"谋借"对于一个企业成功有多大的意义。当然借钱是要还的，而且还要付利息，贷款的利息要比存款利息高。借钱来生财当然是有风险的。但如果不冒这个风险，你就连第一步也迈不出去。一位获得成功的企业主说："我最需要的就是让别人来强迫我做那些我自己能做，而且应该做的事情。换句话说，就是需要一种压力。"强迫自己借钱，就给了自己一种压力，使你陷入背水一战的局面。你只好强迫自己行动起来，改掉散漫的习气，使资金尽快周转起来，这就是借钱的第一作用。当然更重要的是借钱能使你的企业更适应于目前的生意形式，使企业运转起来，而且使你更慎重地审视你自己的投资方向。

当然，作为一个生意，最主要的还是应了解借钱的具体方式、操作技巧以及其中的一些原则和作借钱决策时应注意的问题了。总的来说，在现代经济中，借钱的具体方式可以分为：银行贷款、企业内部融资、租赁业务、商业信用等。生意人只要认真掌握其技巧，自然可在商海之中纵横捭阖，解除资金上的后顾之忧了。也可以说，生意人只要"借钱"成功，就为今后生意的发展开拓了更广阔的前景。

人脉即财脉，早为创业储备社会关系

【原文】其次伐交。(《孙子兵法·谋攻篇》)

【大意】用兵的上策是以谋略胜敌，其次是通过外交手段获胜。

从这段话我们可以看出孙子非常重视外交关系的作用，将其放在了第二位。事实上，外交关系——对于我们常人来说就是所谓的人际关系、社会关系，在处世中的作用也是极为重要的，尤其对于那些创业者来说，良好的人际关系可以让你少走很多弯路，"人脉决定财脉"的俗语一点也不夸张。

生活中人们常说的"朋友多了路好走""一个篱笆三个桩，一个好汉三个帮""在家靠父母，出门靠朋友"等诸如此类的话可以说不知道有多少。这些至理名言尽管说法不同，但其内涵却都是相同的，都是孙子"伐交"谋略在现实中的体现。如果用在成功创业方面，那么这些"伐交"含义就是如果在创业时能拥有良好的社会关系基础，那么在创业时就会事半功倍，有良好的社会关系和人际关系，我们在创业的时候就会有很多人来帮助我们，向我们伸出援助之手，使我们早日到达成功的彼岸。

相反，假如我们在创业时，没有储备良好的社会关系，那么，我们在创业的时候就会比别人付出更多的劳动。甚至阻碍我们的创业步伐，使我们干什么事都变得很艰难。

为什么储备了良好的社会关系和没有储备良好的社会关系会有如此大的差别呢？打个比方说，你的创业方向是做生意。那么，你做生意要不要同人打交道呢？也许你会觉得这个问题提得很愚蠢。但是你必须面对这个问题并回答这个问题，答案是什么呢？是一定要同人打交道。但这又有另一个问题，是同什么人打交道呢？同各种各样的人。这就对了，同各种各样的人打交道，那么这些人中你认识的人是一少部分，而大部分人你并不认识。怎么办呢？那就得使出浑身的解数，这也就是人们说的所谓的"攻"关吧！

生意场，也就是一个没有硝烟的公关战场。在这个看不见硝烟的战场上，你如果没有足够的人际关系网，可以说就寸步难行。因为在人际关系这张网上网织着很多关系，如人缘关系、业务关系，甚至还网织着办事的渠道、信息的来源等。它是一种很微妙的东西，它的存在可以说是无处不在，无时不在，无孔不入。这种东西已渗透到社会关系的各个角落，甚至已渗透到人的心灵深处，因此，它不但影响着个人的行为，而且也影响着社会存在，自然也就影响着你生意的成败和你创业的成败。

假如你要在生意场上创业，你就必须做好社会关系的储备。其实，在生意场上创业是这样，其他的创业也是这样，比如你要当一名律师或医生，良好的人际关系和社会关系都是必不可少的创业准备，而且准备得越多越好，你的创业步伐就会更快一些，这已是一个明显的社会事实，谁都可以从现今的社会上看到这一点。

明智的创业者，都懂得"伐交"的道理。在创业之前，如果他已有意从事某个行业。他就会尽自己的所能去结识这个行业里的知名人士，虚心向这些知名人士或成功人士请教，聆听他们的教诲，把这些作为重要的资源储备起来，以便在将来发挥作用，帮助自己解决许多实际问题。

现在我们就不难理解，为什么过去每一个成功的人都有一本又一本的名片册，现在每一个成功的人的手机通讯录上的信息都很多。这名片册和手机并不仅仅是一个工具，它里面储存着丰富的社会资源。有些现代大公司甚至开始利用互联网大数据和云计算来积累客户信息，极大地提高了社会资源的开发利用水平。这些都是众多企业和人士走向成功，叩响成功大门的敲门砖。

懂得了储存社会关系的重要性，下面我们就谈一谈储备社会关系的方法和原则。储备社会关系的方法各种各样，并且因人而异，但基本的方法与原则却是人人适用的。

1. 多团结人，不可轻易树敌

这就是说在与人的交往中你可能会碰到各种类型的人。在这各种类型的人中肯定有你喜欢的人，也有你不喜欢的人。对于你喜欢的人，交往亲近起来非常容易，团结这些人并不难。问题的关键是你要能和你不喜欢的人建立良好关系则比较困难，那么，如何与你不喜欢的人建立良好的人际关系呢？你可以这样来做，首先尽量挖掘你不喜欢的人的优点，尽量用包容的心态对待他的缺点，如果你能做到这些，你也许就能与你不喜欢的人结为朋友。但有些人身上缺点和毛病太多，你无论如何也找不出他的优点，或无法包容他的缺点。对待这种人，你实在无法与他交往，你就要学会喜怒不形于色，做到不当面指责或指出他的毛病，不和他争吵，不发生正面冲突。这样做就不至于使这些人成为你的敌人，一旦成为你的敌人，就会为你将来的创业带来很多不必要的麻烦。

2. 多结交成功的人，远离失败者

我国有句古训说得非常好：近朱者赤，近墨者黑。这句古训讲的就是这个道理。我们之所以要多结交成功的人士，就是这些成功的人比我们优秀，我们可以从他们身上学到很多有益的东西，他们的优秀品质时时刻刻都能使我们的缺点暴露出来，他们可以成为我们一个很好的学习榜样，他们成功的事例能不断地激励我们在创业中前行，如果我们和这些成功者关系非常好的话，这些人还会伸出友谊之手，在关键的时候教我们一招或者拉我们一把，总之，和这些人交往有利无弊。因此，与优秀的人和成功者交往这应是储备人际关系的一个重要原则。

3. 多与社会名流建立关系

社会名流都是社会上有影响的人，这些人社会关系复杂，办起事来容易，若能与这些人建立良好的个人关系，那么就无异于为我们的创业插上了翅膀。所以，能与这些人交往自然是一件很有益的事。

但这些名流往往都有他们固定的交际圈，一般人很难进入到他们的圈子里，而创业者绝大多数在创业之前都没有良好的社会背景，都是一些无名之辈，因此，结交这些人更是难上加难。但这并非没有可能，我们可以从以下几个方面入手。比如在交往前多了解有关名流的资讯，托人引荐，多参加社会公益活动，多出入名流常常出没的场所，这样做，你就会有机会结交到这些社会名流。当然在结交这些社会名流时，还得注意给对方留下一个好的印象，千万不要死缠烂打抓住不放，这样做只会适得其反。与这些人交往，要想通过一次的交往就建立良好的关系也是比较难的，应多制造一些机会，通过多次的接触才能建立较为牢固的关系。

4. 礼多不怪

不管和什么人交往都要注意礼节，这也是储备人际关系时必须掌握的一个原则。当然和有身份的人交往这一点可能很容易就能做到，因为对方的权势、地位、实力足以使你为之敬畏，不由得你不注重礼节。但很多人在交往时却往往容易步入这样一个误区，即认为好朋友之间无须讲礼节论客套。他们认为和朋友讲礼节论客套就好像会伤害朋友的感情。其实，这种认识是非常错误的，他们并没有意识到，朋友关系也是一种人际关系，而任何人际关系之所以能够存续下去的前提就是相互尊重，容不得半点的强求。礼节和客套虽然烦琐，但却是相互尊重的一种重要形式。而离开了这种形式，朋友之间的关系也就难以存续。

要知道，即使是朋友，每个人都希望拥有自己的一片小天地，不讲礼节客套就可能侵入到朋友的禁区，干扰到朋友的生活，如果这种情况出现得多了，自然就会伤害到朋友的情感，再好的关系也会因此而终结。因此，从这个意义上讲，礼多不怪的确是前人总结出来的一个生活真理，可以有效地防范我们出现交往错误，影响我们的创业。

掌握了"伐交"的原则和方法，下一步该怎么做，那就需要你来决定了。

企业会在危机感中壮大

【原文】 杂于害，而患可解也。（《孙子兵法·九变篇》）

【大意】 在有利的情况下一看到不利的因素，祸患就能预先排除。

"杂于害而患可解也。"这一谋略强调了有备无患、常备不懈的备战思想。安不忘危，治不忘乱，这也是很多创业者早期的精神状态，正是因为有了这种无备则后患无穷的危机感，创业者才能一步一个脚印，不满足于已有的成功，把自己企业慢慢做大。

当然，有些创业者并非如此，他们看起来从不紧张，从不焦躁，在自己的企业或公司里常常还会表现出悠闲与轻松。但事实上，这只是一种表面现象，因为无论是在中国还是全世界上许多地区，异常激烈的竞争始终存在，稍微一放松就有可能被时代抛弃。

危机感对创业者来说有很大的积极意义。懂得时间的宝贵、市场的无情，他们对于由竞争对手所带来的巨大威胁始终牢记在心，因此，他们能够取得创业的成功，他们时时都在或主动或被动地考虑着如何才能做得比自己的竞争对手更好、更出色。

现实社会中，许多创业者之所以比我们一般的人做得更成功，不管是他们找到了更为有利可图的市场，是发明了一种更为有效的做事方式和先进的技术，还是找到了更能占据市场的新产品。但我们需要清楚地看到，他们有一个共通之处，就是这些成功的创业者有危机感。

一个人、一个地区、一个民族、一个国家，如果从上到下时刻都有一种危机感，那么这个人、这个地区、这个民族、这个国家就不会被时代抛弃，就会永远处于发展的前列。

就个体来说，当你有了危机感时，你就不会在自足的意识中其乐陶陶，不会在懒散中消磨时光，你的大脑机制就会始终处在一种高速运转的过程中，这样，你的潜能就会最大限度地被发掘出来。而这就使得你成功的概率大大增加，成功的可能性就会远远大于失败的可能性。危机感的积极意义对于一个企业、一个公司，乃至于一个地区、一个民族、一个国家照样适用。日本之所以很快地在战争废墟上崛起成为世界上第二大经济强国，就基于这个民族始终有着其他民族所不具备的危机感。

说到危机感，可能你会说：那是没有成功的人或失败者才要考虑的，成功创业者只需尽情地举起庆祝的酒杯，好好享受成功后的喜悦，无须再有什么危机感。

创业成功，的确该庆祝庆祝，该享受一下成功后的喜悦，即使你的创业只是取得了阶段性的成功，但不管怎么说，你还是成功了，庆祝一下当然没什么错。但如果你认为成功创业了就不再有危机感，那你就大错特错了。

创业成功之后，我们所面临的压力可能会更大。要时时记住，你所取得的只是阶段性的胜利、成功，更大的挑战还在后头。人常说，世界上没有常胜将军。这也就是意味着，世界上没有常败将军。你这次成功创业了，下次完全有可能失败；而另一个人这次创业失败了，说不定下一次他就成功了。如果你因为你这次的创业成功而沾沾自喜，甚至躺在功劳簿上睡大觉，你迟早都会被后来者赶超和淘汰。

仔细地分析一下国际国内的成功创业者，你会发现，每一个真正的成功创业者时时都充满了危机感。因为他知道，影响成功的因素是多方面的，其中充满了变数，而这些因素你又不能完全控制。这就意味着成功只是暂时的，一旦明天某个因素发生变化，可能后天就需要面对失败，如果你没有危机感，对于可能发生的事情缺少应对的策略，到那时，你就可能束手无策。

创业成功了，这时候更需要你冷静下来，考虑这次所以成功的主、客观原因，而对于可能出现的竞争，对于社会经济可能出现的变化，对于消费者口味的更新等，都要进行冷静地分析，并制定出相应的应对措施，这才是一个成功者应有的态度。

日本丰田汽车公司在四五十年前还默默无闻，但现在已是世界上很著名的汽车公司之一了，丰田公司的发展与日本的其他大部分的公司不同，它不是依赖外国资本发展起来的，而是依靠本国自己的力量发展壮大的。之所以如此，就是因为丰田公司的决策层始终具有很强的危机感。

这从所谓的"丰田方法"或"丰田经验"中就可见一斑。

丰田公司创造了一套独具特色的"丰田方法"。"六大原则"与"七不浪费"就是"丰田方法"其中之一。丰田公司同其他公司一样，也要追求利润的最大化，追求最优化的投资效益。要达到这一目的，就必须在生产中坚持"六大原则"和"七不浪费"。

"六大原则"是：不把不良产品送到后段工序；密切地配合后段工序；只生产后段工序所需要的数量；生产平均化；采用微调手段；工序要安定化、合理化。这实际上就是"看板方式"的生产管理内容。

"七不浪费"是：避免过量制造的浪费、手中存款的浪费、搬运的浪费、动作的浪费、制造次品的浪费、库存的浪费、加工过程的浪费。其中，不制造过量产品和次品是最为关键的。

以时时要有危机感为指导，丰田人采取了上述经营策略，丰田公司的产品降低了成本，增强了在汽车市场上的竞争力。这也就使得丰田公司几十年来在国际汽车市场上立于不败之地。

一个成功创业的人如果没有危机感，要不了多久，你就会在破产者的队伍中找到他的名字。

即使你已经创业成功了，你也应该始终有一种危机感，你要始终感受到来自你的竞争对手的压力，旧的竞争对手让你打败了，还会有新的竞争对手不断地涌现出来，所以，无论你取得了多大的成功，也不能躺在功劳簿上睡大觉！

先发展自己，再寻找机遇

【原文】 昔之善战者，先为不可胜，以待敌之可胜。(《孙子兵法·形篇》)

【大意】 从前善于用兵打仗的人，先要做到不会被敌人战胜，然后等待战胜敌人的时机。

"待敌可胜"是孙子在《形篇》中提出的把握取胜时机的重要谋略，孙子在这一篇中强调要注意预测、捕捉等待击败敌人的战机。这个道理对现代创业者来说无疑是金科玉律。

你只有在不断寻觅中把握住机遇才能顺势而为，成就一番大事业。

世上的万事万物在其发展过程中总会显露出一些能决定未来的玄机。对于创业者来说，如果能够把握住这种玄机，那么就意味着把握住未来，把握住了未来，也就是把握住了成功。创业者如何才能把握住事物发展中的玄机呢？这就需要创业者对所有事物，特别是与自己关系密切的事物保持一种高度灵敏的触觉，这种触觉也就是一个人的悟性，如果有了这种触觉和悟性就很容易把握住事物发展的玄机。所以，对于创业者来说，在创业的时候一定要培养自己灵敏的触觉，一定要把自己的悟性培养出来，这样在机会来到的时候，你就能够顺势而为，轰轰烈烈地大干一场。

所谓机会也就是那种可遇不可求的好时机，它的来到就如同一列快速奔驰的列车一样，而每一个想要登上这列快车的人，根本不可能在它到来时再手忙脚乱地去抓它，到那时你想抓住它就很困难了。你想登上它，就得提前做好准备。比如说你的精神首先要高度集中，以便能随时随地在它来临的时候有迅速登上它的思想准备；其次，你还得事先活动活动筋骨，以保证在它来到时你能够敏捷地一跃而起，登上它。孙子所说的"先为不可胜"就相当于你在登车前做的那些从精神到身体的准备活动，所以你一定要在创业之时就先加强自己。如果还有欠缺，那你就得抓紧时间，在此方面狠下功夫，以便你能够登上下一趟机会的快车。

"先为不可胜"，要做的准备很多，我们选了一个方面具体论述，那就是悟性。那么怎样才能使自己培养出把握机会的触觉和悟性呢？先看这样一个事例：

一天，台湾天作实业公司的老板周玉凤从报纸上看到了这样的一条消息：西亚的科威特由于国土大面积是沙漠，每年都需要进口大量的泥土种植花草树木。这则消息启发了这位颇具商业头脑的周玉凤。她想，进口泥土并不是科威特人的需要之本，因为靠进口泥土根本没有可能改变一个国家无土的状况，科威特人进口泥土是他们的无奈之举。因为他们不能看着自己的国土光秃秃得连棵草都没有，所以周玉凤认定，科威特人所担忧的是他们缺乏花草，花草比泥土更宝贵，他们要泥土的目的不就是要种花草嘛。如果能研制出一种不需要泥土的花草岂不可以赚大钱？于是，周玉凤请来了专家，自己投入资本来研制一种不需要泥土的花草，经过一番努力，果然研制成功了，这种在别人看来最不值钱的小草，在周玉凤手里竟然变成了抢手的商品，成了周玉凤的摇钱树。

周玉凤的天作实业公司研制出来的小草，其实应该称为"植生绿化带"，是一种可以用人工大量生产的标准草皮。它构成的原理是，先用化学纤维与天然纤维制成"无纺布"，然后再把草籽和肥料置放在"无纺布"之间，卷成卷，然后由商店卖出。用户在使用时，只需把这些草卷铺在地上，敷上薄薄的一层泥土或者干草，再洒些水保持湿润，不到一个月的时间，就会长成绿茸茸的小草。

这种"草"由于其适应性强，几乎什么地方都可种植，再加上成本低，成活率很高，所以一上市就受到了用户的欢迎，生意因此也就相当好。

天作实业公司开发成功新产品后，将自己的产品在西亚地区进行了广泛的推广宣传，他们的营销足迹遍及西亚的众多缺土国家。经过营销活动，西亚各国的人都认同了这种"植生绿化带"，因为它不但可以美化环境，而且还具有定沙、固沙、防沙等多种功能。因此，连一些国家的酋长和王子们都深爱这种产品，称其为"台湾创造的现代神毯"。后来，天作实业公司的生意越做越大，不起眼的小草为周玉凤带来了滚滚而来的财富。

其实，天作实业公司研究的这种"植生绿化带"并不是它们首创的产品。首先研究和开发"植生绿化带"是日本企业。但是，由于日本的研究者在化纤成分的搭配上不得当，他们开发的"植生绿化带"中天然纤维所占的比例只有20%，过小的比例使得草籽极容易被水冲走。这样，他们的草成活率就比较低，产品也较难推广。而天作实业公司针对日本公司产品的缺点进行了改良，使天然纤维的比例由过去的20%提高到了50%。这样一来，不但克服了日本同类产品的弱点，而且也使产品的质量得到了极大的提高，因而取得了巨大的成功。

其实，周玉凤的成功并非像她的"现代神毯"那样神秘，关键在于她捕捉到了别人没有捕捉到的商机。周玉凤以敏锐的市场嗅觉和极高的悟性捕捉到了一个潜在的巨大市场和赚取利润的机会，因而使她的天作实业公司一步一步地发展壮大了起来。她成功的原因就是如此简单。

从周玉凤和天作实业公司成功的事例中，我们可以看出，所谓捕捉机遇的悟性主要包含了以下这些方面的要素：

（1）对信息的灵敏的捕捉能力。当今的世界，可以说是一个高度信息化的世界。有人说信息就是财富，还有人说信息就是未来，这些话一点都不假。信息对于每个人来说都很重要，信息隐藏着巨大的社会财富，因此，对于现代人来说，如果你不能很好地利用信息，就已经落伍了。所以，创业者要想获得事业上的成功就必须充分地重视信息的收集，要学会利用信息，培养利用信息的能力。但是，正因为当今的世界是一个信息的世界，信息的来源可以说非常多，每个人每天都能收集到大量的信息。因此，光会收集信息还不够，还要培养一种从中捕捉机会的能力，所以一定要嗅觉灵敏，有极强的感知能力，能从收集来的信息当中挖掘出那些对于自己的发展非常重要的信息。把本来非常枯燥的死信息变得生动起来，然后从中挖出宝藏，使信息为自己产生效益。

（2）对事物的深刻的洞察能力。信息是捕捉机会的金矿，是不可或缺的要件。但信息如何才能变为财富或者成为社会资源呢？或者说，信息怎么样才能成为有效信息呢？信息能不能被有效地利用起来，并不取决于信息而取决于信息的制造者和信息的利用者——人，取决于信息的利用者是否对事物有深刻的洞察能力。因而，只有具备了对事物深刻的洞察能力，信息的利用者才能从丰富的信息中找出哪些信息是有用的，哪些信息是无用的。只有具有对事物深刻的洞察力，信息的利用者才能挖掘出信息的价值所在。也就是说只有在具备对事物的深刻洞察力的前提下，人才能作出信息为什么有价值、信息的价值在什么地方、信息到底有多大价值这样一些判断和推理。就如周玉凤在读到科威特进口泥土这则信息时，由于她具有对事物的深刻的洞察能力，因而，她就从这则信息中发现了信息的价值在哪里，信息的价值有多大，从而作出了自己的投资决策。

因此，对事物的深刻的洞察力也是构成悟性的要件之一。

（3）对未来的准确的预见能力。所谓对未来的准确的预见能力，也就是当自己灵敏的嗅觉一旦嗅出了某些信息所暗藏的机遇之后，接下来的事便是对机会的可能性作出预见。从感知和理性两个层面对未来进行预测。而预测未来的时候，我们通过努力可以获得一些资料和数据，从而根据搜集来的数据和资料进行推测。当然这种推测得出的结论往往比较准确。但是，有时搜集来的数据并不足以保证作出准确的预测，这时候还要凭借合理的想象能力，也就是说要通过想象来弥补数据和资料不足的缺陷，而想象是否准确，当然需要一定的天赋，但仅靠天赋还是不行的。因此，还需要你从现有的信息资料和数据中作出合理的推测，预见出一个最接近真实的未来。你需要增强这方面的训练，只有训练多了你才能作出更为准确的预见，这样你才能把自己捕捉到的信息真正地转化为你成功的机遇。因此，准确预见未来的能力也是把握机遇不可缺少的要素之一。

可以说，一个人把握机遇悟性的高低就在于他是否具备我们以上所说的那几种能力，具备了上述我们所说的那几种能力，那么就会具有较高的悟性，如果不具备这些能力，悟性就相对差一些。悟性好，把握机遇的能力也就强；悟性差，把握机遇的能力自然也就差一些。

其实，归根到底，社会上的任何一种潮流或者趋势，都是由过去的一些很细微的因素积累而形成的。也就是说，当这种潮流或趋势还不明朗的时候，任何人都不可能未卜先知地见到这种趋势或潮流的模样，只能发现这种趋势或潮流的苗头。机会就在这些事物的苗头后面隐藏着，如果你有很高的悟性你就能及时地抓住机会，你没有很好的悟性便只能眼睁睁地看着这种机会从你面前溜走，当这种趋势和潮流已完全明朗化的时候也就是你彻底失去机会的时候。比如20世纪90年代初，我国在上海和深圳设立了股票交易所，那时候，股票这种被我们批判了多年的似乎只有资本主义国家里才会有的东西在中国登陆了。对于中国股市到底能否成为我国经济发展和资本融资的一个途径，股市能否成功，对于这些问题连决策者恐怕也不能告诉你，但就在那时，有许多悟性极强的人却不惜举债闯进股市，他们在中国股市趋势还不明朗的时候，牢牢地抓住了机遇而大大地在股市"捞"了一把，从而取得了成功。再比如像比尔·盖茨当年从事计算机软件开发的时候，谁能够预见到计算机会在很短的时间内就走进了寻常百姓家里呢？但盖茨却以其对计算机的熟悉和热衷，再加上他天才的想象和极强的悟性，很准确地把握住了历史的机遇，取得了常人难以想象的成功。可见，拥有很好的悟性才能把握住机遇，这已经是一个不容置疑的事实。

由于人们思想观念的不同，人们的认识能力存在着较大的差异，因此对未来和现在观察的出发点、角度都会有所不同。有些人凭借着其过去的经验，对事物可以进行深刻细致的洞察，作出准确的预见，而有些人对事物则很麻木，思维也非常迟钝，对未来显得茫然，或者就没有预见未来的那种能力。前一种人，有机会就能抓住，后一种人，机会就在自己眼前，却不知机会为何物，更谈不上抓住机会，所以在不知不觉中就错失了人生很多很重要的有时甚至可以使自己一举成功的机会。因此，培养敏锐的触觉，提高自己的感知能力，提高自己的悟性是所有志在成功创业者的当务之急。

标新立异，创业需要创新

【原文】战势不过奇正，奇正之变，不可胜穷也。(《孙子兵法·势篇》)

【大意】战术不过奇正两种，但其间的变化却是无穷无尽的。

将孙子所主张的"以奇胜"用于创业者的现实中，就是教导我们创业要能标新立异，以创新求发展，不走寻常路。

因创新而创业成功的人真是不胜枚举。

法国美容品制造师伊夫·洛列是靠经营花卉起家的，他在一次新闻发布会上感触颇深地说："能有今天，我当然不会忘记卡耐基先生，他的课程教给了我一个秘诀，尽管我过去对它未能予以足够的重视，而现在我却要说，创新的确是一种美丽的奇迹。"

洛列1960年开始生产美容品，到1985年，他已拥有960家分号，所属企业在全世界星罗棋布。

洛列生意兴旺，财源茂盛，多次摘取了美容品和护肤品的桂冠。他的企业当时是唯一使法国最大的化妆品公司"劳雷阿尔"惶惶不可终日的竞争对手。

这一切成就，伊夫·洛列是悄无声息地取得的，在其发展阶段几乎未曾引起竞争者的警觉。

他的成功有赖于他的创新精神。

1958年，洛列从一位年迈女医师那里得到了一种特效药膏秘方，这个秘方令他产生了浓厚的兴趣。于是，他根据这个药方，研制出一种植物香脂，并开始挨门挨户地去推销这种产品。

有一天，洛列灵机一动，何不在杂志上刊登一则商品广告呢？如果在广告上附上邮购优惠单，说不定会有效地促销产品。

这一大胆尝试让洛列获得了意想不到的成功,当他的朋友还在为他的巨额广告投资惴惴不安时,他的产品却开始在巴黎畅销起来,而广告费用与其获得利润相比,显得微不足道。

　　当时,人们认为用植物和花卉制造的美容品毫无前途,几乎没有人愿意在这方面投入资金,而洛列却反其道而行之,对此产生了一种奇特的迷恋之情。

　　1960年,洛列开始小批量地生产美容霜,他独创的邮购销售方式又让他获得了巨大成功。在极短的时间内,洛列通过各种销售方式,顺利地推销了70多万瓶美容品。

　　如果说用植物制造美容品是洛列的一种尝试,那么,采用邮购的销售方式,则是他的一种创举。

　　时至今日,邮购商品已不足为奇了,但在当时,这却是行之所未行。

　　1969年,洛列创办了他的第一家工厂,并在巴黎的奥斯曼大街开设了他的第一家商店,开始大量生产和销售美容品。

　　洛列对他的职员说:"我们的每位女顾客都是王后,她们应该获得像王后那样的服务。"

　　为了达到这个宗旨,他打破销售学的一切常规,采用了邮售化妆品的方式。

　　公司收到邮购单后,几天之后即把商品邮给买主,同时赠送一件礼品和一封建议信,并附带制造商和蔼可亲的笑容。

　　邮购几乎占了洛列全部营业额的50%。

　　洛列产品的邮购手续简单,顾客只需寄上地址便可加入"洛列美容俱乐部",并很快收到样品、价格表和使用说明书。

　　这种经营方式对那些工作繁忙或离商业区较远的妇女来说无疑是非常理想的。在公司的黄金时期,通过邮购方式从洛列俱乐部获取口红、描眉膏、唇膏、洗澡香波和美容护肤霜的妇女达6亿人次。

　　洛列通过邮售建立与顾客的固定联系。他的公司每年收到8000余万封函件。有些简直同私人信件没有两样,附着照片和亲笔签名,信中叙友情,表信任,写得亲切感人。当然,公司的建议信往往写得十分中肯,绝无生硬地招揽顾客之嫌。这些信件中总是反复地告诉订购者:美容霜并非万能，有节奏的、健康的生活才是最佳的化妆品。而不像其他商品广告那样，把自己的产品说得天花乱坠，功效无与伦比。

公司通过电脑建立了一千万名女顾客的卡片，每逢顾客生日或重要节日时，公司都要寄赠新产品和花色名片以示祝贺。

这种优质服务给公司带来了丰硕回报。公司每年寄出邮包达900万件，相当于每天2.5万件。1985年，公司的销售额和利润增长了30%，营业额超过了25亿，国外的销售额超过了法国境内的销售额。

洛列经过辛勤的劳动和反复的思考，找到了走向成功的突破口和契机。一直以来化妆品市场竞争的激烈程度令人触目惊心，如果亦步亦趋，墨守成规，那肯定只能成为落伍者。

洛列设计出与强大的竞争对手完全不同的产品——植物花卉美容品，使化妆用品低档化、大众化，满足了众多新、老顾客的需要，所以他把竞争对手远远地抛在了后面。

洛列力求同中求异，另寻蹊径，打破传统的销售方式，采用全新的销售方式——邮售，赢得了为数众多的固定顾客，从而为不断扩大生产打下了一个坚实基础。

单干难成大事，合伙生意风险小

【原文】夫吴人与越人相恶也，当其同舟而济，遇风，其相救也如左右手。（《孙子兵法·九地篇》）

【大意】吴国人与越国人虽然相互仇视。但是，当他们同船渡河时，如遇上大风，却能相互救援，犹如左右手一样。

与仇人同舟共济都能共渡险关，那么寻找一个志同道合之人共商大事，共创大业，还有什么难关是过不去的呢？

事实上，一个人的精力和金钱毕竟有限，而激烈的商业竞争，既残忍又充满诱惑，一个人在生意场上被打倒，就很难站起来，所以，与其一个人打拼，不如寻找合伙人，合两个人的能力与智慧，创业成功的机会就大大增加。

合作的力量，来源于两个人之间相互帮助、相互影响。整体要大于个体之和。这也就是从事多媒体技术的专业人员所说的"第三印象"，即一张幻灯片与另一张幻灯片之融合而产生的画面。

在商场上，形成长期性的合作，真是难上加难，尤其对于创业者来说更是如此。主要原因，就是一山难容二虎，或许在创业初期合作者尚能同甘共苦、荣辱与共。可一旦有了些成绩，便很容易出现矛盾。所以，对创业者来说，合作伙伴的选择一定要慎之又慎。

美国西北航空公司的威尔逊与捷奇相识于1963年，当时威尔逊在捷奇叔叔的顾问公司里工作。1974年，威尔逊加入了马里奥特公司，第二年，他便雇用了捷奇。1982年捷奇转到巴斯公司任职。1984年，他非常机敏并艺术地处理了涉及巴斯公司用一块土地与迪斯密公司交换25%股权的棘手问题。后来，他又干脆为迪斯密公司设计了一整套可行性计划，为此，他花去了整整6个月的时间！同年，威尔逊也进入了迪斯密公司，并担任最高财务主管。

他们为迪斯密公司工作，可以说是赚进了万贯财宝：捷奇得了5000万美元，威尔逊则得了 6500 万美元。1989 年，两人共同出资，再加银行的巨额贷款，买下了西北航空公司。

企业法人的合作力量，到今天为止，尚未真正受到人们应有的重视。当两个相互信任的人在一起工作时，是会出现奇迹的。联合起来，更容易战胜强大的竞争对手。

在寻找合作人的时候，你的心态十分关键。你必须具有开阔的心胸、谦逊的态度。

多数人在社交场合中，都会显得很合群。而在事业上，却都是独行侠。在大公司里，许多人都把同事当成自己的竞争对手。这种心态也会影响他对局外人的态度，会显得顽固、喜欢吹毛求疵。

找一位能够与你合作的人之前，首先你应该找的是能做你朋友的人。但是，要知道，你想找一位对你有利的朋友，光靠两人之间的友谊是不够的。你还要对合作人的各种意见表示尊重。这一点对许多人来说，就比较难做到了。如果合作人与他的意见有分歧的话，他就不会考虑对方的意见了。如果你自己身上真的存在这个问题的话，你在找合作人之前，还是先将你的个性改一改吧！

选择合适的伙伴很不容易，再好的朋友也要涉及利益的分享，因此，按照亲兄弟明算账的原则，及早确认合作的原则是十分必要的。在与他人合伙做生意之前，确定和了解下列原则是顺利合作的前提：

1. 应充分了解合伙者是否具有必备的条件，如能否达成生意共识，能否同甘共苦，是否能吃苦和坚韧不拔。

2. 为了避免合伙做生意过程中出现管理扯皮和利润分成上的纠纷，在签订"合伙协议书"时应明确规定以下几个方面的条款：

（1）确认每个合伙人的管理权限和范围。

（2）确认合伙的期限。不允许某个合伙人提前脱离合伙制，如果发生这种情况，该如何处理，也应明确规定。

（3）确认每个合伙者的投资额，所占股份的比例。

（4）确认怎样分配利润。

（5）确认吸引新的合伙者的办法。

（6）确认每个合伙者的责任及不负责任造成的后果该如何处理等。

第四章　商者，诡道也
——孙子谋略与现代商战的制胜之道

孙子云："凡战者，以正合，以奇胜。故善出奇者，无穷如天地，不竭如江河……战势不过奇正，奇正之变，不可胜穷也。奇正相生，如循环之无端，孰能穷之？"孙子指出决战靠"奇兵"取胜，作战的方式无非"奇""正"两种，但其变化却无穷无尽。孙子又云"攻其无备，出其不意。"这一作战思想对商战的启示是：市场竞争要靠"出奇"的诡道韬略制胜。

市场竞争不相信眼泪

【原文】兵者，国之大事，死生之地，存亡之道，不可不察也。(《孙子兵法·计篇》)

【大意】军事学研究是国家的大事，是军民生死安危的主宰，是国家存亡的关键，不能不深入考察。

战争冷酷无情，事关国运，而市场竞争也不相信眼泪，投身商战，须得时时警惕，保持清醒，才能立于不败之地。

在每个行业中位居第二、第三或名次靠后，但基本上属于行业第二集团内的公司，常被称为亚公司——实力亚于行业内市场领导者。其实在许多行业内，亚公司与领导公司的实力与规模相差无几，双方的位置互易的情况是经常发生的。美国的通用汽车公司在汽车业中第一的位置一度被丰田公司所取代；日本的佳能公司也曾超过施乐公司坐上复印机行业的第一把交椅；我国的格力电器公司1997年空调的产量、销量、出口量都超过春兰、海尔，位居同行业的第一。许多亚公司是不甘居于他人之下的。随着经济全球化的迅猛发展，大公司之间争夺霸主的商战，已从国内蔓延到全世界的各个角落，而且愈演愈烈。美国《财富》杂志和世界其他一些权威性机构定期评选全球500强或1000强公司的活动加剧了群雄之间的争斗。因此，市场挑战者的进攻策略越来越受到企业的关注，成为当前市场营销学发展的一个重要领域。

即使在微软公司尚未成为软件业霸主的时候，比尔·盖茨和他所在的微软公司就以残酷竞争而闻名于世。

20世纪80年代末，视窗1.0版的推出使盖茨大赚了一笔，但这时微软却与IBM的合作关系产生了危机。当英特尔推出了80286芯片时，IBM便开始设计基于其上的PC/AT。但盖茨希望IBM公司能够基于英特尔的下一代芯片80386来推出自己的新产品，但IBM置之不理。

此时，PC/AT虽仍以MS-DOS3.0版作运行环境，但IBM与微软公司双方一致同意开发DOS的扩展版本OS/2。盖茨主张用不久后的80386芯片为运行基础，希望有更好的图形用户界面；但IBM强调新操作系统必须为80286芯片工作，OS/2必须适应这种注定要被淘汰的芯片。盖茨不愿与IBM撕破脸皮，不动声色地派出人员参与OS/2。1986年起，他开始暗中减少参与人员，而加强视窗2.0版的开发。

这时，康柏公司率先推出了80386微机，不久苹果推出麦金托什机，以其卓越的图形用户界面对IBM来了一个当头棒喝。IBM这才意识盖茨的劝告多么重要。IBM负责人劳思对盖茨说，IBM也希望OS/2在386芯片上运行。这意味着MS-DOS要退出IBMPC领域，精明的盖茨竟答应了！

虽然OS/2的推出将威胁到微软的系统软件市场，但未等OS/2来淘汰DOS，盖茨自己开发的新系统却已经面世。

到1987年，OS/2项目的前景更加不妙，加之视窗1.0版市场反应一般，许多人认为视窗已死定了。但盖茨坚持视窗第一、IBM第二的原则，于1987年10月推出视窗2.0版和视窗386版。

兼容机厂商康柏和惠普等公司因不满IBM，立即宣布支持微软视窗2.0版。尽管IBM的新操作系统并不逊色，但当它推出时，视窗已占有相当的市场。OS/2的定价太高，又无足够的应用软件来支持，要驱逐DOS谈何容易。

微软开发视窗的商业前景显而易见，DOS仍占据66%的市场，而视窗将在DOS下运行。商业利润如此之大，使盖茨敢于承担与IBM全面破裂的风险。盖茨把宝押在视窗3.0版上。

1990年5月22日，视窗3.0版问世。从此微软个人电脑及其兼容机开始进入一个新纪元。视窗3.0版当年即被评为最佳软件。微软的巨大投入获得了丰厚的回报。

洞察力是商战成功的必要条件。曾经有段时期，美国最红火的计算机公司是数字设备公司，简称DEC。有20年的时间，它的正向螺旋似乎毫无逆转的迹象。公司的创建人肯·奥尔森是一位传奇式的硬件设计师，曾是比尔·盖茨心目中的英雄，一位可望而不可即的天神。1960年，奥尔森推出了第一批"小"计算机，从而创建了小型计算机工业。最早的计算机叫作 PDP-1，这是 PDP-8 的前身。一个用户可以花上 120000 美元买一台奥尔森的 PDP-1，而不是花几百万美元买 IBM 的"大铁块"。它完全没有大机器那样功能强大，可是它的用途广泛。DEC 通过提供大量各式各样的计算机，在八年之间发展成为一个拥有 67 亿美元的公司。

又过了 20 年，奥尔森的洞察力出故障了。他看不出小型桌面计算机的发展前途，结果，他被排挤出了 DEC。关于他的说法是他总是反复地、公开地把个人计算机看作是一种赶时髦的玩意儿。

与此同时，在 DEC 所属的那个时代，失去洞察力的还有那些曾经获得过成功的伟大企业家，例如王安，甚至蓝色巨人 IBM 的负责人以及苹果公司的最高统治者，他们因一时未能洞察行业发展趋势而使事业招致了惨重的损失，甚至因此而破产，与此同时，盖茨则以其非凡的洞察力，借助于这些巨人的失误，而完成了创业所需要的重要一跃。

以实力说话，不可盲目出击

【原文】 强弱，形也。(《孙子兵法·势篇》)

【大意】 强大或者弱小，是由双方实力的对比所体现的。

作战最怕不自量力，盲目出击，办企业最怕得狂热病，忘了自己有几斤几两重。孙子曰："知彼知己者，百战不殆。"企业要发展就必须要竞争，但竞争是需要用实力来说话的，在实力不如人时，万不可盲目出击，只能出奇制胜。

20世纪70年代末80年代初，位居日本乃至世界摩托车领域第二把交椅的日本雅马哈摩托车公司，为了争取该领域的首席地位，开始向雄居世界第一位的日本本田公司发起被后人称作"近代日本工业领域最残酷的一次竞争"的挑战。历时两年的激战，终以雅马哈的失败而告终。

那么雅马哈公司为什么会失败呢？

雅马哈的败北主要是因为它没有正确地估计自己和竞争对手的实力，在暂时的胜利面前没有保持清醒的头脑。

20世纪50年代以来，日本的摩托车行业霸主地位数易其主。最初居摩托车行业之冠的不是本田而是东菱。60年代以后，本田不顾一切地扩大市场占有率，利用盈利进行再投资，1964年终于将东菱赶出世界摩托车市场，一跃成为摩托车行业的领导厂商。自此本田不断发展，实力越发雄厚。进入70年代，日本的摩托车市场基本上是四分天下，依次为本田、雅马哈、铃木和川崎。其中，本田在日本本土的占有率高达85%，稳居宝座。

60年代末和70年代初，世界摩托车市场需求的增长明显减缓。为此，本田决定开拓新的生产线——进军汽车市场。然而当时国际汽车行业也不景气，一些中小汽车公司纷纷寻找靠山，以度危机，本田为了在汽车市场中站住脚，将公司最好的设备和技术力量投入其中，甚至不惜调用生产摩托车的技术力量，到1975年，本田公司在汽车项目上的收入最终超过了摩托车项目的收入。

就在本田致力于汽车生产，无暇顾及摩托车业务时，原来居摩托车行业老二的雅马哈公司，认为这是一个竞争世界第一的好机会。为此，它不惜一切代价积极拓展摩托车市场。在雅马哈的猛烈攻势下，本田公司节节败退。1970年本田的销售额以3∶1领先于雅马哈，此后到1979年本田的摩托车销售额一直没有增加。雅马哈公司则将本田公司领先的程度从3∶1降到了1.4∶1。在1970年初，雅马哈只有18种车型，本田有35种。到1981年双方同有车型63种，雅马哈的市场占有率与本田不相上下。在胜利面前，雅马哈的决策者们认为自己的羽翼已丰，自不量力地向本田发出了挑战。1981年8月，雅马哈公司总经理旧朝智子宣称：很快将建一座年产量100万台机车的新工厂：这个工厂建成后，将可以使雅马哈总产量提高到每年400万台，超过本田20万台，那时本田公司将让出第一把交椅的位置。1982年1月的一次会议上，雅马哈公司董事长小池也表示："我们将以新的产量超过本田。身为一家专业的摩托车厂商，我们不能永远屈居第二。"

雅马哈的勇气固然可嘉，然而它忘记了本田是一个几十年来一直称雄于世界摩托车市场的实力雄厚的大公司，并且以其在汽车领域技术优势作为坚强后盾。面对雅马哈的攻势，本田怎能善罢甘休？本田的董事长河岛早在1978年就在《日经新闻》上暗示："只要我当社长一天，本田就永远是第一。"1982年1月，当雅马哈公司挑战性的言论传到本田决策者的耳朵里时，他们迅速作出决策：在雅马哈新厂未建成时，以迅雷不及掩耳之势给予反击，打掉它的嚣张气焰。一场被誉为日本工业领域最残酷的战役打响了。

在这场战役中，雅马哈公司与本田公司相比实力相差悬殊，这是雅马哈失败的重要原因。

从商战一开始，本田就采用了大幅度降价策略，增加促销费用和销售点。在竞争最激烈时，一般车型摩托车的零售价，降价幅度都超过1/3，以致一部50毫升的本田摩托车价格比一辆10变速的自行车还便宜，但由于本田公司除摩托车产品外，还有汽车产品，特别是80年代初汽车销售量稳定上升，因此，"东边不亮西边亮"，它完全可以通过汽车业务的盈利来弥补摩托车价格战的损失，最终达到打击雅马哈、扩大市场份额的目的。雅马哈公司则是一个专业的摩托车生产厂商，它的生存完全依赖摩托车。因为投资建厂造成企业的成本投入较大，如果采用与本田公司相同的降价策略，公司本身是无法负担的，但如果不降价或降价幅度较小，那就只有在价格大战中失败。显然，在价格战上雅马哈公司已处于劣势。

本田采取的另一策略是加快产品的更新换代，同时迅速使产品多样化。在18个月内，本田凭借它的技术优势，也凭着它有2/3的营业收入来自汽车、资金充裕等条件，推出81种新车型，淘汰了32种旧车型。产品更新换代的加快，使企业在消费者心目中树立起新的形象。这样，本田摩托车的销售量直线上升，而雅马哈公司相比之下则有些相形见绌了。为了超过本田，雅马哈公司在投资建新厂上下了很大赌注，内部运营资金入不敷出，只好向外大量贷款，而新厂尚未建成，无法产生效益，因此雅马哈几乎无力开发新产品。在本田推出81种新车型时，雅马哈公司只推出34种新车型，淘汰了3种车型。产品更新换代速度的减慢，使雅马哈在市场上的形象日益衰老，产品积压增多。

结果在价格战中，雅马哈难以承受巨大的损失，节节败退；在市场形象方面，雅马哈由于推出新产品品种单调而渐受顾客冷落，造成大量库存积压。经过一年的较量，雅马哈市场占有率从原来的37%下降为23%，产量迅速下降，1982年营业额比上一年锐减了50%以上，1983年初雅马哈公司的库存占到了日本摩托车行业库存的一半。在这种情况下，雅马哈只有举债为生。1982年底，雅马哈公司的债务总额已达2200亿日元。银行家们看到雅马哈前景不妙，纷纷停止贷款。雅马哈公司缺乏资金，产品无法降价出售，库存越积越多。走投无路的雅马哈公司为了避免破产，终于于1983年6月向本田举出白旗。

1983年6月，雅马哈公司董事长川上与总经理智子一起去拜见本田公司的总经理川岛清，就雅马哈的不慎言辞向本田公司道歉。接着，川上又在记者招待会上重申对本田公司的歉意，并宣布解除旧朝智子的职务。至此，历时18个月的摩托车战役结束。

雅马哈公司终于"虎口脱险"了。它不仅没有实现争夺摩托车霸主的梦想，反而丢掉了第二把交椅的位置。这场竞争使雅马哈公司伤痕累累。

当初雅马哈公司在本田公司致力于进军汽车市场而无暇顾及摩托车业务时，乘胜追击。销售额从1970年只占本田的25%上升到1979年的71%。然而，它在胜利面前不能正确评价制胜的根本原因，以致忘乎所以，盲目出击，造成人仰马翻、跌落马下的悲惨局面，分析其原因有三：

（1）雅马哈初战告捷，固然与自己的成功经营策略有关，但其战略决策远不如对手深谋远虑。雅马哈想依靠专业化生产的优势，取代本田王位，对自己的优势过于自信。殊不知单一专业化生产在风云变幻莫测的市场风浪中，随时有翻船的危险。而本田的多元化经营，则可减少市场风险。

（2）价格战是市场竞争的主要手段，是经济实力雄厚的大企业制服弱小企业的杀手锏。面对本田这样企业巨人，雅马哈在战略战中必败无疑。

（3）雄厚的技术实力是企业常胜不败的根本。本田依靠汽车领域强大的技术储备，在新产品开发方面具有绝对优势。而雅马哈在技术之战上又不得不俯首称臣。

三方面的原因必将导致雅马哈以失败告终。

商战是智力与实力的较量，拼杀结果常常是强者胜。此例中本田的凯旋和雅马哈的投降就是证明。作为一个实力逊色的企业，不要不自量力，盲目出击，虚张声势与强者较量，以免伤了元气，败走"麦城"。

危言耸听，百事反败为胜

【原文】攻而必取者，攻其所不守也。(《孙子兵法·虚实篇》)

【大意】进攻而必定能取胜，是因为进攻的是敌人不曾防御的地点。

孙子认为进攻就应该乘虚而入，出其不意，攻其不备。在商战中，有时候用孙子的这种手法，攻击竞争对手的软肋，往往能够取到反败为胜的效果。

1985年，百事可乐通过各种渠道得知可口可乐准备于诞辰99周年之际推出一种新配方，这种新配方很可能极大地打击百事可乐的市场。为此，百事可乐的高层管理者忧心忡忡，怎样对待可口可乐这一咄咄逼人的进攻呢？

就在可口可乐准备正式向新闻界宣布将改换产品配方前几天，百事可乐的广告策划者们使用"攻其不备"的战术，想到了一个仍然使百事可乐处于主动的广告方案，那就是宣布可口可乐推出一项新产品正是表明了它的失败，世界上最著名的产品正在从货架上消失，他们正准备从可口可乐之战中撤出。

循着这一思路，策划者们想在可口可乐召开新闻发布会的当天在报上登广告说："可口可乐公司正从货架上收回其低劣产品。"如果可口可乐在新闻发布会上没有更换配方，则可用另一份广告向读者致歉："对不起，可口可乐公司并未从货架上收回其低劣产品。"

但这一广告恶意攻击的意味太浓了，百事的总裁恩里科说："我们希望给对方沉重的打击，但不能让人们觉得我们是恶意的攻击。"

于是百事的广告策划者们又想出一个"项庄舞剑"的广告，那就是以百事可乐总裁的名义在报纸上发表一封公开信：

致百事可乐公司所有工厂主和雇员：

我非常高兴地向大家致以衷心的祝贺。在过去的时间里，我们和可口可乐公司一直互相对峙，我们一直以它们为奋斗目标。

可口可乐公司正在从市场上撤回其产品，并改变了可口可乐配方，使其更"类似百事可乐"。里普利（前可口可乐总裁罗伯特·伍德拉夫的爱称——译者注）的离去显得太不利了，他要在的话一定不会让可口可乐这么做的。

毋庸置疑，正是因为百事可乐长期以来在市场销售上所取得的成功，才使对方作出了这个决定。

众所周知，当一样东西还是很好的时候，它是不需要改变的。也许他们终于认识到这一点：百事可乐比可口可乐好喝，而我们中的大多数人早在几年前就已看出了这一点。

当然，处于困境中的人往往孤注一掷……我们必须注视他们的举动。

致以最良好的祝愿！

美国百事可乐公司总裁兼主管罗杰·恩里科

策划者们觉得这封信还不够厉害，缺乏一个高潮，于是又在信的末尾加上一段：

事到如今，我可以说胜利是醉人的，我们终于可以庆贺了。我向大家宣告，星期五全公司放假一天。

让我们纵情庆贺吧！

当然，百事公司在欢呼雀跃的同时，并没有放松进攻，在可口可乐新闻招待会前一天晚上，恩里科出现在哥伦比亚公司的电视采访节目上。

记者问道："您能否确切地告诉我，您是如何看待可口可乐的新动作的？"

"百事可乐和可口可乐已互相对峙了87年。"恩里科回答道，"而如今在我看来，就像另外的人在虎视眈眈！"言下之意，可口可乐成为了一个新生的挑战者。

可口可乐在新闻发布会上果断发布了更换产品配方的新闻。然而在发布会所在地旁边的马戏场上，百事可乐策划的一个公关活动也在举行，一个小型百事可乐机器人进行操作演示，并免费为观看者提供百事可乐。刚从可口可乐新闻发布会上出来的记者对此感到很新鲜，他们在这一针锋相对的公关活动中听到的是"可口可乐终于认输了"，"它们不再具有竞争力了"。

从百事可乐的广告攻势看，一直同巴顿将军一样"进攻、进攻、再进攻"，保持着咄咄逼人的进攻优势。同时这一攻势集中而明确，都围绕着"新的一代"而展开，从而使广告的进攻具备极大的杀伤力。

相比之下，可口可乐的广告主题就显得疲软无力，应接不暇。在早期，如1922年的"口渴不分季节"，1929年的"停下来喝一口，精神百倍"都是佳作。但对百事可乐伸过来的拳头，仍用"喝可口可乐，万事如意"便防守不住了。

面对充满冒险和想象的百事可乐广告的进攻，可口可乐节节败退，当第二次世界大战结束时，可口可乐与百事可乐市场销售额之比是3.4∶1；到1960年变成了2.5∶1；而到了1985年，这一比例为成1.15∶1，1993年，《幸福》杂志根据销售额排行的美国最大500家工业公司名单中，百事可乐以220.84亿美元高居第15位，而可口可乐仅为132.38亿美元，远远落到了第34位。

由此不难看出，商战中，"攻其不备"战术的运用是多么的重要。

投石问路，艾柯卡力挽狂澜

【原文】 故形人而我无形。(《孙子兵法·虚实篇》)

【大意】 使敌人显露形迹而使我军不露痕迹。

孙子这段话的意思是既要让敌军暴露出实力，又让其搞不清我军的虚实，从而达到迷惑敌军的效果。在商战中，为了不让对手了解我方动向，高明的商家也往往会采取这一招，以达到出奇制胜的效果。

艾柯卡不仅是一个能够大刀阔斧对企业进行整顿的改革者，而且也是一个能够利用出奇制胜的商战韬略打开市场销路的实干家。当克莱斯勒公司转亏为盈之后，如何重振雄风则是艾柯卡苦苦思索的问题。

企业家常用的方法是提高企业的知名度和产品的市场占有率，而出奇制胜、价廉质优又是重要手段。艾柯卡根据克莱斯勒当时的情况，决定首先出奇制胜，推出新的车型。他把"赌注"押在敞篷汽车上。

美国汽车制造业停止生产敞篷小汽车已经十年了，原因是时髦的空气调节器和立体声收录机对敞篷汽车来说是毫无意义的，再加上福特公司的停产，敞篷小汽车便销声匿迹了。

但艾柯卡预计敞篷小汽车的重新出现会激起老一辈驾车人对它的怀念，也会引起年轻一代驾车人的好奇，可是克莱斯勒"大病初愈"，再也经不起大折腾，为了保险起见，也为了不让竞争方福特公司捷足先登。艾柯卡采取了"投石问路"的策略。

艾柯卡指使工人用手工制造了一辆色彩鲜艳、造型奇特的敞篷小汽车，当时正值夏天，艾柯卡亲自驾着这辆敞篷小汽车在繁华的城市主干道上行驶。

在形形色色的有顶汽车洪流中，敞篷小汽车仿佛是来自外星球的怪物，立即吸引了一长串汽车紧随其后，几辆高级轿车利用速度快的优势，终于把艾柯卡的敞篷小汽车逼停在了路旁,这正是艾柯卡所希望的。

追随者下车来围住坐在敞篷小汽车里的艾柯卡,提出了一连串的问题:"这是什么牌子的车?""这种汽车一辆多少钱?"

艾柯卡面带微笑一一回答,心里满意极了,看来情况良好,自己的预计是对的。

为了进一步验证,艾柯卡又把敞篷小汽车开到购物中心、超级市场和娱乐中心等地,每到一处,就吸引一大群人的围观,道路旁的情景在那里又一次次重现。

经过几次"投石",艾柯卡掌握了市场情况。不久,克莱斯勒公司正式宣布将要生产"男爵"型敞篷汽车,美国各地都有大量的爱好者预付定金,其中还有一些车手。结果,第一年敞篷汽车就销售了 23000 辆,是原来预计的 7 倍多。这个成绩让福特公司大跌眼镜、佩服不已。

1983 年,公司的经营纯利润达 9 亿多美元,创造了当时克莱斯勒有史以来的最高纪录。

1984 年,克莱斯勒公司约赚了 24 亿美元,比这家公司前 60 年的总和还要多。克莱斯勒公司提前 7 年偿还了全部政府贷款。

就这样,艾柯卡受命于危难之时,通过惊人的魄力和大胆的改革,使绝处逢生的克莱斯勒终于站了起来,使 6 万多工人免遭失业的厄运,帮助成千上万个家庭渡过难关。艾柯卡由此而成为汽车业的一代英豪,成为公众偶像。而这与艾柯卡在商战中惯用"形人而我无形"的战术是分不开的。

捏住软肋，戴尔与对手玩柔道

【原文】 进而不可御者，冲其虚也。（《孙子兵法·虚实篇》）

【大意】 进攻而使敌人无法抵御，是因为出其不意地袭击了敌人的懈怠空虚之地。

事实上，不仅是军事战争中要善于"攻其不守"，商战中与人过招，也要认准对方的致命点，突下辣手，才能战而胜之。

现代企业发展的历史证明，了解产业内的利润集中区，即了解竞争对手实际赚钱的范围，可以开阔视野，看到新的机会。先找出哪一个对手拥有高市场占有率，而且在市场某特定区块获利极高；再想，如果把对手这项优势当作弱点，通常，在面对猛烈的攻势时，必得大幅降低利润，否则无力招架。

美国戴尔公司首席执行官迈克尔·戴尔把这种做法称为"和对手玩柔道"。

20世纪90年代中期，戴尔发现，许多竞争厂商有一半以上的利润来自服务器。更严重的是，虽然他们的服务器是很好的产品，却为了补贴其他不赚钱的业务而必须抬高定价。事实上，由于服务器的定价高得超乎常理，等于是把额外的成本转嫁给顾客，从而暴露了自己的致命伤。因此，这个绝佳的机会，不但能让戴尔公司挤掉竞争者继续扩大市场，也增加了戴尔公司自己的服务器业务。

1996年9月，戴尔公司以非常具有竞争力的价格，推出一系列的服务器，整个市场为之震惊。这项野心勃勃的行动，重新建立了戴尔公司在服务器市场的地位，接着戴尔公司成为了全美第二大的服务器供应商，占有20％的市场。戴尔公司掏空了竞争者的利润来源，削弱了他们在笔记本电脑、台式电脑等市场上与戴尔公司对抗的能力。

事实上，戴尔公司 1993 年前就曾在台式电脑的市场用过这个策略。戴尔公司在一个主要竞争者开发市场一年后才跟进，但在 9 个月后，戴尔公司成为全美第一大、全世界第二大的厂商。戴尔公司并不急着抢占第一名宝座，而是从容寻找机会，找出最佳的策略，成为最强的厂商。

因特网是戴尔公司和竞争者大玩柔道的另一个绝佳方式。对戴尔公司来说，网络是直接模式的最终延伸。但对许多采取间接模式的对手而言，却不是个好主意。不少公司模仿戴尔公司的业务模式，并不断尝试，但毫无成果。对他们来说，直接交易终将导致通路上的冲突。他们的营运模式是以传统的产销者、代理商和经销商为基础，而不是与顾客的直接关系。一旦原本采取间接模式的制造商开始与使用者直接对话时，便会和本来是为自己销售产品的经销商产生竞争。

把公认的缺点努力改为优点，是柔道策略的另一个招数，也是戴尔提高竞争力的方法。

20 世纪 80 年代，个人电脑的销售量开始激增，修理电脑就像要做牙齿根管治疗一样，得体验痛楚。如果电脑是从经销商处购买的，就必须自己把电脑搬上车，运到服务中心，还要排半天队把东西交给他们，几天或几个星期之后再取回来。

戴尔公司刚创立时，很多潜在顾客对通过电话购买电脑深表怀疑，因为他们认为买了以后一定没有良好的服务。他们猜想，在没有店面的情况下，必须要自己把东西装箱，寄回公司，再苦等电脑修好寄回来。当然，由于电脑的购买价格并不便宜，他们也担心在邮寄过程中损坏的机会更大，而运费之高就更不用提了。

竞争者也假设，由于戴尔公司直接把产品卖给顾客，一定没办法创造服务上的优势。他们以为，由经销商或店面所提供的附加"利益"，不管服务器质量多糟，也一定可以取得优势。

但是，他们都猜错了，戴尔公司一开始就看出提供直接服务的利益，并且将之定为公司早期的目标之一，但竞争者对此却毫无觉察。1986 年，戴尔公司推出业界第一个上门维修的服务，有点类似为生病的电脑"出诊"。如果电脑有问题，你不用奔走，戴尔公司会到你所在的地方维修，公司、私宅、饭店都可以，而且戴尔公司会在收到消息的下一个营业日甚至当天就到达。

这样一来，其他厂商的服务中心就有点跟不上潮流了。即使是现在，你把电脑抱到经销商服务中心去维修，修复所需时间还是可能长达两个星期，与戴尔公司的下一个营业日真的差太远了。何况还不保证一定修好。一开始被竞争者认定是缺点的项目，转而成为明显的优势。

全球性的扩展，带来另一个让劣势变优势的机会。20世纪80年代中期，戴尔公司正准备向英国拓展时，注意到一家名为"恩斯萃"的公司，该公司早期在英国个人电脑市场上具有领导地位。恩斯萃公司一向以销售"可抛弃型个人电脑"闻名，这是指死机率很高、公司售后支援很少的低价机器。然而，由于当时缺乏真正的竞争者，他们还是卖出令人难以相信的数量。而这也为戴尔公司创造了绝佳的机会。

在销售品质不可靠、又没有良好支援系统的廉价电脑过程中，恩斯萃事实上给了英国广大消费者一个难忘的教训：千万不要买品质低劣、零件不可靠、服务差劲的个人电脑。他们也创造了一个虽然幻想破灭却具有电脑知识的使用者市场，渴望向一家能够提供良好支援和服务的公司，购买比较精密的系统，即使这家公司一开始并没有很大的市场占有率作后盾。对戴尔公司有利的是，恩斯萃错估了市场，而为戴尔公司日后在英国所获得的大幅增长和成功奠定了基础。由于英国是戴尔公司向国外扩展的第一步，因此戴尔在英国的成功成为戴尔公司在全球获得发展的跳板。

戴尔公司甚至曾在法律诉讼中寻找机会。在戴尔公司刚创立时，有家竞争厂商因为戴尔公司在广告上的说辞而控告戴尔公司，想要赢回声誉，或者说是赢回顾客，结果却起到相反的效果。由于围绕着这次诉讼的媒体报道以及这家公司对戴尔公司广告的过度反应，它的顾客开始怀疑，也许在戴尔公司宣称更高品质和更低售价的广告词中，包含几分真实。这次的案子为戴尔公司带来更多目光，也让戴尔的曝光率高过自己经济能力所能负担的地步。由于这家公司在当时是黄金标准，所以也让戴尔公司在从未进入过的细分市场中，因着他们而得到许多信誉与关注，这增加了戴尔公司的冲劲。

其他人以为是缺点的地方，也可能是利润所在。这正是戴尔"跟对手玩柔道"策略的精华所在。

攻其不备，古耕虞出奇招整洋商

【原文】故小敌之坚，大敌之擒也。(《孙子兵法·谋攻篇》)

【大意】所以，弱小的军队如果一味硬拼，就势必成为强大敌人的俘虏。

很明显，这个道理在商战中同样适用，处于劣势的商家，是绝不能与对手硬拼的。但是不是就束手投降呢？也不是。孙子又告诉我们："强而辟之""以奇胜"，就是说在与实力悬殊的对手竞争时要取得胜利就只能出奇制胜。商业竞争也是如此，要在实力悬殊的竞争中胜出只有出奇招。

1926年洋行自重庆撤离后，同年，有个叫H. B. 纳尔斯的美国人代表美国一家最大的制革商到重庆来收购羊皮。纳尔斯有两个致命的弱点：其一，对重庆市场情况毫无调查研究，可以说是两眼一抹黑，就冒冒失失地做生意。纳尔斯收购了大批羊皮，加工不了，打不成包，装不了船，干着急也想不出办法。当时正值长江枯水期，即使打了包也没有船，运不出去。这也是他想不到的事。羊皮是很娇嫩的，一个月内不加工，就会霉烂，霉烂了只好倒进粪坑作肥料。其二，他是单枪匹马，不懂得利用中国商人当买办，只凭一张银行开的信用证，就只身跑到重庆来，向各山货行买进了大批羊皮。到了结算时，几十家销户纷纷前来要款，而他的信用证只能在重庆中国银行凭证抵六成，而要付的货款却大大超过了这个数字。债主逼紧了，闹得纳尔斯焦头烂额，一筹莫展，无路可走，只得求助于同业公会，同业公会也束手无策。

古耕虞本来就很讨厌这个美国人，认为此人实际上是来填补洋行撤离后在重庆留下的空白的。当时古耕虞正雄心勃勃，欲大展宏图，要在重庆山货业中执牛耳，纳尔斯如成功了，必然会对他的事业不利。于是，古耕虞立即抓住了这个机会，不但要设法赶走这个美国人，而且要使他下次不敢再来。

因此，看准时机的古耕虞最后出面说话了，他首先向中国银行打了招呼，如果不解决纳尔斯的问题，重庆许多山货行就要被迫倒闭，牵累到全四川许多小码头的小山货商，事情就会闹大了。然后他找到了纳尔斯，作出"高姿态"，表示可以设法替他加工、打包，并用自己的信用，以非常低的利息，替他垫付8成货款给卖主。做这个安排的唯一条件是纳尔斯把收购的全部羊皮交于古青记清理，而古青记办理这些手续，不收取任何费用。同时，由同业公会成立债权团，由纳尔斯在合同上签字：①承认委托古青记代办一切；②承认中国银行是第一债权人，由中国银行将纳尔斯所购货物，交古青记加工出口，出口后把信用证的收益人改为古青记。纳尔斯急于脱身，见到有人出来为自己解围，当然求之不得，马上签字。这件事使古耕虞受益颇多。

从此，古青记声誉大噪，谁也不能无视古青记的存在了。在1926年至1927年，四川最早的商业银行——聚兴诚银行重庆总行的业务报告中，提到古青记时，称之为"异军突起，掩有重庆山货业天下之半"。那时古耕虞不过二十一二岁。

反传统反垄断，避实而击虚

【原文】夫兵形象水，水之形，避高而趋下，兵之形，避实而击虚。（《孙子兵法·虚实篇》）

【大意】用兵的规律就像流水，流水的属性是避开高处而流向低处，作战的规律是避开敌人坚实之处而攻击其弱点。

《孙子兵法·虚实篇》指出作战应找出敌人的弱点，根据不同敌情而制定策略。而在商战中的胜出者，除了具有敏锐的洞察力外，往往还具备逆向思维，能够根据经济形势的变化制定一些令"传统"商家出乎意料的决策，避实而击虚。

在日本，一提百货业就会让人想到大荣公司。大荣公司1957年开办第一家"大荣主妇商店"，1972年创年营业额全日本第一。

1968年，日本的商业新星中内功推出了一本造反意识很浓的新商法：《我的薄利多销哲学》。此书一出，立即震撼了日本商界。书的中心点是：商业流通业者，并不握有商品价格的决定权，主宰价格命运的是产品制造业者，特别是大厂主。而厂主大都把产品的出厂价定得偏高，流通领域的批发商和零售商则被动地接受了这一事实，只能高进价高卖出，最终损害的是广大消费者的利益。有鉴于此，流通业者要掀起一场流通革命，要从生产资本手中夺回价格决定权，为自己，也为广大的消费者谋利益。

要夺权，就得建立统一战线。中内功认为，流通统一战线的同盟军由消费者、流通业者、中小厂商三者组成。

他在同盟军内部做了深入细致的分析。他说："参加同盟军的消费者是那些每天从自己的钱包中掏钱购物，并尽量想买便宜商品的大众，绝不是那些生活富裕、游手好闲的女流之辈。参加同盟军的流通业者是那些具有革新意识、试图夺回消费者主权的人，而对于那些只追求高利润的流通业者，就算同属流通业，我们也绝不认同他们。中小型制造商在垄断资本的淫威下，被迫从事不公平交易，或者是自己的营业部门逐渐被垄断资本蚕食，有时，就算能分得一点垄断资本吃剩的残余利润，却无法自由发展。小厂商若想要有发展，只有以消费者利益为前提，和消费者、流通业者一起参加流通革命，成为对抗垄断资本体系的一员。"

中内功把"不断销售物美价廉商品"作为大荣的最基本原则。当别人的商店以高出进价50%、100%，甚至百分之几百的利润营销的时候，他坚持自己的"十·七·三"经营。

所谓"十·七·三"经营，就是确保自己的商店有10%的毛利，毛利10%中，7%是各项开销，剩余3%则为纯利。

这就是中内功不同于别家的商战新韬略。

这个新韬略十分成功。手帕以一日元一条的价格出售时，一位老太太高兴得热泪盈眶，竟有些疑惑地问："卖这么便宜，行吗?"也有人说："到大荣简直不是买东西。几乎就像白拿一样。"消费者纷纷涌向大荣。日本农历七月中旬的盂兰盆节期间，因为涌向大荣的顾客实在太多，唯恐发生危险，每隔30分钟商店就要放下铁门，以抑制客流量。

1958年，中内功在神户市的三宫开设大荣第二店。在三宫店的前面，当时号称营业额日本第一的大丸百货公司，气势逼人地高高耸立着。但是，购物的客流量，大丸只有30%，另外70%都到了大荣店。对此，客户中的家庭主妇间流行着一句顺口溜："逛逛到大丸，买买到大荣。"

大荣的低价经营，受到传统商家的强烈反对。但是由于广大消费者的认可和支持，它迅速成长。从1957年到1969年的12年间，以大阪和神户为中心，大荣向西南和东北两翼展开，从九州岛到东京市区的大半个日本国土，大荣连锁发展成多点、网状的商店、超市和大型商场。其营业额，1961年3月是50亿日元，1969年3月超过1000亿元，1972年10月高达3051亿日元，创下日本零售业第一的纪录，1980年突破1兆日元的大关，1995年更是突破4兆日元！

商场如战场

【原文】兵者，诡道也。(《孙子兵法·计篇》)

【大意】用兵打仗应以诡诈多变为原则。

孙子指出行军打仗以诡诈多变为原则。这一理论的现实意义在商战中体现得淋漓尽致。

商场是一个以利益为根本目的的地方，作为生意老手的松下幸之助已在多年的经营过程中掌握了其中的全部诀窍，但仅仅如此还是不够的，而生意场上的那种尔虞我诈松下幸之助也使用得得心应手，所谓生意场上没有朋友可言，这句话就是松下自己总结出来的。

20世纪70年代，在录像机的开发上日本处于世界领先地位。然而那时如同美国的个人计算机一样，机型规格不一，有的大有的小，盒带有的1小时，有的2小时，无论是产业界还是消费者都感到不便。1974年，自认为是音像技术领头羊的日本索尼公司总裁盛田昭夫找到日本录像机产量第一的松下电器，要求统一录像机规格。1975年春天，又请松下和有关人员到索尼参观录像时间1小时的BETA型录像带生产流水线。盛田恳请松下："我们一道来做吧，为了日本，也为了世界。"

尽管盛田两次相邀，但是松下并不明确表态。索尼开发的是1小时盒带，而属于松下电器系列的几个录像机生产厂家，开发的都是2小时VHS型录像机及盒带，尽管松下盒带的图像清晰度远不如索尼的，但是在消费者中2小时的带子比1小时的更受欢迎。盒带到底生产1小时的还是2小时的，松下有自己的考虑。这期间，松下暗中指示属下了解美国人对录像机规格的看法，得到的答复是2~4小时的最好。于是，松下认定2小时的规格是最受消费者欢迎的。1976年10月，他指示所属的电子公司、胜利公司，并联络日本日立公司，统一采用VHS型规格。结果，索尼被蒙骗了两年。盛田昭夫怒发冲冠，在前来采访的大批记者面前，一向率直、敢说敢为的盛田大骂："有这种混账的事吗？松下是出卖朋友、蹂躏信誉的叛徒！恬不知耻！"还是这一帮记者去采访松下，已是82岁高龄的他，竟平静地作答："做生意就是这样的。"言下之意是生意场上没有朋友，每个人都有自己经营的自由。而在这件事上，盛田昭夫确实忽略了商战上的基本法则，天真地要与松下统一产品的规格，相比之下，还是80多岁高龄的松下更为"狡诈"一些。

假痴不癫，小心笑容背后的陷阱

【原文】 辞卑而益备者，进也。（《孙子兵法·行军篇》）

【大意】 敌人使者言辞谦卑而暗地加紧战备，是准备发动进攻。

孙子指出敌人在战场上想进攻我而耍的阴谋诡计，我军一定要加以防备，切不可上当。敌人低声下气，赔笑奉迎，却暗中准备，这是一种要向我下手进攻的先兆，一定要谨防。这一点在商战屡见不鲜，商战人士对此一定不能掉以轻心。

日本航空公司决定向美国麦道公司引进10架新型麦道客机，指定由常务董事任领队，财务经理为主谈，技术部经理为助谈，组成谈判小组负责购买事宜。

日航代表飞抵美国稍事休息，麦道公司立即来电，约定第二日在公司会议室开谈。第二天，三位日本绅士仿佛还未消除旅途的疲劳，行动迟缓地走进会议室，只见麦道公司的一群谈判代表已经端坐一边。谈判开始，日航代表慢吞吞地啜着咖啡，好像还在缓解时差的不适。精明狡猾而又讲求实效的麦道方主谈，即把日方的疲惫视为可乘之机，在开门见山地重申双方购销意向之后，迅速把谈判转入主题。

从早上9点到11点半，三架放映机相继打开，字幕、图表、数据、电脑图案、辅助资料和航行画面应有尽有。孰料日航三位谈判代表却自始至终默默地坐着，一语不发。

麦道公司的谈判代表自负地拉开窗帘，充满期待地望着对方问道："你们认为如何？"三个不为所动的日本人礼貌地笑笑，技术部经理（助谈）答道："我们不明白。"

麦道的领队大惑不解地问："你们不明白什么？"

日航领队笑了笑，回答："这一切。"

麦道主谈急切地追问:"这一切是什么意思?请具体说明你们从什么时候开始'不明白'的?"

日航助谈歉意地说:"对不起,从拉上窗帘的那一刻开始。"

麦道领队泄气地倚在门边:"那么,你们希望我们再做些什么呢?"

日航领队歉意地笑笑说:"你们可以重放一次吗?"别无选择,只得照办。但麦道公司谈判代表重复那两个半小时的介绍时,已经失去了最初的热忱和信心。是日本人开了美国佬的玩笑吗?不是,他们只是不想在交涉之初就表明自己的理解力,谈判风格素来以具体、干脆、明确而著称的美国人,哪里会想到日本人有这一层心思呢?更不知道自己在谈判伊始已先输一盘了,他们犯了轻敌冒进,不察敌情的战略失误。

谈判进入交锋阶段,老谋深算的日航代表在"假痴不癫"上又使出了新的一手:装成听觉不敏,反应迟钝,显得很难甚至无法明了麦道方在说些什么;让麦道方觉得跟愚笨的人谈判,早已准备好的论点、论据和推理是没有用的,精心选择的说服策略也无用武之地。连日来,麦道方已被搅得烦躁不定,只想尽快结束这种与笨人打交道的灾难,于是直截了当地把球踢向对方:"我们飞机性能是最佳的,报价也是合情合理的,你们有什么异议吗?"

此时,日航主谈似乎由于紧张,忽然出现语言障碍。他结结巴巴地说:"第……第……第……""是第一点吗?"麦道主谈忍不住问。日航主谈点头称是。"好吧,第一点是什么呢?"麦道主谈急切地问。"价……价……价……""是价钱吗?"麦道主谈问。日航主谈又点了点头。"好,这点可以商量。第二点是什么?"麦道主谈焦急地问。"性……性……性……""你是说性能吗?只要日航方面提出书面改进要求,我们一定满足。"麦道主谈脱口而出。

至此,日航一方说了什么呢?什么也没有说。麦道一方做了什么呢?在帮助日方跟自己交锋。他们先是帮日方把想说而没有说出来的话解释清楚,接着问出对方后面要说的话,就不假思索地匆忙作出许诺,结果把谈判的主动权拱手交给对方。

日航的助谈一开口就要求削价20%。麦道主谈听了不禁大吃一惊,再看看对方是认真的,不像是开玩笑,心想既然已经许诺让价,为表示诚意就爽快地让吧，于是便说："我们可以削价5%。"

双方差距甚大，第一轮交锋在激烈的争论中结束。经过短暂的沉默，日方第二次报价：削减18%，麦道方还价是降低6%。麦道公司的主谈此刻对成交已不抱多大希望，开始失去耐心，提出休谈："我们双方在价格上距离很大，有必要都为成交寻找新的办法。你们如果同意，两天后双方再谈一次。"

休谈原是谈判陷于僵局时采取的一种正常策略，但麦道公司却注入了"最后通牒"的意味，即"价钱太低，宁可不卖"。日航谈判代表这时不得不缜密地权衡得失：价钱还可以争取削低一点，但不能削得太多，否则将触怒美国人，那不仅会丧失主动权，而且连到手的6%让价也捞不到。倘若空着两手回日本怎么向公司交代呢？他们决定适可而止。

重开谈判，日航一下子降了6%，要求削价12%；麦道仅增加1%，只同意削价7%，谈判又形成僵局。麦道公司的主谈决意终止交易，开始收拾文件。恰在这时，口吃了几天的日航主谈突然消除了语言障碍，十分流利地说道："你们对新型飞机的介绍和推销使我们难以抵抗，如果同意降价8%，我们现在就起草购销11架飞机的合同。"（这增加的一架几乎是削价得来的）说完他笑吟吟地起身，把手伸给麦道公司的主谈。"同意！"麦道的谈判代表们也笑了，起身和三位日本绅士握手："祝贺你们，用最低的价钱买到了世界最先进的飞机。"的确，日航代表把麦道飞机压到了前所未有的低价位。

日本人把装疯卖傻的商战诡道技巧发挥得淋漓尽致，于是强大的美国人就吃了亏。由此可见，生意场上切忌轻视对手，尤其不能以貌取人，只看表面现象，否则只能打落牙齿往肚里咽。

"金融鳄鱼"巧破"毒丸"

【原文】 此兵家之胜，不可先传也。(《孙子兵法·计篇》)

【大意】 所有这些，是军事家指挥艺术的奥妙，是无从事先言说的。

孙子在论述诡道之术时说出了上面这一段话，他认为诡道之术无固定之模式，其运用在于灵活，万变不离"诡诈"。

在你死我活，争夺激烈的商战中，要完成一场大规模的商战，诡道之术往往也是连环应用的。

通常的兼并收购，是一家企业将别的企业联合到自己旗下，以扩大生产规模，降低成本，实现资源的优化配置的途径。但在华尔街，最时髦的并购却是由金融资本家发动的。他们买下一家公司并非为了长期经营，而是将它肢解后立即转手倒卖，赚取中间的差额利润。这种并购一般都会彻底瓦解被收购企业的原有架构，破坏原有企业的长期经营战略。因此，工业企业对这种收购战恨之入骨。

拥有英法双重国籍的戈德史密斯先生就是这样一位金融资本家，外号"金融鳄鱼"。美国企业家们对他简直又恨又怕。

戈德史密斯的第一笔交易就一鸣惊人。1972年4月，他斥资7亿美元，一举兼并了经营不理想的"大联合超级市场集团"。这是一家居美国同行业第九位、下辖600家商店、职工2.7万人、年营业额12亿美元的大型连锁商业企业。戈德史密斯将它一口吞下之后，急速扩展集团规模、新设销售网点，使连锁店增至900家，销售网遍及美国东海岸和加拿大，年营业额达到15亿美元。然后，戈德史密斯便开始将这个企业逐步肢解。短短一年之内，他就转让了所有商店的一半，仅留下450家规格、档次较高的分店，当年攫取纯利1亿美元！以致华尔街盛赞这是"金融探险史的壮丽诗篇"，而实业家则惊呼"新冒出了一条金融鳄鱼"。戈德史密斯则一不做、二不休，又如法炮制了几次，每次都获利500~700万美元。

1977年，戈德史密斯又把目标对准了经营不善的大型木材企业钻石公司。钻石公司有一百年历史，曾因发明火柴而成为美国250家大企业之一。其经营领域横跨森林、纸品、罐头、塑料泵等15个行业，年销售额12亿美元，但现在由于经营状况不佳致使股价超跌。但最使戈德史密斯心动的还是：该公司在美国西北部有70万公顷森林，这笔巨大的财富在钻石公司的股价中几乎没有体现出来……

戈德史密斯为了出其不意，在接下来的两年中他只吸纳了钻石公司4%的股权，直到1980年，该公司的效益继续大幅下滑，其董事会内部也出现了权力争斗，戈德史密斯这才抓住时机，发动了总攻。他迅速调集了几亿美元的资金，大量吸纳钻石公司的流通股票，并公开了兼并的意向。

遭到袭击的钻石公司顿时方寸大乱，他们一面与戈德史密斯协商妥协的办法，一面十万火急寻求别的大财团的支持。但两方面的进展都极其缓慢。

1981年钻石公司的经营愈发恶化。戈德史密斯又适时发动了攻心战。他首先劝说公司的中小股东，"规模过于庞大是公司的真正灾难，不把它的多种经营压缩，就不能有良好效益"。戈德史密斯回过头来又劝钻石公司的管理层说："人们无论如何也不能卓有成效地管理15项各不相同的业务活动，兼并是实现适度规模、取得最佳效益的催化剂。假如经营继续恶化，董事会和经理们都无法对股东交代，反使被兼并的过程加快。"

在戈德史密斯紧锣密鼓的攻坚攻心战面前，钻石公司的斗志土崩瓦解，董事会宣布缴械投降。这样，戈德史密斯只用6.6亿美元就吞掉了销售额达12亿美元的公司。他接下来又用一年时间卖掉钻石公司中与木材生产不相关的各种企业，最后相当于只花了很少一笔钱就获得70万公顷的森林。他看准木材价格将在世界范围内上涨，这70万公顷森林是无本万利的大买卖。

1984年1月，戈德史密斯三度出手，准备收购美国排名前400位的大企业克朗公司。这一次的难度与上两次不可同日而语，所以越发体现出戈德史密斯不凡的身手。

克朗公司是一家大型造纸企业，与钻石公司一样，戈德史密斯也是看中它拥有的 90 万公顷的森林。若与钻石公司的那 70 万公顷森林加起来，戈德史密斯拥有的森林面积将是比利时国土的一半！

克朗公司知道来者不善，火速请防卫专家制订出了"毒丸计划"，即那种让袭击者就是得手也会被拖垮的财务计划。克朗公司希望以此吓退这条可怕的金融鳄鱼。然而一切准备就绪，戈德史密斯反而毫无消息了。一直等了 11 个月，克朗的董事长长舒了一口气，"毒丸计划"果然有效！

谁料 12 月 12 日，戈德史密斯正式宣布将收购克朗公司，吓得刚做完手术的克朗公司董事长立即出院，从三个方面完善原有的"毒丸计划"。

一是压低股息，让收购方无利可图；二是宣布新股东没有选举权，董事会每年最多更换 1/3，任何重大决定须经董事会 2/3 票通过，让收购者无权控制公司；三是公司高级负责人离职时须支付其 3 年工资和全部退休金，总计 1 亿美元，公司骨干离职时须支付其半年工资，总计 3000 万美元，这将使收购者背上沉重财务包袱。该计划将在对手持股超过 20% 时自动生效。谁知宣布了上述计划，戈德史密斯又无声无息了。一连 4 个月，克朗公司的管理层被这种沉默的恐惧气氛所笼罩着。董事长觉得这还不保险，又找了一家平时关系不错的梅德公司，以每股 50 美元的价格全面收购克朗公司的股票，当然包括了戈德史密斯手中以每股 42 美元吸纳的克朗股票。

1985 年 4 月，戈德史密斯表示对 50 美元的价格很满意，此次将净赚 1 亿美元，因此同意放弃收购。梅德公司没想到戈德史密斯如此爽快，其实它根本就没有做好收购克朗公司的准备。就在双方签订协议前十几分钟，梅德公司主动取消了交易。

孤立无援的克朗公司只好回过头与戈德史密斯谈判，由于戈德史密斯坚持要持有公司 30% 以上控股权，双方的谈判破裂了。六神无主的克朗公司本以为戈德史密斯会加紧吸纳自己的股票，谁料第二天，等到的却是戈德史密斯宣布撤销这次 8 亿美元的收购计划！消息一宣布，毫无准备的人们大肆抛售克朗股票，导致股价大跌。克朗公司的管理层如坠入五里雾中，搞不清戈德史密斯葫芦里卖的是什么药。经过分析，他们认定，还是"毒丸计划"发生了作用。于是，克朗公司上下一扫愁云，开始兴致勃勃地制订公司的"振兴计划"。

这次克朗公司又大上其当，其实戈德史密斯正趁克朗股价大跌而加紧收集筹码。5月13日，他已拥有克朗公司19.88%的股权，并给克朗发去最后通牒：不取消"毒丸"，5月13日后将增持股权至20%以上。克朗公司先是一惊，继而暗喜：这样"毒丸"计划就会生效，戈德史密斯就会大吃苦头了！

谁知戈德史密斯暗地里去做各位大股东和董事的工作，说服他们把手中股票卖给自己。这一招果然奏效，到7月10日它悄悄控制了公司20%股权，到7月15日已超过50%，其实已暗中控制了公司。

7月25日，戈德史密斯召集了临时股东大会，他利用手中的股权成为克朗公司的新任董事长并宣布取消"毒丸计划"。原任董事长这才如梦方醒。

接手克朗公司之后，戈德史密斯把这个庞大的公司解体，到年底，除保留一家小公司外，克朗公司几乎被全部分割出售干净。戈德史密斯只把主要精力放在兼并来的90万公顷森林上。这次兼并完成之后，戈德史密斯再度成为华尔街的风云人物，当然，企业界对他也更增加了一分仇恨。

灵活取舍，不与对手硬拼

【原文】途有所不由，军有所不击，城有所不攻，地有所不争。（《孙子兵法·九变篇》）

【大意】有的道路不要通行，有的敌军不要攻打，有的城池不要攻取，有的地方不要争夺。

孙子提出"四变"的灵活作战原则，根据是古代交通、通信落后，将帅不可能随时掌握战场上瞬息万变的情况。为了胜利，随着战局变化，就要以变化求胜利，灵活取舍，不该攻打或占取的地方就要懂得取舍。

这个道理告诫诸位商家，经商应灵活取舍，不要吃力不讨好。

经商不是靠弯刀，而是靠智力。李嘉诚主张以智取天下，所以在纷纭复杂的商海大战中能够挺立不败。

和黄集团由两大部分组成，一是和记洋行，二是黄埔船坞。和黄是当时香港第二大洋行，又是香港十大财阀所控制的最大上市公司。

和记洋行成立于1877年，黄埔船坞则可追溯到1863年。一百多年的发展壮大，和记黄埔变成资产庞大的商业巨人。

但是，和记黄埔在1973年受到股市大灾和世界性石油危机以及连带香港地产大滑坡的严重影响，加上和黄主人祈德尊家族经营不善，陷进了财务泥淖，接连两个财务年度亏损近2亿港元。

因此，1975年8月，汇丰银行注资1.5亿港元解救，条件是和记出让33.65%的股权。

汇丰于是成为和记集团的最大股东，黄埔公司也由此而脱离和黄集团。和记成了一个非家族性集团公司。

1977年9月，和记再次与黄埔合并，改组为"和记黄埔（集团）有限公司"。

当时，汇丰表示，在和黄经济好转后，会选择适当机会，出让其大部分股份。

其实，李嘉诚在觊觎九龙仓的同时，也垂青着和记黄埔。他放弃九龙仓，必然要全力并吞和黄。

李嘉诚一直密切关注和黄的发展。与九龙仓一样，他通过充分研究，认定这是一家极具发展潜力只是目前经营不善的集团公司。

另外，李嘉诚洞悉到汇丰不会长期持有和黄股权，因为汇丰银行身为香港金融至尊，不会长期背上"银行操纵企业"的黑锅。也就是说，汇丰出售和黄股权势在必行。

事实上，李嘉诚知道汇丰一直在等待适当机会和合适人选出售和黄股权。

于是，在1978年的九龙仓大战中，当汇丰大班沈弼出面规劝李嘉诚时，李嘉诚果断地放弃九龙仓控制权的争夺，与汇丰增进友谊，为下一步收购和黄埋下伏笔。

之后，李嘉诚频频与沈弼接触，两人交情日深。李嘉诚又进一步知道汇丰急需扩大实力，增强储备资金。就是说，汇丰有可能急于抛出和黄股。

最后就不能不说是缘分和运气了。沈弼十分赞赏李嘉诚精明强干、诚实从商的作风及其如日中天的业绩，对李嘉诚情有独钟。

此外，沈弼慧眼识珠，认定李嘉诚堪托大任，可以重振和黄。

原来，汇丰出售和黄股权，不是单纯地卖出股票套利，而是希望和黄得遇明主，重振昔日雄风。

因此，汇丰银行于1979年9月以每股7.1港元的价格，将其手中持有占22.4%的9000万和黄普通股售予长江实业。

当时，对汇丰的和黄股垂涎者甚众，但沈弼及汇丰根本没有考虑让别人角逐和竞争。

汇丰让售李嘉诚的和黄普通股价格只有市价的一半，并且同意李嘉诚暂付20%的现金，对李嘉诚真是优惠至极。

接下来，李嘉诚集中火力乘胜追击，继续在股市上大量吸纳和黄股票。

经过一年的集中吸纳，到1980年11月，李嘉诚成功地拥有39.6%的和记黄埔股权，控股权已十分牢固。

1981年1月1日，李嘉诚被选为和记黄埔有限公司董事局主席，成为香港第一位入主英资洋行的华人大班（注：包玉刚入主的怡和系九龙仓不属独立洋行），和黄集团也正式成为长江集团旗下的子公司。

当时，长江实业实际资产是6.93亿港元，而和记黄埔的市价总值是62亿港元。李嘉诚以小搏大，以弱胜强，成功控制巨型集团和黄，难怪被称为"蛇吞大象"。

匪夷所思，难以置信，然而这又是不争的现实。因此，李嘉诚被冠以"超人"之誉。

这与包玉刚夺得九龙仓的作风截然相反。包玉刚以其海派的气势，雷霆万钧重锤出击，怡和系殊死抵抗，因此两虎相斗，彼此都受重创。

而李嘉诚收购和黄则是和风细雨，兵不血刃，其间并没有遇到和黄大班韦理组织的反收购。

人们对李嘉诚此役中超人的战略战术作了透彻的分析。

其一，李嘉诚成全包玉刚收购九龙仓的心愿，实则是让出一块肉骨头让包氏去啃，自己留下一块瘦肉。因为九龙仓属于家族性公司的怡和系，凯瑟克家族及其代理人必会以牙还牙，殊死一搏反收购。

包氏收购九龙仓，代价沉重，实际上与怡和大班打了个平手。怡和在香港树大根深，收购九龙仓，自然是一番血战恶斗。

反之，沦为公众公司的和记黄埔，至少不会出现来自家族势力的顽强反击。身为香港第二大洋行的和记黄埔，各公司"归顺"的历史不长，控股结构一时还未理顺。各股东间利益意见不合，他们正祈盼出现"明主"，力挽颓势，使和黄彻底摆脱危机。

只要能为股东带来利益，股东不会反感华人大班入主和黄洋行。这便是李嘉诚最初的出发点。

其二，和黄拥有大批地皮物业，还有收益稳定的连锁零售业，是一家极有潜质的集团公司，市值高达62亿港元。

其三，李嘉诚很清楚，汇丰控制和黄不会太久。根据公司法、银行法，银行不能从事非金融性业务。债权银行，可接管丧失偿债能力的工商企业，一旦该企业经营走上正轨，必须将其出售给原产权所有人或其他企业，而不能长期控有该企业。

李嘉诚在吸纳九龙仓股时，获悉汇丰大班沈弼暗放风声：待和黄财政好转之后，汇丰银行会选择适当的时机、适当的对象，将所控的和黄股份的大部分转让出去。

这对李嘉诚来说，不啻是个福音。长实财力不足，若借助汇丰之力，收购算成功了一半。

其四，李嘉诚梦寐以求成为汇丰转让和黄股的合适人选。为达到目的，李嘉诚停止收购九龙仓股的行动，以获汇丰的好感。

李嘉诚卖了汇丰一份人情，那么，信誉卓著的汇丰必会回报——还其人情。这份人情，是否是和黄股票，李嘉诚尚无把握。

为了使成功的希望更大，李嘉诚拉上包玉刚，以出让1000多万股九龙仓股为条件，换取包氏促成汇丰转让9000万股和黄股的回报。李嘉诚一石三鸟，既获利5900万港元，又把自己不便收购的九龙仓让给包氏去收购，还获得包氏的感恩相报。

在与汇丰的关系上，李嘉诚深知不如包玉刚深厚。包氏与汇丰的交往史长达20余年，他身任汇丰银行董事（1980年还任汇丰银行副主席），与汇丰的两任大班桑达士、沈弼私交甚密。

李嘉诚频频与沈弼接触，他吃透汇丰的意图：不是售股套利，而是指望放手后的和黄经营良好。另一方面，包氏出马敲边鼓，自然马到成功。

可以说，灵活变通是李嘉诚决胜商战的拿手好戏。

第五章　不打无准备的商战
——孙子谈现代商战的策划之道

"夫未战而庙算胜者，得算多也；未战而庙算不胜者，得算少也。多算胜，少算不胜，而况于无算乎！吾以此观之，胜负见矣。"《孙子兵法》军事思想的一大亮点是强调对战争的准备，孙子指出只有经过精心策划的作战方案，才有胜算的把握。

做生意讲究生财之道。商战中，善于精心策划者必然财源滚滚，不善于策划者则可能被淘汰出局。

商业策划以精准的预测为根本

【原文】知可以战与不可以战者胜。(《孙子兵法·谋攻篇》)

【大意】知道可以打或不可以打的,能够胜利。

《孙子兵法》指出未战先料胜负才算是高明。同样,预测在商战中也是一门重要韬略,只有根据对各种影响商战的因素加以预测,才能策划好制胜的商战对策。

在商战中营造自己成功局面的时候,一定要懂得多点开花的道理,不能够死守一处,等待着别人的攻击。对于经商者来说,在适当的时候应用"扩张术",是非常有必要的,财富是被扩张出来的,但在扩张的同时要注意战术,精心策划。李嘉诚说:"要扩张自己的生意和势力,把自己的地盘扩大是首要之务。"他认为扩张之道不在于勇,而在于巧。当一群人在一起为一点利益相互较量时,你可以躲在远处,静观事态的变化,从而借机从中捞到一点利益。退避三舍,不意味着与人无争。真正的竞争高手,总是先看、后想、再行动。同样,真正的世界级大商人必定要"隔岸观火"、精心策划,以全球化经营战略为方案。李嘉诚毫无疑问是一个世界级大商人,20世纪80年代中后期,他在加拿大的投资就是其这种商战韬略的明证。所以李嘉诚在扩张自己商势时,总是先看、后想、再行动。

20世纪80年代中后期,加拿大经济面临挑战。但加拿大最大的收获,是"逮住"世界华人首富李嘉诚,仅他一人,就为经济面临衰退的加拿大,带来100多亿港元巨资。香港众多华商,唯李嘉诚马首是瞻,他的好友、同样是世界级华人富豪郑裕彤、李兆基等,竞相进军加拿大。

加拿大官员频繁赴港专程采访,而且为了便于与李嘉诚接触,把办公室也搬进了华人行。在决策阶段,李嘉诚几乎每天都要接待这些加拿大"猎手",并与高级助手研究加方提供的投资项目。

一位加拿大商务官对李嘉诚简直是着了迷。他有一幅李氏的肖像（杂志封面），挂在办事处内，此人提到李嘉诚便赞不绝口，说道："那是我的英雄人物！"

这位商务官很想让李嘉诚投资魁北克省，哪怕是买下皇家山一座房子、一间纸厂还是一些餐厅连锁店，都十分欢迎。只要李氏肯投资，魁北克便可列入李的商业帝国版图，而且还可以吸引其他香港富商仿效。

马世民充当了李嘉诚的"西域"大使。他是海外扩张调门唱得最高者。李嘉诚早就萌生缔造跨国大集团的宏志，现在和黄、港灯相继到手，现金储备充裕，自然想大显身手。

李嘉诚、马世民以及长江副主席麦理思，穿梭于太平洋上空。1986年12月，在加拿大帝国商业银行的撮合下，李氏家族及和黄透过合营公司UnionFroth投资32亿港元，购入加拿大赫斯基石油公司52%股权。时值世界石油价格低潮，石油股票低迷，李嘉诚看好石油工业，做了一笔很合算的交易。

这是当时最大一笔流入加拿大的港资，不但轰动加拿大，亦引起香港工商界的骚动。

其后，李嘉诚不断增购赫斯基石油股权，到1991年，股权增至95%。其中李嘉诚个人拥有46%，和黄与嘉宏共拥有49%，总投资为80亿港元。

李嘉诚的两个儿子都加入加拿大国籍。他本人于1987年应邀加入香港加拿大会所，成为会员。每每李嘉诚出现在加拿大会所，驻港的加拿大官员及商人，便把他如众星捧月般围住。

香港舆论纷纷，有人说他是本埠华商最大的"走资派"；有人说他大肆收购欧美企业，是隐形迁册；还有人说他食言，准备大淡出。李嘉诚说："因投资关系，我在1967年时已获得新加坡居留权，别人怎么说，我并不在意。"

1988年，兼任加拿大赫斯基公司主席的马世民，会见美国《财富》杂志记者时说：

"若说香港对我们而言太小，这的确有点狂。但困境正在日渐逼近，我们没有多少选择余地。"

马世民还谈到收购赫斯基公司的波折。按照加拿大商务法例，外国人是不能收购"经营健全"的能源企业的。赫斯基在加拿大西部拥有大片油田和天然气开发权、一间大型炼油厂及 343 间加油站。除石油降价因素带来资金周转困难，并未出现债务危机。幸好李嘉诚已经安排两个儿子加入加拿大籍，收购计划才得以顺利通过。

国际化经营战略是企业总体经营战略中十分重要的组成部分。在激烈的国际市场竞争中，许多企业比较重视运用产品、技术及价格等"刚性"手段，去争取优势，赢得胜利。然而，国际经济竞争已打破了地域、时空等局限，向全方位经营与竞争扩展，仅仅运用"刚性"竞争策略远远不能适应。因此，经营者必须在企业的各个方面，包括人员管理上有新的选择与举措。

企业要想在国际市场上竞争获胜必须要有适合国际氛围的人才。掌握最现代化的经营手段，熟悉他国的文化、风土人情，掌握多门外语等都是对国际新型经营人才的要求。李嘉诚可谓深谋远虑，他早已预料到国际化趋势的来临，因此，在 20 世纪 70 年代初便开始重用熟悉他国文化、语言以及社交手段的人。

"专案定位"，攻击对手弱点

【原文】上兵伐谋。（《孙子兵法·谋攻篇》）

【大意】最好的用兵方法是以己方之谋略挫败敌方。

同军事战争一样，在商战中，与对手硬拼也是一种愚蠢的做法，因为任何对手都有弱点，精心策划抓住对手的弱点，以智取胜，才是高明的韬略。"强而避之"，《孙子兵法》推崇的是谋略胜敌，而不是以力相取。

在世界冷冻食品业，雀巢公司的品牌"史都华"及皮尔斯伯力公司的品牌"绿巨人"，都是相继推出的顺应时代变化的新产品。但自1978年以来，五年当中，"史都华"餐类的销售额下滑了23%。冷冻食品如何卷土重来？是提高产品品质呢，还是跟竞争对手正面冲突？为解决这个问题，母公司康培尔帮"史都华"做市场调查，以便掌握顾客层——大众的倾向。这相当于为了解情况而收集军事情报。调查结果和问卷答案显示，大众需求的是更引人兴趣、更美味可口的菜肴。大众比以前更挑剔，对食品成分的知识更丰富，不仅感觉上的味道要求要好，而且还追求良好的审美品位。

"史都华"的研究小组针对竞争对手的情况进行调查，发现所谓的"美食餐"虽然成功，但在商品线中也有弱点，还可以乘虚而入。它们表现在：

第一，大众远比以前更注重饮食。

第二，越来越多的人对现成食品中食盐和钠的含量神经过敏。

第三，因微波炉的出现，固有老式冷冻食品的容器变得难以使用。

第四，一般人对容易烹调食品的喜爱增强，以前被排斥的点心获得认可而落实下来。

"史都华"经过精心策划定下的战略是：集中全力发展高级冷冻餐，

同时在低热量、低盐分的领域以及包装、食谱等方面，对其所认为的竞争对手的弱点展开攻击。"史都华"给这项战略取了一个代号，叫作"专案定位"。

"专案定位"在战术层面由三个阶段构成。第一阶段是使以前的电视餐复活。它又可分为三个不同的部分。首先是烹饪专家着手开发作为低热量、低盐分健康食品的冷冻餐，增多卤肉，附加甜点和调味料。其次是包装专家批发电视餐的包装变化为各种式样，以崭新的设计使它看起来更具有现代感。最后是铝箔制的浅盘从橱窗中消失，代之以由纸和塑料制成的容器盛放。这种新浅盘是为了让消费者易于把食品放进微波炉加热而设计出来的。

"专案定位"的第二个阶段是为"美食餐"的新路线作准备。康培尔公司的主厨首先制出八种不同的正餐。

举个例子来说，他用巴拿马的鸡胸肉，搭配奶油拌面及意大利式翠绿豆类。这样，风味就截然不同于鸡腿和汉堡了。品牌也不是"史都华"，而是采用令人觉得更高级的新注册商标 LeMenu。

第三阶段是，准备小吃式的冷冰食品，供儿童在三餐之外当点心食用，这包括热狗、汉堡等，还备有供成人食用的猪肉片等菜肴。

为了推出这些新产品，康培尔公司在促销和广告宣传活动上，投入 1400 万美元预算，以新美食冷冻餐的 LeMenu 为首的"史都华""专案定位"商品，隆重上市。

专案定位小组采用了军队式的对应，这一点值得注意。首先，他们在即将来临的市场争夺战中，设定了胜败转折点的战场。这项决定作为作战的要旨，使美食冷冻食品成为注目的焦点。其次，这个小组识破竞争对手的长处和弱点。对方的长处在于食谱有想象力，带有异国风味。弱点是，使用钠作为保存（防腐）添加物，不是注重健康的低热量食品，一般包装粗糙而不受年轻人欢迎……最后，他们把攻击的主力集中在美食市场和小吃食品市场。

换句话说，"专案定位"的作战方式是基于这样的原则：把优势的战力集中布置于决定战争结果的地点。

"史都华"的战略是，谋定之后把优势集中的原则应用于企业战。

竞争对手的弱点，主要是忽视低热量食品和低盐分食品。"史都华"立刻在这个领域上改善自己产品的品质。竞争对手在包装方面也有弱点，"史都华"马上攻击这一点。对方在小吃食品市场的侧面有罅隙，这也成为"史都华"的攻击目标。

"史都华"的餐点类和单项菜肴，在第一线上焕然一新，立刻大受欢迎。崭新的设计及美国风格的老式浅盘的全面革新，有助于吸引新的顾客层，而注重健康的食谱和不使用食盐的保存方法，也引起热烈的反响。

"史都华"的战略和战术获得戏剧性的成功。LeMenu 上市不久，康培尔公司的年度销售额急速增长而高达 1300 万美元。这与其精心策划的努力是分不开的。

面向大众，精心谋划

【原文】夫未战而庙算胜者，得算多也。(《孙子兵法·计篇》)

【大意】凡在作战之前制定战略决策时能预计取胜的，是因为策划周密，获胜条件多。

"多算胜，少算不胜。"《孙子兵法》强调兵马未动，策划先行。

企业之间的商战竞争，说到底是企业产品与项目的竞争，所以企业的每个新产品的面市与销售都是事先精心策划，以达到成功领先对手的目的。

20世纪初，福特汽车工业化生产的目的就是要将他的产品推向社会，要让每个公民都买得起车，这可以说是汽车工业的共同口号。事实证明，谁将汽车生产的目标对准了普通大众谁就能赢得整个汽车销售的市场。

生产大众化汽车首先起于福特汽车公司。1906年，福特下定决心，生产一种标准化、统一规格、价格低廉、能为普通大众接受的新车型。

福特经过调查分析，拿出了自己的策划方案：自己公司的汽车产品如果不制成像"别针、火柴和面包"那样的统一规格，大规模、低成本的生产就永远遥遥无期，生产过程的混乱状况就无法克服。他把公司的开发方向定为不是生产那些富豪和体育明星的座驾，而是致力于生产一种普通公民都买得起的通用、万能型汽车，它的引擎是活动的，可拆下来临时当作锯木、汲水、带动农机和搅拌牛奶的动力源。

在福特主持下，公司的经典名车T型轿车问世了。1908年，福特郑重宣布，他的公司从今以后将只生产T型汽车。它集中了福特公司以前所有各种型号汽车的最优良的特点。

在研制T型车时，福特在汽车性能上刻意求新，一切从实用出发。T型车浑身上下找不到一丝装饰和可有可无的东西，百分之百地质朴实用。

它实际上是一种"农用车"。后来经改进,将一种附加设备与它连接起来,即可带动皮带传动或农机具进行工作,是一种标准的通用车。

福特T型车无论外形、颜色完全一致,故容易保养,产品统一标准化,产品价格也大为降低,每辆以950美元出售,而且随着销量逐年增加,价格逐渐降至300美元。美国的农民、工人、低收入家庭都买得起T型车。

T型车的机械原理很简单,只要稍加学习训练,所有的人都会很快地驾驶它。T型车构造精巧、轻盈便利,又坚固耐用。

当时的美国正是马车时代的末期,各大汽车公司的汽车都面临着征服马车时代遗留下来的马路的难题。在广阔的美利坚原野上,根本找不到一条像样的公路,至于山区的道路就更加令人望而生畏,有的地方根本没有路。一般汽车在各州极其复杂的土路和危险陡峻的山路上,都纷纷畏缩不前,瘫在那里。福特公司聘请车手驾驶T型车在北美大地各种路况勇闯难关,结果T型车征服了一切艰难得令别的车型举步维艰的所有路况,名声大振。T型车之所以大显神通,是因为它的每个零件、每套装置都是针对着马车时代向汽车时代过渡的道路状况而设计的。T型车的底盘高,可以像踩高跷那样顺利通过乱石累累或沼泽密布的路面,越野性能极好。

1909年举行的从纽约到西雅图横跨北美大陆的汽车大赛,是一次路程遥远,路况复杂,横跨沙漠、泥潭、砾石滩、腐殖土壤的艰难赛事。T型车在众多赛车中脱颖而出,第一个到达终点。

1912年,T型车又获农田车越野赛一等奖。同时,T型车还在各类爬坡比赛中屡次夺冠。全美的其他汽车厂商不得不叹服T型车的综合性能优良。

福特不仅是制造和开发汽车的大师,同时也深谙销售策划之道。T型车的销售战略十分精彩。

福特让广告师为T型车设计了十分浪漫的广告。底特律的市民每晚在华灯初上时,都能在歌剧院屋楔,看到T型车的霓虹灯广告牌。上面先显示"请福特T型车驶过",随即显示一位长发飘飘的娇艳时髦美女坐在一辆疾驶中的T型车中,车轮飞转,动感强烈。

1908年,福特和柯恩斯秘密地策划了T型车销售战略。公司秘密地印发了T型车的商品目录,T型车的照片也附印其上,然后秘密地将这些目录散发给福特汽车的主要经销商，目录上附有详细的说明书和价格表。经销商们都十分欢迎这种奇妙做法。

商品目录上还强调T型车的几大显著特点：一是使用软质坚固的钡钢合金材料制造；二是四个汽缸都在由两个半椭圆形的钢板支撑着的同一个铸模内，发动机体积较小；三是变速器全部隐藏在车体内，不像以前的车型露在外面；四是方向盘设计安装在左边。福特给经销商们的定价只有825美元。

福特于1908年10月1日正式拉开T型车广告销售攻势，世人为之震惊，堪称史无前例的创举。各大报纸、杂志大篇幅的广告对公众轮番轰炸；还在全美展开空前浩大的邮寄广告方式；还利用最快捷的电话和电报方式向消费者推销。

次日清晨，1000多封邮寄来的汽车订单雪片似的飞向福特公司。接下来，订单更是多得用麻袋装，销售部的工作人员全都累得几乎瘫倒在地。

T型车受到社会各阶层的广泛欢迎，特别是受小镇居民和农村人士的欢迎。仅用了一年时间，它就跃居各类畅销车的首位，成为头号盈利产品，一年内销售了1.1万辆。福特公司在销售量和利润上，都超过了其他制造商。1908年，福特又采取了给顾客回报的做法，给每个顾客回扣50美元，这使公司一年总共多开支1550万美元。但这换来了四面八方对T型车的赞扬之声。甚至赢得了不轻易开口说好的美国国家税务上诉委员会的好评：

"T型车是一种很好的经济实惠车子。它的声誉极好，在1913年已完全确立了它的地位。各阶层的人都使用它。它是市场上最便宜的车子，它的实用价值也超过任何别的车子。由于价格低，对它的需求大大超过任何别的车子。按它的价格，大多数人都买得起。因此，大家都争相购买。市场的需求量比任何别的公司的车子都大。"

截至1909年3月31日，也就是T型车销售后的第6个月，福特公司共卖出2500辆车。这时，福特立即下令改变T型车的颜色和外观，一改过去单调的黑色，根据车的用途将车漆成三种颜色：充满活力的红色旅行车，朴素实用的灰色大众车和高雅气派的绿色豪华车。

福特T型车前面镀铬的散热器上，镶嵌着一个经过注册的"福特"，这个商标设计制作十分醒目，800米外就能清楚地看到，既美观又大方。

福特T型车所掀起的汽车普及潮给美国人及美国城乡生活都带来前所未有的好处。汽车使人们的出行更加方便快捷。在大城市的街道上，成堆的马粪、流淌的马尿都消失了。城市卫生状况随马车的逐渐消失而大大改观。

福特T型车所追求的经济目标是时速75公里，1加仑（约1.78公斤）汽油可跑35公里，并且最后使每辆车的成本降到260美元。

广大公众青睐T型汽车，那些像雪片一样飞来的购车订单，向福特提出了新问题，显然只有提高生产能力，才可能满足社会的需求。

T型车自1908年问世以后，到1927年停止生产为止，整整19年，总共出产15007033辆，创下前所未有的惊人纪录。任何知名的世界名牌汽车都无法与它相提并论。在一段时期，世界汽车市场的68%都属于福特T型车。

广告策划，常用常新

【原文】计利以听，乃为之势，以佐其外。(《孙子兵法·计篇》)

【大意】策划有利的战略已被采纳，就要调动军队，于是就造成一种态势，辅助对外的军事行动。

《孙子兵法》强调策划在整个作战过程中的关键作用，同时也不忘造势。在商战中，除了拼产品质量、价格，还得拼造势，而常用的方法当然是广告。

从商品营销的角度来讲，有好广告策划方案本身就意味着在具体操作上具有优势，策划指导执行。

今天，用电影电视广告或歌星来推销产品的做法已经屡见不鲜，但这种做法却是在20世纪五六十年代，由百事可乐公司所创造出来的，正是由于成功地策划了这样一个促销策略，百事可乐公司成为能与可口可乐在商战中一争天下的世界著名企业。

几十年前的某一天，麦迪逊大街（美国广告公司的聚集地）的搭桥人杰·科尔曼接到著名歌星迈克尔·杰克逊的经纪人的电话，经纪人说，杰克逊想搞一次巡回演出，这需要某大企业的赞助。

经纪人介绍道，杰克逊即将推出一张名为"恐怖"的新唱片，而他的前一张"墙外"唱片，一口气热销了600万张，其中有4首成了最流行的歌曲，"恐怖"这张新唱片也一定同样受欢迎，这是吸引大企业支持的坚实基础。

"多少钱？"杰·科尔曼问。

"5个整数吧。"

"到底多少？"

"500万。"

"你哪来的这个数字？"

"这是迈克尔·杰克逊，"经纪人强调道，"他比上帝还厉害。"

"麦迪逊大街有史以来最大的一笔交易，也才100万美元。"

"500万，要么不谈。"

"好吧！"科尔曼叹了一口气，"应该为迈克尔找一家软饮料企业赞助。对像迈克尔这样梦幻形、不嗜烟酒的青年，汽车、酒类都没有意思。他需要一种柔软、小巧、无害而有趣的产品，那就是可乐。"

百事可乐想到竞争对手可口可乐所拥有的哥伦比亚制片公司。那可是一个非常巨大的"明星"引力场，百事可乐也需要自己的明星，而风靡全美的杰克逊是百事可乐领导新潮流的典型代表。于是狠心花500万美元使杰克逊参加了"百事可乐大家族"。杰克逊将为百事可乐拍摄内部广告片，并在巡回演出中为百事可乐扩大宣传。

签约仪式上，迈克尔对恩里科说道："我会让可口可乐对你们羡慕不已的。"

"迈克尔，这对我来说是最美妙的音乐。"

事实也是如此，迈克尔的形象确实让观众如醉如痴，他为百事可乐拍摄的广告片顿时引起了轰动，在首次播映的那个夜晚，青少年犯罪停止了，全国范围内家庭用水量显著下降，没有人用抽水马桶。电话也空下来，没人打了。

伯克广告研究公司的调查表明，这是有史以来最成功的广告片。迈克尔的魅力——他的外貌，他的歌声，他的舞台形象和他的动作造型，使观众沉醉。

这部气势磅礴的广告片中，并没有杰克逊饮用百事可乐的镜头。他只是唱歌和舞蹈，根本没碰百事可乐，但百事可乐公司却觉得这样更好。这么一来，这部片子就成了一个活动，而它不仅仅是一部广告片，这就使百事可乐的形象同迈克尔·杰克逊的形象糅合在一起。

杰克逊的广告片开播不到30天，百事可乐的销售量便开始上升，广告片使百事可乐成为1984年普通可乐市场上增长最快的软饮料。

随后杰克逊的巡回演出又掀起一阵全国性的热浪，因为杰克逊不只对孩子有吸引力，而且对孩子的父母及祖父母都有着魅力。百事可乐作为赞助单位，名字出现在巡回演出的广告上、旗帜上以及入场券上，另外百事可乐公司也借机大搞公关活动。

例如买下10%的入场券赠送给新闻媒介，免费请孤儿观看演出；在观众席的前排辟出一块专门区域请残疾儿童观看……结果又一次在全球各地推进了百事可乐的销售。

启用杰克逊后，百事可乐再接再厉，1985年又与当时歌坛明星莱昂内尔·里奇签约。这次，它请来了著名的剧作家菲尔·杜森伯莱编导这部将再次震动美国人的广告片。

杜森伯莱认为："去年（1984年）我们宣布了'新的一代'广告片的消息，其中我们表现了一个人物的开始阶段，这个人生活在近乎狂热的激动中，今年我们可以着手从深度和特征上来界定这一代人。而莱昂内尔正是我们认为需要从节奏感情和风貌这些角度扩展'新的一代'人的代表。他的歌声，由衷的热情和极好的风度，将使人们如醉如痴。"

在杜森伯莱这一思想的启发下，广告片开始即由里奇代表百事可乐说道："你们知道，我们是整个一代新人。我们有新的情感、新的节奏和新的风貌。"

接着，里奇坐在钢琴前说："这新一代人的感情就是人们心心相印。"他和他的祖母共同出现在镜头前，这位90多岁的老祖母引起人们极大的好感。

第三组镜头则表现由里奇主持一个规模极大的街区聚会上，他演唱热门歌曲"夜演"的情景。

这一广告片和随后里奇的巡回演出也获得了极大的成功，从而树立了百事可乐"新一代"的形象。

1985年，百事可乐推出一种新产品——低糖百事可乐。既然百事可乐是"新一代人的选择"，低糖百事可乐在BBDO的策划下就命名为"新一代人选择的一卡热量"，同时BBDO还准备启用一些可以代表新一代在各方面崭露头角的人物。他们也不必喝低糖百事可乐，最主要的是代表一种形象。

策划者搞出一份名单，其中有使克莱斯勒起死回生的艾柯卡，有棒球队的杰出管理人彼特·尤伯罗斯，有男高音之王胖子帕瓦罗蒂。而百事可乐最感兴趣的是名单上的第一位：副总统候选人杰拉尔丁·费拉罗。

虽然费拉罗在3个月前的大选中失利，但她是有所作为的妇女的生动象征。百事可乐想在广告片中让她以一位女性和母亲面貌出现，以避开政治的影响。

费拉罗非常乐意。BBDO就策划了一个匠心独运的剧本。一开始费拉罗用一张报纸遮住脸，她的女儿走进来问道："妈妈，你在找工作吗？"这时她放下报纸（名人的脸出现了）说："太有意思了。"她始终对着自己发笑。接着她女儿来倾听她的意见。费拉罗告诉女儿如今妇女可以有许多选择，她们可以做任何自己想做的事。

然而这则广告片播出后却几乎引发一场灾难。很多与费拉罗持不同政见的公众来信，他们反对"选择"这一个词，这个词用于产品广告非常有力，但用于政治方面便有完全不同的含义了。另外，新闻界也开始探寻百事可乐向费拉罗付了多少钱，是否有"行贿"之嫌。从这事恩里科得出的教训是：永远不要把百事可乐同敏感的政治扯在一起。

尤伯罗斯：巧妇能为无米之炊

【原文】善攻者动于九天之上。(《孙子兵法·形篇》)

【大意】善于进攻的人，展开兵力就像自九霄而降（令敌人猝不及防）。

《孙子兵法》指出善于进攻的人，展开自己的兵力就像自九霄而降。无中生有，出其不意，让人猝不及防，这是任何一个指挥者都追求的境界，然而行动源于策划，商战中，精心的策划可以变不能为可能，化逆境为坦途，策划之妙非常人可为之。

人言巧妇难为无米之炊，可是如果你广开思路，精心策划，巧妇也能为无米之炊。北京获得2008年奥运会举办权，举国欢庆，成了北京、中国，乃至全世界华人的一大盛事。可是在20世纪后半期，举办奥运会却是让人害怕的事。

为什么呢？

1972年，第20届奥运会在联邦德国的慕尼黑举行，最后欠下了36亿美元的债务，很久都没有还清；1976年，第21届奥运会在加拿大的蒙特利尔举行，最后亏损了10多亿美元之巨，成了当地政府的一个大包袱。直到今天，蒙特利尔人还在缴纳"奥运特别税"；1980年，第22届奥运会在苏联的莫斯科举行，苏联的确财大气粗，比上两届举办城市耗费的资金更多，一共花掉了90多亿美元，造成了空前的亏损。

面对这种情况，1984年的奥运会几乎到了无人问津的地步，还是美国的洛杉矶看到没有人敢拿这个烫手的"山芋"，就以唯一申办城市"获此殊荣"，企图通过这种方式来显示其泱泱大国的实力。可是等"夺取"到了奥运会举办权之后不久，美国政府就公开宣布对本届奥运会不给予经济上的支持，接着洛杉矶市政府也说，不反对举办奥运会，但是举办奥运会不能花市政府的一分一厘……

俗话说，"巧妇难为无米之炊"，没有钱是什么事情也办不成的。缺了"孔方兄"，不要说举办奥运会，就是修补一块足球的草坪也是不可能的。

谁能够出来挽救这场危机呢？

洛杉矶奥运会筹备小组不得不向一家企业咨询公司求救，希望这家公司寻找一位高手，在政府不补贴一分钱的情况下举办好这届奥运会。

这家公司动用了他们收集的各种资料，根据奥运会筹备小组提出的要求，开动计算机进行广泛搜寻，计算机不时反复出现一名字：彼得·尤伯罗斯。

彼得·尤伯罗斯是何许人呢？计算机对他如此青睐？

彼得·尤伯罗斯的基本情况如下：

1937年，他出生在美国伊利诺伊州文斯顿的一个房地产主家庭。大学毕业后在奥克兰机场工作，后来又到夏威夷联合航空公司任职，半年后担任洛杉矶航空服务公司副总经理。

1972年，他收购了福梅斯特旅游服务公司，改行经营旅游服务行业。1974年，他创办了第一旅游服务公司，经过短短4年的努力，他的公司就在全世界拥有了200多个办事处，手下员工1500多人，一跃成为北美的第三大旅游公司，每年的收入达2亿美元。

他的这些业绩不能说是惊天动地的，但是他非凡的策划才能却令人刮目相看。彼得·尤伯罗斯因此担起了这副重担，担任起了奥运会组委会主席。

举办奥运会的难处是他始料不及的。一个堂堂的奥运会组委会，居然连一个银行账户都没有，他只好自己拿出100美元，设立了一个银行账户。他拿着别人给他的钥匙去开组委会办公室的门，可是手里的钥匙居然打不开门上的锁。原来房地产商在最后签约的时候，受到了一些反对举办奥运会的人的影响，把房子卖给了其他人。事已至此，尤伯罗斯只好临时租用房子——在一个由厂房改建的建筑物里开始办公。

经过精心策划，尤伯罗斯激动人心的"五环乐章"开始了，他下出了惊人的三招妙棋：

第一招：拍卖电视转播权。

彼得·尤伯罗斯是这样分析的：全世界有几十亿人，对体育没有兴趣的人恐怕找不到几个。很多人不惜花掉多年积蓄，不远万里去异国他乡观看体育比赛。但是更多的人是通过电视来观看体育比赛的。事实证明，在奥运会期间，电视成了他们不可缺少的"精神食粮"。很显然，电视收视率的大大提高，广告公司也因此大发其财。

彼得·尤伯罗斯看准了，这就是举办奥运会的第一桶金子。他决定拍卖奥运会电视转播权！这在奥运会的历史上可是破天荒的。

要拍卖就要有一个价格，于是有人就向他提出最高拍卖价格1.52亿美元。

尤伯罗斯抿嘴一笑："这个数字太保守了！"

手下的人都用一双惊奇的眼睛望着他。这些人都一致认为，1.52亿美元都已经是天文数字了，那些嗜钱如命的生意人能够拿出这样一大笔钱就已经不错了。大家都用怀疑的眼光看着他，觉得他的胃口也太大了。

精明的尤伯罗斯早就看出了这一点，不过只是抿嘴笑了一下，没有做过多的解释。他知道，这一仗关系重大。于是，他决定亲自出马，来到了美国最大的两家广播公司进行游说，一家是美国广播公司（ABC），一家是全国广播公司（NBC）。同时，他又策划了几家公司参与竞争。一时间报价不断上升，出乎人们的意料，就这一笔电视转播权的拍卖就获得资金2.8亿美元。真可以说是旗开得胜！

第二招：拉赞助单位。

在奥运会上，不仅是运动员之间的激烈竞争，还是各个大企业之间的竞争，因为很多大企业都企图通过奥运会宣传自己的产品。从某种程度上说，这种竞争常常会超出运动场上的竞争。

为了获得更多的资金，尤伯罗斯想方设法加剧这种竞争。经过一系列的策划，于是奥运会组委会作出了这样的规定：本届奥运会只接受30家赞助商，每一个行业选择一家，每家至少赞助400万美元，赞助者可以取得在本届奥运会上获得某项产品的专卖权。

鱼饵放出去之后，各家大企业都纷纷抬高自己的赞助金，希望在奥运会上取得一席之地。

在饮料行业中，可口可乐与百事可乐是两家竞争十分激烈的对头。在

1980年的冬季奥运会上,百事可乐获得了赞助权,出尽了风头,此后百事可乐销量不断上升,尝到了甜头。可口可乐对此耿耿于怀,一定要夺取洛杉矶奥运会的饮料专卖权。他们采取的战术是先发制人,一开口就喊出了1250万美元的赞助标码。百事可乐根本没有这个心理准备,眼巴巴地看着别人拿走了奥运会的专卖权。

照片胶卷行业比较具有戏剧性。

在美国乃至在全世界,柯达公司都认为自己是"老大",摆出来"大哥"的架子,与组委会讨价还价,不愿意出400万美元的高价,拖了半年的时间也没有达成协议。日本的富士公司乘虚而入,拿出了700万美元的赞助费买下了奥运会的胶卷专卖权。消息传出之后,柯达公司十分后悔,把广告部主任给撤了。

不用细细叙述。经过多家公司的激烈竞争,尤伯罗斯获得了3.85亿美元的赞助费。他的这一招的确比较狠:1980年冬季奥运会的赞助商是381家,总共才筹集到了900万美元。

第三招:"卖东西"。

尤伯罗斯的手中拿着奥运会的大旗,在各个环节都"逼"着亿万富翁、千万富翁、百万富翁及有钱的人掏腰包。

火炬传递是奥运会的一个传统项目,每次奥运会都要把火炬从希腊的奥林匹克村传递到主办国和主办城市。1984年美国洛杉矶奥运会的传递路线是:用飞机把奥运火种从希腊运到美国的纽约,然后再进行地面传递,蜿蜒绕行美国的32个州和哥伦比亚特区,沿途要经过41个城市和将近1000个城镇,全程高达15000公里,最后传到主办城市洛杉矶,在开幕式上点燃火炬。

尤伯罗斯为首的奥运会组委会通过策划规定:凡是参加火炬接力的人,每个人要交3000美元。很多人都认为,参加奥运会火炬接力传递是一件人生难逢的事情,拿3000美元参加火炬接力——"值"。就是这一项,他就又筹集了3000万美元。

奥运会组委会规定:凡是愿意赞助2.5万美元的人,可以保证在奥运会期间每天获得两人最佳看台的座位,这就是1984年美国洛杉矶奥运会的"赞助人票"。

奥运会组委会规定：每个厂家必须赞助 50 万美元才能到奥运会做生意，结果有 50 家杂货店或废品公司也出了 50 万美元的赞助费，获得了在奥运会上做生意的权利。

组委会还制作了各种纪念品、纪念币等，到处高价出售。

尤伯罗斯就是凭着手中的指挥棒，使全世界的富翁都为奥运会出钱，他则不断地把钱扫进奥运会组委会的腰包里……

现在我们来看洛杉矶奥运会的结果：美国政府和洛杉矶市政府没有掏一分钱，最后盈利 2.5 亿美元，创造了一个世界奇迹。

从此，奥运会的举办权成了各个国家争夺的对象，竞争越来越激烈。

尤伯罗斯之所以受命于危难之际而最后创造了奇迹，关键就是他的精心策划，他善于发现可以赚钱的东西，善于发现市场的竞争点……

巧施烟幕，迂回制胜

【原文】故能而示之不能，用而示之不用，近而示之远，远而示之近。（《孙子兵法·计篇》）

【大意】所以，能攻而装作不能攻，要出兵而装作不出兵，要进攻的时间或距离近的，要表现出远，反之亦然。

"示形之法"是《孙子兵法》中所提"示形"方法的概括。事实上，示形的方法多种多样，无法全举。它的实质在于通过各种伪装，达到迷惑敌人，并诱使其上当的目的。我方则在这种表面现象的掩护下攻敌制胜。

这种手段，在商战中，对于实力较弱的一方尤为重要。

"示形之法"就是不采取直接解决问题的方法，而是转一个弯来解决问题，从而战胜商战对手。这也是常用而且有效的招数。因为有些时候，你直截了当地要求对方答应你的要求，对方并不一定会答应。如果你绕一个弯，采取曲折的方法，对方反而会答应你的要求。不过，使用这种方法的难度是相当大的，必须下功夫多动脑筋才能掌握。

20世纪60年代初，有一种喷雾式的清洁剂——"处方四〇九"的分销店，常有顾客跑进来，急切地要买"处方四〇九"。这时，面带笑容的营业员总是说："真对不起了！刚卖完了。"这种日常的小用品一时短缺，给许多顾客带来不便，那些心急的家庭主妇更是抱怨不已。"处方四〇九"到底哪去了呢？

原来，这是经营"处方四〇九"的哈瑞尔公司放出的烟幕。它得到了情报：赫赫有名的波克特甘宝公司要向自己发动进攻了。波克特甘宝公司经营家庭用品已有一百多年的历史，一向财大气粗，平日同行都敬畏三分。它发现"处方四〇九"大有赚头，就准备推出新试制的同类产品，试图把清洁剂市场夺过来。一场关系到哈瑞尔公司生死存亡的竞争开始了。

哈瑞尔公司密切注视着对手的动静。当它知道波克特甘宝的"新奇"喷雾清洁剂试制成功，要把丹佛市作为"新奇"的第一个试验市场时，就通知丹佛市的全部分销店，不要再往货架上添货，神不知鬼不觉地把"处方四〇九"撤离阵地，哈瑞尔公司在此所使用的就是孙子所说的"能而示之不能"。

"'新奇'来了！"这消息在那些因买不到"处方四〇九"而烦恼的顾客中炸开了，他们都抱着应急的心理一拥而上"试试看吧"，第一批"新奇"就这样被抢购空了，还"供不应求"呢！波克特甘宝公司派出的测试小组喜出望外，被眼前的虚幻景象迷住了，马上通知总部："'新奇'大受欢迎，销量直线上升！"于是，"新奇"正式大批投入生产，准备发动席卷全国的攻势。

这时，哈瑞尔公司看准时机已到，快如闪电，立马露出真面目，翻手杀出一招"回马枪"。所有的哈瑞尔公司分销店，都贴出了醒目的广告："特价出售"，推出一特大包装的"处方四〇九"。其实是把两种大瓶装的"处方四〇九"捆在一起，上面仅标价"1.48美元"，这个价钱可是便宜得诱人动心。果然不出所料，顾客一窝蜂似的抢购。精明的哈瑞尔公司算过，只要顾客买上这一次，就足可用上半年，也就是说，他们抢先垄断了半年的消费市场。

还蒙在鼓里的波克特甘宝公司登台了，"新奇"大批推出，可惜，购买者寥寥，货积如山。大笔投资似流水般地花去了，连本钱也捞不回来，波克特甘宝公司大叹倒霉。过高的期望带来了更深的失望，波克特甘宝公司对"新奇"失去了信心，不久，"新奇"就从货架上消失了。哈瑞尔公司就用这样的"示形之法"战胜了对手，取得了极大的成功。

不要小看比你弱的对手

【原文】夫惟无虑而易敌者，必擒于人。(《孙子兵法·行军篇》)

【大意】那种既无深谋远虑而又自恃轻敌的人，一定会被敌人俘虏。

在《行军篇》中，孙子根据以往的战争经验指出轻敌者被敌所擒。将这句话运用于商战就是告诫那些规模较大、实力较强的企业万不可小看你的敌手，须知市场风云变化莫测，大与小并没有绝对的差别，大企业如果不能重视小企业的挑战，那么就很可能兵败千里。

在这一方面，阿迪达斯和耐克之间的故事就是一个很好的例子。

"脚穿阿迪达斯是你取胜的保证！"

在1950—1980年的国际大型体育比赛上，你都会看到这个充满斗志的广告。事实似乎也证实了这句话。

1954年，西德国家足球队正是穿着"阿迪达斯"运动鞋走向了世界杯领奖台的。

1976年的蒙特利尔奥运会，82%的金牌得主都穿阿迪达斯。

阿迪达斯是运动员能力和运气的象征。

阿迪达斯是德国一个拥有很长历史的运动鞋生产厂家，垄断了世界上高级运动鞋市场达几十年之久，阿迪达斯的经理们怎么也想不到会在短短的几年之间，输在一个名不见经传的公司手中，这个公司就是美国耐克公司。

1936年，美国运动员杰西·欧文斯脚穿阿迪达斯运动鞋取得了辉煌的胜利，使这个一直默默无闻的小厂顷刻闻名全世界。阿迪达斯也从这件事情中得到启发，从此大规模地生产运动鞋并开始以极大热情支持体育比赛。

1949年，由于经营理念的差异，创建公司的兄弟俩分道扬镳。安道夫创办阿迪达斯公司。在安道夫的积极运作下，阿迪达斯每年都能推出新的运动鞋。该公司产品从田径鞋、足球鞋、网球鞋扩展到各种运动鞋，销售网络达到世界上的每一个角落，年销售额达10亿美元。

阿迪达斯之所以能够把这种小商品做成大生意，主要是采取了正确的宣传方法。他大力向体育产业投资，赞助各种比赛，把国际比赛的场所变成公司广告的集结点，同时还大力向国外扩张，出卖商标和生产专利，把产品推向世界各地，特别是发展中国家，利用这些国家丰富的劳动力资源创造价值，既避免了自己投资，又扩大了产品销售影响，起到了一箭双雕的作用。

正当阿迪达斯豪情万丈，要垄断世界体育运动鞋类市场的时候，竞争对手出现了，这就是美国的耐克。

20世纪六七十年代，美国兴起了全民健身活动，成千上万的男女走上街头和田野，以各种方式从事锻炼活动，其中最引人注目的活动便是慢跑。伴随美国从事跑步活动的人数越来越多，对舒适的跑步鞋的需求量就增大许多，到了70年代末，达到2500万双，如果每双运动鞋的价格按5美元计算，一年的销售额就可以达到2亿美元。对任何一个从事鞋类生产的公司而言，这都是一个不可忽视的巨大市场。

耐克公司就是在这样的有利条件下成长起来的。它是由美国中长跑名将费尔·耐克和他的教练比尔在1972年创办的。所生产的牌子就叫耐克。两位运动员出身的创业者当然知道什么样的运动鞋受欢迎，他们根据力学原理对运动鞋进行改造，使它更能适应锻炼和比赛的目的，产品推出后深受大众的欢迎。

公司的扩展非常迅速，1972年创办时，它的产值才200万美元，到了1976年就达到了1400万美元之巨，之后一年上一个台阶，1982年达到了6.9亿美元。耐克公司仅仅用了10年时间就成为美国市场占有额最大的企业，阿迪达斯在美国市场的份额不断缩小，甚至到了要退出美国市场的地步。

有几十年经验的阿迪达斯为什么会败给耐克公司？为什么对美国蓬勃发展的运动鞋市场，阿迪达斯的反应会如此迟钝？

原因出在阿迪达斯本身，在美国开始兴起跑步的时候，阿迪达斯作出了一个极其错误的判断。他断定在美国这样一个流行快、消失也快的国家，跑步将只是一个时尚，不久就会烟消云散。但是席卷美国的全民健身运动持续时间之长，范围之广，使它丧失了进入美国市场的绝好时机。这中间迟钝的反应是阿迪达斯失败的关键。

还有就是阿迪达斯瞧不起小公司，对它们的挑战不屑一顾，也是它失败的重要原因。阿迪达斯的经理们还在想，耐克公司无非和以前的一些小公司一样，只不过是昙花一现罢了，没想到耐克根本不是想象中的等闲之辈，它看准了机会，把阿迪达斯踢了出去。

所以，作为公司的领导者，沉湎于过去的胜利是危险的。《第三次浪潮》的作者托夫勒认为："过去的成就正是今天的危险所在。""取得领导权不见得保证今天和明天仍是领袖。"阿迪达斯曾经很厉害，但在成绩面前放松了警惕，结果敞开大门，让耐克抓住了机会。

对于耐克公司而言，击败阿迪达斯并不是有什么特别的招数，它的制胜法宝就是有效地模仿，从阿迪达斯那里学到生意和销售的经验，然后用来对付阿迪达斯公司。阿迪达斯所有招数几乎都被耐克采纳，但它对耐克的创新却置若罔闻，这种对比恰好是两家公司命运的反映。

开风气之先，抢占市场

【原文】奇正相生，如循环之无端，孰能穷之？（《孙子兵法·势篇》）

【大意】奇正相互变化，就像顺着圆环旋转不断，无始无终，谁能够穷尽它呢？

《孙子兵法》讲究出奇制胜，抢占商机从某种意义上就是出奇制胜，做别人没有做过的生意，先人一步就能在商战中占据优势。

在竞争这个意义上，抢占市场的企业竞争与战争有着许多共同特点，比如，都需要占领制高点。任何企业的竞争，最终都表现为产品和市场的竞争。选准最新产品或冷门产品，人无我有，人有我优，人优我转，抢先营销，独占鳌头。这种经营使自己处于无对手之绝对优势地位，是商业、企业竞争中的进攻型谋略。其实质是以攻取胜，以奇制胜，抢先取胜，独家生意。抢先占领产品营销的"制高点"，才能尽收市场风云变幻于眼底，一览流通信息之无余。运用这一谋略，需要具有较强的新产品开发能力，能承担一定的风险，并承受万一失败可能带来的损失，这需要有敏锐的目光和开拓的胆识，选准科技发展的"制高点"，看准市场需求的新动向，果断决策，一举成功。成功以后，再接再厉，继续攀登，保持优势，永立鳌头之上。

日本索尼公司创始人井深大和盛田昭夫，一开始就立志于"率领时代新潮流"。一次偶然机会，井深大在日本广播公司看见一台美国造的录音机，他便抢先买下了专利权，很快生产出日本第一台录音机。1952年，美国研制成功"晶体管"，井深大立即飞往美国进一步考察，果断地买下这项专利，回国数周后便生产出公司第一支晶体管，销路大畅。井深大并未满足，当其他厂家也转向生产晶体管时，他又成功地生产出世界上第一批"袖珍晶体管收音机"。索尼的新产品总是以迅雷不及掩耳之势独占市场制高点。

美国的亨利·佛斯特，原是普通兽医。当他失业在家、穷困潦倒之际，捕捉到科学家经常为实验用的老鼠带有细菌而大伤脑筋的信息，立即培养无菌鼠，顿获巨利。他的发迹，也是独占鳌头的结果，正如他自己所说：我只是干了别人没有想到要干的事，而这又是社会所缺。

1974年，以生产安全刀片而著称于世的美国吉列公司作出了一个"荒唐"的举动——推动面向女性的雏菊牌专用"刮毛刀"，结果一炮打响，畅销全美国。销售额已达20亿美元的吉列公司又发了一笔横财。是偶然，是巧合，还是瞎猫碰上了死耗子？统统不是。吉列公司雏菊牌刮毛刀的成功完全是建立在精心周密的市场调查基础之上的标新立异。1973年，吉列公司在市场调查中发现，美国8360万30岁以上的妇女中，大约有6490万人为了保持自身美好的形象，要定期刮除腿毛和腋毛，这与她们的衣着趋向于较多的"暴露"不无关系。调查者还得到这样的统计数据，即在这些妇女中，除约有4000多万人使用电动刮胡刀和脱毛剂外，有2000多万人主要是通过购买各种男用刮胡刀来美化自身形象，一年的费用高达7500万美元。这是一笔很大的开销，丝毫不亚于女性在其他化妆品上的支出。例如，美国妇女花在眉笔和眼影上的钱仅有6300万美元，染发剂5900万美元，染眉剂5500万美元。不言而喻，这些费用与刮胡刀的费用相比相形见绌。无疑，这是一个极富诱惑力的潜在市场，谁能抢先发现它，开发它，谁将大发利市。

根据市场调查的结果，吉列公司在雏菊牌刮毛刀的设计和广告宣传上也非常注重女性的特点。例如，刀架不采用男用刮胡刀通常使用的黑色和白色，而是选取色彩绚烂的彩色塑料以增美感。把柄上还印压了一朵雏菊图形，更是平添了几分情趣。把柄由直线型改为弧型，以利于女性使用并显示出女性刮毛刀的特点。广告宣传上则是着力强调安全，不伤玉腿。

这也是在调查中广泛征求女性意见后而作出的决策，一言以蔽之，吉列公司决定生产女性刮毛刀绝非没有目的，它是在调查基础上的标新立异。故此吉列公司也在这一行动中独占鳌头，赢得了丰厚的利润。

太太口服液是深圳太太药业有限公司的主要产品。1992年12月18日公司成立，次年3月8日，首批产品在广东面市，这是我国第一种专为女性设计的口服美容保健品。之后的短短 5 年间，太太口服液从一个地区性新产品发展到今天销售遍及中国超过 200 个城市的全国性品牌，还出口至东南亚、日本、韩国等地区和国家。

太太口服液最初是采用一家著名中医院验方，由中国医学院中医研究院监制。现代女性的生活节奏日趋加快，工作和家庭更需付出双重操劳。长期的紧张生活会造成身体内分泌失调等症，黄褐斑增生并伴有失眠、腰酸、月经不调、痛经等反应，太太口服液采用 13 种名贵中药精制而成，其原理是从调理女性内分泌入手，滋补肝肾，行气活血通络，令肌肤柔美润泽，健康亮丽。

犹太人有句名言："女人和嘴巴的生意最好做。"当年萌生做这个产品的念头是：改革开放后人们生活水平显著提高，大众对保健药品的要求十分迫切，而市面上只有一些适宜男性壮阳健肾之类的保健口服液，于是刘广霞和她的同事们觉得女人是更需要关心的"半边天"，这个消费群体蕴藏着巨大的消费潜力。

主意下定后，取个什么名字才能让消费者有一种先入为主的好感呢？名字想了不少，后来集中到这个理念：内地人习惯称妻子为"爱人""内人""老婆"，但随着开放及受境外文化影响，视称妻子为"太太"更新潮，更文明，更尊重，这下正是捕捉到了女性在开放文化后追求健美的心态，他们这个定位在 20～50 岁女性，适用于"活血、去斑、养颜"的产品问世，正满足了她们做一个完美女人的要求。

刘广霞是主管市场推广的，所以在强化品牌概念并赋予新色彩方面有更深的体会。

在品牌经营方面，他们打破国内厂商的惯例，定下专业化的目标，以公开招标的方式，寻求国际 4A 广告公司合作和进行全国的市场推广。

"太太口服液"的广告片制作过程是非常严谨的，整个过程中经过了三个阶段的消费者调查，以确保广告片达到预期的效果，每一阶段的调查都由专业的国际性市场研究公司执行，每一次消费者座谈会都分别在香港、北京、上海、广州进行，以确保其代表性及准确性。

1994 年度，刘广霞曾以毛阿敏为主要广告模特；1995 年，又以都市女性新生活为主题而创新了品牌；1996 年度，刘广霞进一步挖掘"做女人真好"这个主题，表达两层意思：一是随着社会不断进步，中国女性社会地位提高了；二是这个产品能使女性保持青春的光彩，使其在生理上、心理上永葆青春。因为刘广霞的广告词及电视广告画面都是精心策划的，所以给消费者留下了深刻印象。如1994年，精心策划的"三个太太"系列报纸广告在南方媒介推出，由于画面设计独特，新奇的广告主题先声夺人，在极短时间内取得广泛传播面，迈出成功第一步。刘广霞对刊登广告的传媒都有选择，除电视台外，主要在《新现代画报》《读者》《家庭》《羊城晚报》等上面刊登，刘广霞还在《女友》上作推介，那些女读者虽然今天还是姑娘，但明天就是太太，超前的教育宣传是为了造就不断层的消费群体。

总之，现今的市场，已脱离了传统的生产导向、产品导向的阶段，而是以品牌为中心，以市场为中心，生产迎合消费者及市场需求的高质量产品才是成功的关键。

第五章 不打无准备的商战——孙子谈现代商战的策划之道

第六章　知己知彼，百战不殆
——孙子与现代商业的信息战

　　孙子在《孙子兵法》里用一个整篇来论述了谍报工作在战争中的重要性，指出在战时要做到"知己知彼"，就必须要重用间谍，"故明君贤将，所以动而胜人，成功出于众者，先知也。"

　　在经济日益全球化的今天，企业之间的交往日趋密切，可以说情报工作是决胜商战的前提。要在商战中制胜，得了解竞争对手的情况，但也要做到保守自身的商业机密。

保密，筑起反商谍的防火墙

【原文】微哉微哉，无所不用间也！（《孙子兵法·用间篇》）

【大意】微妙啊，微妙！无时无处不使用间谍。

战场上的情报决定胜败，而商场上的情报则价值连城，谁能先获得情报，率先发展，谁就能战胜对手，可谓"捷足先登"。而另一方面，正是基于这个原因，商家又要千方百计保护自己的机密不被别人窃取。正像孙子说的那样"无所不用间也"，你一个不小心，就可能泄露最紧要的机密。

孙子曰："兵者，诡道也。故能而示之不能，用而示之不用，近而示之远，远而示之近。利而诱之，乱而取之。"商业界的机密，在企业是否获得成功这一点上常常是决定性的。大多数的企业，都基于军队的保密体系来拟订保密计划。自从有了战争的历史以来，司令官高度重视对有关军队的部署、补给及其辎重计划的严格保密，要是让敌人察知，哪怕只是些许，战斗也必将受影响，这已成了军中的常识。而这一点在商业竞争中也愈来愈被人们重视。

设在美国加州奥克赫斯特的新锐公司正门停着一辆大型豪华轿车，4个人从车上下来。这4位衣着整洁，都穿着三件套的素雅西装。他们自称是从IBM（国际商业机器公司）总公司来的，想要会见新锐公司的负责人。

新锐公司的总经理把他们请到办公室来。那4位之中有一人说明了他们的来意：他们是偶尔路过这一带，想参观该公司的工厂。

总经理咧嘴笑着，心里早已看出这4个穿着三件套西装的人，根本不是到附近的约塞密提游览而顺道来访。尽管如此，他还是对想要参观的这一行人表示欢迎，带他们到工厂去。而这4人是来参观的吗？根本不是！

一进入工厂，来自"大蓝"（IBM）的那4个人，便让打开认为是企业机密房子的门锁，走进去，把字纸篓倒出来，查证丢弃的文件是否用碎纸机处理过，然后摇动办公室公文柜的锁，看看有没有锁好。

检查的结果，那4个人好像很满意。于是，向IBM总公司报告，说新锐公司的企业机密保安措施合格。可是，过后不久，那4个人又突然驾到，一来就对保守机密的情形重新检查一番。

与IBM签了合同而从不曾享有过工作特权的一位局外人向人诉苦说，当IBM要保守机密时，如同患了偏执狂一般。比如说，IBM向代理公司定制某种零件时，只提供该零件生产所需的资料，代理公司在整个产品推出市面以前，搞不懂那是做什么用的。

由于个人电脑业界竞争极为激烈，因此，IBM保守机密的成效，在20世纪80年代初面临了最严厉的考验。最大的竞争对手"苹果公司"的个人电脑终于上市，同时也很畅销。一般大众对它兴趣浓厚，其他公司也竞相投入新型的个人电脑市场。

IBM决定将以自己的品牌上市的个人电脑零件，不在公司内生产而在公司外生产，唯有装配工作在IBM的波卡雷顿工厂进行。当设在佛罗里达州的这家工厂运出第一号成品之前，其他竞争公司根本无法想象IBM的个人电脑会是什么样子。因为复杂的电脑零件，由美国各地数百家公司生产。

IBM电脑的诞生是个好例子，它可以显示出在盗取秘密、窃取零件已达到肆无忌惮的产业界，IBM为了保守机密而费尽了多少苦心。

世界上喝过可口可乐的不知有多少人，然而，有谁知道这种饮料的完整配方呢？事实上，可口可乐的配方属于绝密，只有企业的一两个核心人物知道。这就是可口可乐行销世界、享誉全球，没有遇到过多少敌手，几十年常胜的原因之一。想当初，印度政府要求可口可乐公司公开可乐配方的秘密，可口可乐公司毅然决定既使从印度市场撤出也不公开其配方的秘密。这说明保守企业秘密是多么重要。在我国发展市场经济、产品走向世界的今天，要使我们的名牌享誉全球、通行无阻，我们不能不提醒商务谈判者：小心泄密！

保守企业机密和外商友好相处并不矛盾。企业机密，是指关系到企业的命运与生存，与企业的安全和利益息息相关的事项。和外商友好往来，是为了使企业的产品能在国际市场上站稳脚跟，给企业带来经济效益。为了博得外商的信赖，交易者应发扬助人为乐的精神，急人之所急，帮人之所需。但切忌口若悬河，有问必答，慷慨解囊，把自己的"饭碗"拱手相让，使外国人不费吹灰之力而获得"秘方"。

过去，由于一些人头脑里市场经济意识淡薄，心肠比较热，嘴边缺少把门的，致使一些秘密外泄，损失惨重。比如，本来我国研制的某种化工产品在国际上享有盛誉，成为出口创汇的拳头产品。可是外商进厂参观时，厂方允许拍照，并详尽讲解整个生产流程，被其免费取走了核心技术，使我国出口的产品在国际市场上成了滞销品。某厂生产的空心宫面，世界市场需求量大，前景广阔，创汇可观。但在某外商打着合资建厂的幌子实地考察时，厂方竟把和面、烘干的诀窍和配方全盘托出。外商按谱炒菜，在很短的时间内就开发出包装精致、质高价廉的空心面，占领了国际市场。此后该厂的空心宫面市场萎缩，逐渐败下阵来。某单位研制的某种抗癌良药属于世界先进水平，由于机密泄露，而使几代人含辛茹苦的科研成果毁于一旦。相反，有些企业由于保密工作做得好，至今仍立于不败之地，生产的产品一直供不应求，经济效益十分可观。

随着国际交往和合作的进一步发展，国与国之间的竞争、斗争，也会更趋激烈。企业秘密和科技情报将成为各国商业间谍窃取的重要目标。因此，交易者一定要提高警惕，切莫在"满足对方需要"时泄露机密。

"技术扒手",无孔不入

【原文】 必取于人,知敌之情者也。(《孙子兵法·用间篇》)

【大意】 一定要取之于人,取之于那些知道敌情的人。

军事行动,是事关生死存亡的大计,保密工作十分重要。但是从另一方面说,要想取胜,必"知敌之情"。而为了摸清敌方的真实情况,除了运用侦察等公开手段以外,还有一个隐蔽的手段,那就是"窃密"和"用间"。这两招在商场中屡见不鲜。

现代商战中,商业间谍们关注的一般是企业的信息及领先技术,对于一个企业来说,通过获取对手的领先技术从而加快自己的发展,是商战中的"用间"妙法。

毫无疑问,企业的科学技术研究与开发情况是情报部门打听的重点。科学技术是一种很重要的竞争优势,它一旦为你所有,对手的竞争优势就丧失了。日本的每一企业,每一员工都非常珍惜市场情报信息,对技术情报的欲望更是强烈。日本本田公司的创始人本田宗一郎就是通过情报起家的。

1954年,本田宗一郎在欧洲考察时参观了英国伦敦世界摩托车展览大会,眼界大开。他看到了世界摩托车生产和研制的最高水准。他花掉所有的钱,买了大量的摩托车零部件,带回日本。经过几年的研究与仿制,本田牌两轮摩托车以它特有的优势,占领了世界市场。

日本在"二战"后实现经济起飞,像本田宗一郎一样的一批技术搜罗者功不可没。通过类似的技术分析、廉价的技术专利购买,然后充分发挥自己的创造才能,使日本与西方发达国家的技术差距缩小。

另外,出版业的空前繁荣使报纸、杂志和书籍成为社会生活中极其重要的信息媒介。经过分析、剪裁,任何琐碎的情报都可能在关键的时候帮你的大忙。

精明的情报人员非常重视情报的这种来源。柯达公司情报部主任安妮·西葛丝经常阅读一大堆出版物的目录。她最喜欢看北卡罗来纳州特兰西瓦尼县的半周报《特兰西瓦尼时报》，因为一家生产医用胶卷的竞争对手——斯特林诊断影像有限公司在那儿建了家工厂。她可以从报上各种招聘或辞退新闻中得知该工厂的发展情况。

从利用互联网到搜寻情报，情报人员所做的工作都是合法的也是必不可少的。他们花费大量时间参加各种展销会，和证券分析人员或证券商、供应商细心地交谈。利用自己敏感的情报神经，抓住每一点一滴可能有用的信息。

能在很不显眼的地方发现重大线索的才能是极为难得的。

商场上不是缺少"情报"，而是缺少发现的眼睛。

事实上，现代企业的情报部门的绝大部分情报都是靠这种途径获得的，无论是有关竞争者的新产品、生产成本等信息，还是包括高级经理人员的档案及他们制定决策的能力。

有一句大家都熟悉的话说"成功的大门总是只向有心人敞开"。李嘉诚的成功就是这句话应验的实证。当年轻的李嘉诚自立门户要生产当时走俏的塑胶花时，他所遇到的技术上的难题使其一筹莫展，无奈之下，他想到了亲自上门向国外学习新产品技术这一招。

1957年春天，李嘉诚揣着强烈的希冀和求知欲，登上班机飞往意大利去考察。

他在一间小旅社安顿下之后，就急不可待地去寻访那家在世界上开此风气之先沙的塑胶公司的地址，经过两天的奔波，李嘉诚风尘仆仆来到该公司门口，但却戛然止步。

他素知厂家对新产品技术的保密与戒备。也许应该名正言顺购买技术专利，然而，一来长江厂小本经营，绝对付不起昂贵的专利费；二来厂家绝不会轻易出卖专利，它往往要在充分占领市场赚得盘满钵满，直到准备淘汰这项技术时方肯出手。

那么，长江厂只能跟在别人后头亦步亦趋，谈何突破？对急于打冷门、填空白的李嘉诚来说，等塑胶花在香港大量面市后再生产将会遇到众多的竞争对手。

情急之中，李嘉诚想到一个绝妙的办法。这家公司的塑胶厂招聘工人，他去报了名，受聘后被派往车间做打杂的工人。李嘉诚只有旅游签证，按规定，持有这种签证的人是不能够打工的，老板给李嘉诚的工薪不及同类工人的一半，他知道这位"亚裔劳工"是非法打工，绝不敢控告他。

李嘉诚负责清除废品废料，他能够推着小车在厂区各个工段来回走动，双眼却恨不得把生产流程吞下去。李嘉诚十分勤劳，工头夸他"好样的"，他们万万想不到这个"下等劳工"，竟会是"国际间谍"。李嘉诚收工后，急忙赶回旅店，把观察到的一切记录在笔记本上。

整个生产流程都熟悉了。可是，属于保密的技术环节还是不得而知。李嘉诚又心生一计。假日，李嘉诚邀请数位新结识的朋友，到城里的中国餐馆吃饭，这些朋友都是某一工序的技术工人。李嘉诚用英语向他们请教有关技术，佯称他打算到其他的厂应聘技术工人。

李嘉诚通过眼观耳听，大致悟出塑胶花制作配色的技术要领。

最后，李嘉诚到市场去调查塑胶花的行销情况，验证了塑胶花市场的广阔的前景。

平心而论，以今天的商业准则衡量李嘉诚当年的行为，值得商榷。但在那个时代，偷师和模仿是很普遍的现象，无可厚非。李嘉诚创大业的雄心勇气和他随机应变的精明，对我们不无启迪。

苏联常常以"做一笔大生意"作为诱饵，要求美国有关公司提供技术方面的详尽材料，其方法是让苏联"专家"到工厂进行实地"考察"，美国有些公司为了能在苏联的大市场上争得一席之地，也就不顾一切地满足苏联方面的要求。但苏联的"专家"一旦取得了足够的技术资料以后，就随便找个什么样的借口使交易告吹。结果美国人常常是白白地泄露了大量的宝贵技术资料，生意却是"竹篮打水一场空"。

1973年，苏联故意在美国放风，说要在美国挑选一家飞机制造公司，为苏联建造一个世界上最大的喷气式客机制造厂。苏联生怕美国的公司不上钩，还特地申明，如果美国的公司不行，就将这3亿美元的生意让给德国或者是英国。美国三大飞机制造公司闻讯后，纷纷私下与苏联方面接触，以积极的态度表示愿意同苏联鼎力合作，保证建设出一个世界一流的飞机制造厂。但苏联的态度则是不冷不热，你有千般妙计，我有一定之规。参加谈判的代表变戏法般地周旋于这三家公司之间。以挑起他们之间的竞争，竞相满足苏联方面提出的各种条件。其中，波音飞机制造公司甚至同意苏联20名专家到飞机制造厂参观考察。苏联人大摇大摆地到飞机制造厂随心所欲地转悠，满心欢喜地带走了上万张照片和技术资料，甚至获得了波音飞机制造公司制造巨型客机的详细计划。就在美国人焦急地等待着苏联方面签订合同时，苏联利用波音公司提供的技术资料，设计制造出了"伊柳辛"式巨型喷气运输机。虽然，美国人也留了一手，波音飞机公司在提供资料时没有泄露有关制造飞机的合金材料的秘密，可苏联人却明白无误地用这些合金材料制造出这种宽机身飞机。原来，还是苏联"专家"在考察波音飞机时，穿的是一种黏着力极强的特制皮鞋，鞋底能吸住从飞机部件上切削下来的金属屑，从而获得了制造合金材料的绝密。

市场上的竞争，归根结底是以利益的获得为目的。而获得利益的基本途径就是要占有市场。苏联人正是利用了美国几家公司急于占领市场的心理，以"做一笔大买卖"为诱饵，"利而诱之"，无偿获得了自己所需要的一切技术资料，包括极其宝贵的绝密资料。这种利益用金钱是无法衡量的，而美国的几家公司因"食"占领市场的诱饵，非但没有达成任何交易，而且失去了本来可以获得的极大利益。这不能不说是贪"利"的恶果。

情报信息是决策成败的关键

【原文】而爱爵禄百金，不知敌之情者，不仁之至也，非人之将也，非主之佐也，非胜之主也。(《孙子兵法·用间篇》)

【大意】如果吝惜爵禄和金钱，不肯重用间谍，以致因为不能掌握敌情而失败，那就是不仁慈到了极点，这种人不配做军队的统帅，称不上是君主的辅佐者，也不是胜利的主宰者。

在战争中，决策的对错关系到战争的成败，所以《孙子兵法》强调"知敌之情"，因为情报信息是决策的依据。作为一个企业决策者，其决策也绝不能凭空臆断，而应广泛收集商业情报信息，作出正确决策，这样才能在竞争中立于不败之地。

作为一个企业家，应该了解，情报的采集能力和选择能力对制定合理的企业战略，在商战中夺取胜利至关重要。从情报与企业经营的联系看，由于情报质量不同，经营者所作的决策有极大差别，即便是高智能的企业家，若依据不充分的、可信度低的情报所作的决策，也不可能是正确的。所以，能得到情报的人，就显得十分重要。

如果能调动起经常活跃在用户周围的推销员担当市场调研者的情报意识，就有可能比其他企业更早地获取有价值的情报。比如，GM 公司在第一次石油危机爆发的前一年，即 1972 年就从世界各地的情报网中获得了能源价格将在近期上升的可靠情报，并给予了充分的重视。他们当年为此成立了能源问题的特别班子，并立即进行了半年的集中调查。

根据调查的结论，从 1973 年 4 月起，GM 公司就实行了降低燃料费的适度计划，同时采取了将车身内铁制的一部分部件用塑料、铝合金取代，生产轻型汽车的计划。

大宇公司曾经是韩国最负盛名的国际企业，它们最拿手的就是对情报信息的判断和分析。据说，每当大宇实业开发或推销一种新产品时，公司总裁金宇中总是预先搞好市场需要方面的调查，善于捕捉商品经济战场上的一闪而过的战机，凭借知识和机遇，抓住时机，果断决策，这是金宇中在商战中获得成功的一条重要经验。难怪有人说，金宇中的成功就在于具有惊人的前瞻力，在别人还举棋不定时，他就捷足先登了。

自印度尼西亚放开纺织品进口以来，东南亚纺织品市场出现了过热现象。在这种情况下，为了预防不测，金宇中组织了以韩国银行调查部职员崔英杰、金学洗、朴胜等人为核心的咨询顾问小组，由他们每周一次为大宇实业开展有关国际贸易市场和国际经济发展趋势等问题的咨询活动。

根据他们提供的信息，认为国际纺织品市场将会供过于求，最终导致国际纺织品市场不景气，因此，韩国的纤维制品和纺织品的出口不久也将会同国外一样，转为附加价值高的服装出口。

这一信息使金宇中很受启发。他认为，商品市场一般是按一定的规律周期循环的，当市场景气时事先必须采取措施以防不测，当市场不景气时应该想方设法扩大领域，增加出口。为此，他当即决定增加对服装生产的投资。

不出所料，不久，韩国纺织业便处于全面不景气状态之中，仅釜山就有80％的企业开工不足。但是，金宇中非常清楚，纺织业不景气只是韩国出现的短暂的现象，这是因为企业经营不善所致，而技术水平与韩国相似的中国台湾、中国香港等地区的服装行业却一直很景气。当时，韩国绝大多数企业只顾自家门前雪，不管他人瓦上霜，他们的经营目的不是为了扩大出口，而是为了所谓的技术所得。

何谓技术所得？当时韩国为了振兴出口，调动企业的生产积极性，对经营者出口用原材料，给予核定27％的损失率，即在100米纤维原料中，只要能生产出73米成品，剩余的27米允许免除税收。

因此，各企业在生产过程中最大限度地采用先进技术，尽力减少27％的损失率。这种技术所得往往要比生产成品出口能获得更多的利益。

所以，各企业都想用技术所得来弥补出口赤字。在这种情况下，企业往往只追求眼前利益，即使产品质量高了也不愿提价出口，而是千方百计地提高技术所得，这样做的结果，必然导致产品粗制滥造。

当时，金宇中却不这样做，他积极促进纺织品出口，其目的是为更多的人提供就业机会，同时为韩国纺织业树立对外的形象。但是，他的这种做法并没有引起任何人的重视。这样，反而使他不受任何制约，大胆地开创自己的事业。他通过积极改进技术不断扩大对外贸易，同时为了提高对外信誉，积极推行以廉价产品为主的批量出口。

进入20世纪70年代，美国纺织行业面临着一场深重的危机，纺织行业的年增长率超过32%。其中韩国向美国出口的纺织品只占美国纺织品市场的3.5%，而向美国出口的几种特定商品的市场占有率超过20%。

在这种情况下，金宇中便意识到美国对纺织品的大量涌进迟早要实行进口限制。而当时在美国市场已显露出限制纺织品进口的动向，为此，金宇中于1971年5月不惜重金雇用了熟悉美国商业部内部情况的美国人为顾问律师，不仅获得了花几十倍金钱也换不来的大量经济信息，而且得知美国将要对韩国、中国台湾、中国香港等的出口纺织品实行限制的情报。

金宇中认为，美国实行纺织品进口限制并不是一件坏事。因为日本纺织业赚钱，恰恰是从美国实行进口限制以后才开始的。美国实行纺织品限制以后，日本纺织企业为了跳越出口限制壁垒作了积极努力，不断采用新技术使产品更新换代，向高级方向发展，提高出口价格。结果，出口量虽然减少了，但出口绝对额却大幅度增加，在不到一年的时间，纺织品出口额就增加了近两倍。

金宇中获得情报后，便立刻向商工部通报，并要求尽快采取对策。可是，当时世界各国和韩国经济人士普遍对美国实行纺织品进口限制半信半疑。特别是商工部有关人士认为，美国是韩国的"友邦"，无条件地大力支援韩国的经济发展，不可能会对韩国实行进口限制，因而无动于衷。金宇中无奈，又通过韩国服装出口协会，把这一情况及时通知给有关企业，它们也都当成耳旁风，不予理睬。

但是金宇中凭借在贸易方面多年工作的经验，相信美国一定会实行进口限制，并采取以攻为守的策略，开始向美国市场展开积极的倾销战。他认为，确保美国市场的最好办法，是最大限度地增加出口量。

为此，他不仅广泛地提前开始订货活动，而且还通过设在美国当地的法人，向美国商人大力推销大宇实业的纺织品，扩大出口额。在竞争中，一些贸易公司和企业唯恐出现赤字输出，都纷纷后退，而他却不管有无亏损一味地扩大对美出口。

正当金宇中向美国市场展开全面攻势之时，美国终于在1971年10月通过了关于限制纺织品进口规定，并正式宣布对韩国纺织品进口实行限制。当时，韩国商工部对此毫无思想准备，感到惊慌失措，便急忙找金宇中共商对策。

根据美国和韩国签订的纤维协定，韩国每年可以逐渐向美国扩大出口量，但在美国实行进口限制第一年（1972年）的配额，到8月30前不得超过美国海关掌握的年度进口量。在这种情况下，金宇中认为今后只能在两国签订新的纤维协定的业务会谈中寻求最佳方案。在业务会谈中必须争取扩大每年纺织品出口的幅度和比率。但这要取决于本国纺织品生产每年能增加多少。

"因此，从现在起到1972年8月底，希望所有部门竭尽全力来支持和鼓励企业最大限度地向美国出口。与此同时，在同美国谈判之前，还必须事先准备好必要的数据，如果毫无准备地同美国谈判，就好比赤手空拳上战场。"

他还说："对企业来说，各自都应该有一些顾客。但从现在起应该对没有信用证或出口合同手续的企业，事先发放出口许可证，然后再完善必要的手续。这样做的目的，是在限期内尽可能向美国多出口一些纺织品。"

金宇中的这些建议全部被商工部和企业家们接受。因此，韩国当局开始实行对美国纺织品出口配额制，即根据各贸易会社和企业对美国出口纺织品的数量，相应地分配对美国出口的份额。于是，金宇中便全力以赴地展开了增加对美出口纺织品的竞争。结果，在其他企业和出口商对美国进口限制仍抱着观望态度时，金宇中已成竹在胸，使大宇的产品在美国有了固若金汤的市场。

重金收买，情报扭转乾坤

【原文】 内间者，因其官人而用之。(《孙子兵法·用间篇》)

【大意】 所谓"内间"，是指收买敌国官吏做间谍。

孙子认为要打乱敌方步骤就得应用敌方内间，同时又强调"赏莫厚于间"。主张对间谍要重金收买。现代商战中的许多商谍案例都可以说与重金收买离不开。

著名的希腊船王曾垂涎于阿拉伯石油的巨大财富，与阿美石油公司展开了一场"殊死"的搏斗。在阿拉伯这片沙漠领地的四周，阿美石油公司已捷足先登筑起一道严密的高墙，取得了开采专用权，任何外人都很难寻到一丝缝隙。阿美石油公司是两家巨大的美国石油公司"埃索"和"德士古"的子公司，在沙特阿拉伯年产石油四千万吨，其雄厚的财力使任何企业无法与之匹敌。阿美石油公司对沙特阿拉伯石油的开采权，以合同形式明确固定下来，每采一吨石油给王国相当数目的开采费，并由石油公司自己的油轮运往世界各地。面对这一强大的对手，船王准备迎敌。他熟读了所有关于石油开采的文件，对阿美石油公司和沙特之间的协议更是了如指掌，对每一条款都反复揣摩过。他巧用"瞒天过海"的伎俩，避开舆论注意，以度假的名义，带着他的金发美妻和豪华游艇畅游地中海。然后，他将美丽的妻子留在海上，自己秘密访问阿拉伯，在手抓羊肉的盛宴中，他向沙特国王提示，王国与阿美石油公司的协议里没有排斥阿拉伯拥有自己的油船队来运输自己的石油，而这是一笔无法数清的财富。船王提出了美妙动人的建议：用阿拉伯的油船来运输阿拉伯的石油，而不是由挂着美国旗的阿美石油公司来运输，那样王国的利润将会再扩大一倍。终于，船王与沙特酋长达成了密约，这就是举世震惊的吉达协定。协定规定，双方共同组建"沙特阿拉伯海运有限公司"，公司拥有50万吨的油船队，挂沙特阿拉伯国旗，拥有沙特阿拉伯油田开采的石油运输垄断权。但万万没有想到的是，一转眼间，这巨大的成功又毁于一旦，一位希腊船东被阿美石油公司重金收买，成为其内间，他揭露船王以收买和伪造文件的方法骗取了"吉达协定"。还说他自己曾是船王的中间人，被委托周旋在阿拉伯王宫贵族之间，使用了许多欺诈手段，他自己也是受害者之一。

这些指控轰动了整个西方世界，沙特阿拉伯国王一下子完全陷入被动的境地，所有的新闻都指向"被愚弄欺骗"的阿拉伯王宫。沙特国王终于抵挡不住来自各方面的责难，在一个早晨，把已经签署的"吉达协定"撕得粉碎，并将它称为欺骗和狡诈的事件。阿美石油公司的收买策略一举获胜，希腊船王的所有努力，数十万金钱全都付诸东流。

船王沮丧告别阿拉伯之后，才如梦方醒，后悔不该把自己的秘密让他人知道得过多。

将计就计，反间更具杀伤力

【原文】反间者，因其敌间而用之。(《孙子兵法·用间篇》)

【大意】所谓"反间"，就是收买敌方派来的间谍，使其为我所用。

"五间俱起，莫知其道。"而对谍海风云，《孙子兵法》强调对所有的情报都要冷静对待，分清真伪。"非微妙不能得间之实。"同时指出误判情报的严重后果："间事未发而先闻者，间与所告者皆死。"在商战中，用间不成，误判情报，被人反间的案例比比皆是，所以商家不得不提高自己的情报判断力。

在20世纪70年代中期的一场"世纪工程"夺标大战中，韩国企业家郑周永便是运用"将计就计，反间为计"的谋略大获全胜的。

1975年，石油富国沙特阿拉伯对外宣布了一个惊人的决定：在本国东部杜拜兴建大型油港，预算总额为10亿至15亿美元，并向全世界各大承建公司公开招标。

这项工作十分庞大，堪称"20世纪最大的工程"。此消息真是风靡世界各国，立即引起世界建筑商们的关注，其中跃跃欲试者有之，望而却步者也有之。

1976年2月，中东弹丸小国，战云密布，大军压境。一场惊人的"世纪工程"夺标大战拉开帷幕。

这时，号称"欧洲五大建筑公司"的联邦德国"莫力浦·霍斯曼""朱柏林""包斯卡力斯"，英国的"塔马"，荷兰的"史蒂芬"，已早早踏上了这个海湾小国，企图打败竞争对手，夺标取胜。另外，美国、法国、日本等国家的头号建筑公司也匆匆从远道赶来，决意参与这场大角逐。

最后一个到来的，是韩国郑周永率领的现代建设集团。尽管这是个姗姗来迟者，但它却是竞争中的强者。

于是，有的公司表示愿意同他合作，一起承包工程；也有的干脆提出，只要他退出竞争，马上就支付一笔可观的现金作补偿。

这位郑周永到底何许人也，竟令这些赫赫有名的企业巨子如鼠见猫一样？

郑周永出生在韩国一个贫困的农家，小学没毕业就远离家乡打工谋生。1940年，他凭自己的一点积蓄开办了一家小修理店。1947年，他又创办了现代土建社，不久便扩展为现代建设集团。在郑周永的领导下，现代建设集团的员工刻苦努力，一跃成为韩国建设业的霸主。他曾用10分钟时间，就击败了所有对手，中标承建了被称为韩国"檀君开国以来最大的工程"。自此，郑周永被同行攻击为"阿拉斯加来的土匪"。似乎这位名不见经传的山村无名小辈是一位不讲规矩的粗野土匪，而土匪的野性又造就了他的冒险精神和置生死不顾的可怕行为。

正是这一点，才使欧美的建筑巨子心怵。

"世纪工程"的招标还未正式开始，许多英雄豪杰在暗暗地使用技巧，施展法术。

一天，郑周永的好友、大韩航空公司社长赵重勋突然来找郑周永。

好友重逢，显得十分热情。赵重勋盛情邀请郑周永去喝酒叙旧，郑周永再三推辞不过，只好应邀赴宴。

他们找到一间幽静的小单间，边喝边聊起来。酒过三杯，赵重勋突然对郑周永说："郑兄，这桩工程可是块难啃的骨头呵！""就是再难啃，我也有把握把它啃下来！"郑周永胸有成竹地说。

"唉，你何苦非要冒这个险呢！"接着，赵重勋压低嗓门说，"只要你肯退出来，你还可以不劳而获，得到一笔可观的意外之财，何乐而不为呢？"

郑周永暗吃一惊，这才知道老友的意思，却不动声色地问："有这样的好事？"

赵重勋以为对方动心，便干脆把话挑明："不瞒老兄，是法国斯比塔诺尔公司委托我来劝你的。他们说，只要不参加竞争，他们立刻付给你1000万美金。"

郑周永暗想：法国人也太小瞧我了，这点小钱就想打发我退出！他沉吟了一阵，想出了一条妙计。

"赵兄的好意，小弟心领了。但这桩工程我还是争定了。"

"唉，两头都是朋友，我也是为你们着想。"赵重勋不免有点失望。

这时，郑周永举杯一饮而尽，抱歉地说："赵兄，失陪了。我还有件紧急的事要办。"

"什么紧急的事？我能帮你吗？"

"唉，还不是为那1000万保证金……"郑周永故意把话"闸"住，于是他"满怀气愤"地告别老友。赵重勋回去就将这事告诉了斯比塔诺尔公司。

法国人得知这一"情报"后，就开始在郑周永的投标报价上做文章，按照投标规定，中标者需要预交工程投标价格的2%的保证金。由此，他们便判定郑周永的现代建设集团的投标报价可能在20亿美元左右，最少也在16亿美元以上。

然而，这正是郑周永的良苦用心，他也想通过朋友的嘴给对方一个"回报"。

在此期间，郑周永频频利用"假情报"向其他竞争者施放烟幕弹，设置假象，来扰乱对手的阵式。

在郑周永的那间封闭保密的会议室，灯火通明，气氛紧张。郑周永正在为他的决战作最后准备。

在报价问题上，郑周永甚是煞费心机，他仗着自己旗下的现代重工及造船厂等大企业能够提供前线大量廉价的装备和建材，仗着自己建立起来的"桥头堡"，决心使出杀手锏"倾销价格"，来力排群雄，在竞争中大获全胜。

起初，他经过分析和借鉴国外建设工程价目表，初步拟定了总体工程报价为12亿美元。

尔后，经过再三思虑后，郑周永对初始报价12亿美元先后进行了25%和5%的两次削减，最后定为8.7亿美元。

对此，他的高级助手田甲源持反对态度，认为削减到25%，即9.3114亿美元就可以了。但是郑周永却一意孤行，他认为在投标报价问题上，不同于比赛，它只有第一名，没有第二名，要想取胜，报价必须通过激烈的竞争，尤其是在大型项目上更要有十拿九稳的把握。

1976年2月16日，这是决定郑周永与他的现代建设集团走向世界的关键一刻。

现代建设集团的投标代表是田甲源，然而这位肩负重担的田甲源先生却在关键性的最后一刻钟里自行其是，在投标价格表上填上9.3114亿美元。填完报价数目后，田甲源怀着胜利的信心走进工程投标最高审决办公室。

那里的工作人员紧张地忙碌着，整个办公室里就像一张巨大的针毡，田甲源坐也不是，站也不是，当他听到主持人说美国布朗埃德鲁特公司报价9.0444亿美元时，刹那间他脸色苍白，踉跄地走到郑周永面前，含含糊糊地说：

"郑董事长的决定是对的，我……我没有照你的办，结果比美国人多……多了2670万美元。我们失败啦！"

郑周永看到田甲源难受的样子，感到中标已没希望了，他真想给田甲源一记响亮的耳光，然而这里毕竟不是韩国，而是"世纪工程"的招标会议室。

正当他拔腿想要离开会议室的一瞬间，另一个助手郑文涛打着招呼，激动万分地从仲裁室跑到郑周永面前大声地喊道：

"董事长，我们胜利了！我们成功了！"

郑文涛的消息使现代建设集团的所有在场的人员都像木偶似的。他们不知所措，到底是田甲源错了，还是郑文涛对了？真让人大惑不解。

原来，美国布朗埃德鲁公司的报价是分两部分进行的，仅上部分就是9.0444亿美元。相比之下，田甲源填的9.3114亿美元的报价是最低报价。

当沙特阿拉伯杜拜海湾油港招标仲裁委员会最后宣布现代建设集团以9.3114亿美元的报价摘取这项本世纪最大工程的招标桂冠时，在场者都像中了什么法术似的，个个呈现一副惊呆之状，郑周永对自己也不敢相信，更何况田甲源呢？

对于这个报价，西方的所有强劲对手都惊愕不已，他们觉得受了郑周永的骗。尤其是那些法国人，他们恼羞成怒地骂他是"骗子""土匪"。

在这场没有硝烟的商战中，郑周永成功地使用"反间"之计，以逸待劳，击败了所有的竞争对手。

巧用信息，先发制人

【原文】此兵之要，三军之所恃而动也。(《孙子兵法·用间篇》)

【大意】这是用兵的关键，整个军队都要依靠间谍所提供的敌情来决定军事行动。

孙子强调作战前的情报收集，不打无准备的战争，认为情报是"三军之所恃"。而在商战中，信息就意味着商机，抢得商机，就能先发制人。一个精明的商人是不会放过任何一点有用的信息的。

现在，我们身处信息时代，信息就是我们创业的基础。所以，捕捉信息，就是商战成功的关键之一。香港假发业之父刘文汉先生，就是因为善于观察和思考，从而在生意场上大获成功的。20世纪60年代中期，不满足于经营汽车零件的小商人刘文汉去美国旅行，考察美国的市场，同时也想学一学经商之道。有一天，他去克利夫兰市的一家餐馆跟两位美国朋友共进午餐。美国人一边吃一边谈着各自的生意经，一位无意间提出"假发"两个字。刘文汉心中一动，脱口叫道："假发？"美国商人又一次补充道："假发，是的，我想购买13种不同颜色的假发。"

就是餐桌上这席普通的谈话使刘文汉开了窍。他充分利用自己敏捷的思维，很快就作出正确判断：假发中大有文章可做，这其中蕴含着无穷的商机。

回到香港，刘文汉立刻着手调查制造假发的原料来源。经过调查研究他发现，从印度和印尼输入人发到香港，制成各种发型的假发，其成本相当低廉，最贵的每个不超过11港元，而一个假发的售价却高达数十美元。刘文汉喜出望外，立即决定在香港创办假发工厂。制造假发需要技术专家，刘文汉听说有个专门为演员制造假发的师傅，便不辞辛劳地去请这位师傅出山。但是，这位内行高手说，制造一个假发需要用3个月时间。远水解不了近渴，但刘文汉的思维并没有就此停下，他在头脑中飞快地将手工操作与机器操作联系起来，终于想出了办法。

刘文汉先是把那位内行师傅请来，又招来一批工价低廉的女工，精通机械之道的他立即着手改造出假发制造的操作机器，然后手把手地教那些工人们操作。就这样，世界上第一个制造假发的工厂诞生了，各种颜色、式样的假发被大批量生产出来。消息在市场上不胫而走，订货单像雪片般地飞到了刘文汉的工厂里。短短几年，刘文汉的假发工厂销售额已经达到了10亿港元。

从刘文汉成功的经验来分析，如果不是仔细观察和分析研究，他就不会取得如此辉煌的成就。当然，他的顽强意志、相机而断以及所具有的相关知识，也为他的成功提供了很多有利条件。但是，我们不可否认，在刘文汉成功的事例中，敏锐的洞察力起了决定性的关键作用。如果是一般人，很可能很随意地放过这个看似微不足道却大有潜力的信息，而刘文汉不仅捕捉到了它，而且还进行了缜密的考虑，确定了自己经营的目标，从而取得了巨大的成就。

金娜娇，京都龙衣凤裙集团公司总经理，下辖9个实力雄厚的企业，总资产已超过亿元。她的传奇人生在于她由一名曾经遁入空门、卧于青灯古佛之旁、皈依的尼姑而涉足商界。

也许正是这种独特的经历，才使她能从中国传统古典中寻找到契机；又是她那种"打破砂锅"、孜孜追求的精神才使她抓住了一次又一次人生机遇。

1991年9月，金娜娇代表新街服装集团公司在上海举行了隆重的新闻发布会，在返往南昌的回程列车上，她获得了一条不可多得的信息。

在和同车厢乘客的闲聊中，金娜娇无意间得知清朝末年一位员外的夫人有一身衣裙，分别用白色和天蓝色真丝缝制，白色上衣绣了100条大小不同、形态各异的金龙，长裙上绣了100只色彩绚烂、展翅欲飞的凤凰，被称为"龙衣凤裙"。金娜娇听后欣喜若狂，一打听，得知员外夫人依然健在，那套龙衣凤裙仍珍藏在身边。虚心求教一番后，金娜娇得到了"员外夫人"的详细住址。

这个意外的消息对一般人而言，顶多不过是茶余饭后的谈资罢了，有谁会想到那件旧衣服还有多大的价值呢？知道那件"龙衣凤裙"的人肯定很多很多，但究竟为什么只有金娜娇才与之有缘呢？用上帝偏爱金娜娇来解释显然没有道理。重要的在于她"懂行"，在于她对服装的潜心研究，在于她对服装新信息的渴求，在于她能够立刻付诸行动。

金娜娇得到这条信息后心更明眼更亮了，她马上改变返程的路线，马不停蹄地找到那位近百岁的员外夫人。作为时装专家，当金娜娇看到那套色泽艳丽、精工绣制的龙衣凤裙时，也被惊呆了。她敏锐地感觉到这种款式的服装大有潜力可挖。

于是，金娜娇来了个"海底捞月"，毫不犹豫地以5万元的高价买下了这套稀世罕见的衣裙。机会抓到了一半，开端比较走运，比较顺利。

把机遇变为现实的关键在于开发出新式服装。回到厂里，金娜娇立即选取上等丝绸面料，聘请苏绣、湘绣工人，在那套龙衣凤裙的款式上融进现代时装的风韵。功夫不负有心人，历时一年，设计试制成当代的龙衣凤裙。

在广交会的时装展览会上，"龙衣凤裙"一炮打响，国内外客商潮水般涌来订货，订货额高达1亿元。

就这样，金娜娇从"海底"捞起一轮"月亮"，她成功了！从中国古典服装出发开发出现代型新式服装，最终把一个"道听途说"的消息变成一个广阔的市场。她的成功给我们很大的启发。

这也即是著名的成功学家拿破仑·希尔所说的"成功的神奇之钥"。

获取信息要培养敏锐的洞察力，需要多加留心身边的各种事物。

当然，光有信息还是不够的，还要对信息进行具体的分析，这样才能得出正确的结论，作出正确的抉择。如果有了信息而不对它进行仔细地分析研究，那么信息始终只是一些粗略的表面现象，你也就永远无法触及实质。因此，在我们获得信息之后，要充分发挥自己的主观能动性，对表面的现象进行深刻、仔细地研究分析，把握实质性的东西。

谍中谍，让人防不胜防

【原文】必索敌人之间来间我者，因而利之，导而舍之，故反间可得而用也。（《孙子兵法·用间篇》）

【大意】一定要搜查出敌方派来侦察我方军情的间谍，从而用重金收买他，引诱开导他，然后再放他回去。这样反间就可以为我所用了。

孙子指出，除了窃取敌方情报外，还要做好反间谍的工作，在商战者，建议每个企业都要建立自己的反间谍部门。

商战中有一句名言："只有永恒的利益，没有永恒的朋友。"企业的竞争归根到底是利益的争夺和分配。世界著名企业的发展史证明，符合市场竞争规则和道德的竞争行为有助于企业发展，而违背商业竞争法则只能自食恶果。

自20世纪80年代以来，生产电子计算机的企业，作为机型开发战略的一环，往往都十分重视计算机情报的搜集，而且几乎都是不遗余力，不择手段。IBM公司就有着第一流的情报搜集系统，该公司从事情报的编外人员10倍于在编情报人员。具体人数因为属保密范畴，无法统计。IBM公司的情报搜集和研究范围，几乎遍及与计算机有关的各种出版物及研究领域。参加各种学会、协会以及订阅机关杂志的数量，IBM公司恐怕也是首屈一指的。"聪明"的日本人为了尽快掌握高技术，早把这一切熟谙在心，同时在使用"产业间谍"方面更是有恃无恐。

IBM为了与富士通、日立争夺日本市场，秘密研制了308X系列机型。它的第一炮就是3081，原计划在1981年10月诞生。日立通过非正常途径将IBM308X系统的27册生产指导手册中的10册弄到手后，认为这一套书具有很高价值，于是千方百计地想把另外17册也搞到手。前10册是一份由40~200张活页纸加上封面装订起来的文件。这些文件于1980年11月由 IMB 职员莱孟德·卡戴特偷拿出来的。卡戴特是电子计算机的研究人员，当时 45 岁，他原在 IBM 设在纽约州帕基普西的研究所供职，辞职后转入硅谷的国民半导体公司的子公司——先驱者公司。据说，他现在的上司是个叫作贝阿里·萨法伊的伊朗人，他知道 IBM 的 10 册生产手册，于是复印一部分，并亲往日本将这些东西交给了日立。但日立的一个老资格技术人员林健治由于一时疏忽向一个名叫贝利的人透露了这件事。贝利原来也是 IBM 的职员（工作了 21 年），可能出于爱国和忠心的动机，他立刻把日立窃取机密的事报告给 IBM。

IBM 每年用于安全监视方面的费用超过 5000 万美元。得知日立公司弄到了这份生产指导手册后，自然大为恼火，立刻命该公司第一号安全专家理查德·阿·卡拉罕立即着手进行调查工作。这位曾任美国联邦调查局毒品搜查官的彪形大汉认为首先要解决的问题是必须证明日本是否真的弄走了那份资料。于是 IBM 为了接近日立公司的林健治请贝利给予协助，贝利同意充当双重间谍。

贝利给林健治拍了专线电报，称也许他能提供更多的关于 IBM 的那种资料，并约定 10 月份在东京见面。大喜过望的林欣然前往，并带去了一份日立特别希望"得到"的物品清单。这上面写着日本为了仿造 IBM 电子计算机系统所需要的技术资料。

IBM 在确认了日立的丑恶行径之后，决心将此事弄个水落石出，并要彻底追究盗窃犯的责任。IBM 采取欲擒故纵的策略，请求美国联邦调查局参与此事，这场"猫捉老鼠"的游戏开始了。

1981 年 11 月，林健治从东京出发飞往拉斯维加斯。在那里，贝利将卡拉罕介绍给林。卡拉罕扮成一位高深莫测、聪明能干的退休律师。几个小时后，卡拉罕把能弄到 IBM 机密资料的一个叫"阿尔·哈里逊"的人介绍与林见面。此人真名叫阿兰·盖勒逊，是美国联邦调查局的调查人员。

日立虽然在盗窃资料，可也没忘记做生意，而且日本人还具有侍弄盆景一样的耐心。日立不仅想弄到 IBM 的秘密，还想以尽可能便宜的价格弄到它。林与这位自称哈里逊的人继续进行着无休止的讨价还价。他们甚至还对这位哈里逊许诺说，如果好好为我们干，将来可以给你介绍个职业。1981 年 12 月 7 日，正好是日本偷袭珍珠港 40 周年那天，林写信给贝利说:"如果没有适合我们的情报,我们将不再支付阁下的差旅费。"

为了让游戏继续下去,IBM只好忍痛提供情报。联邦调查局为了把日立职员兜进网里,就继续要求IBM为日立提供机密。这样,从1981年11月到1982年6月为止,日立向这些间谍提供了约60万美元酬金,而他们也搞到了IBM花了几亿美元才研制成的硬件和软件,以及取得了专利权的情报。

这些机密情报,对于日立来说,全是一些时间一过就没有多大价值的东西。因为,许多日立想得到的东西,再过两三个月,就可以用合法的手段弄到手了。但自从第一份机密材料越过太平洋后,日立的胃口就越来越大了,IBM也越来越不安。

联邦调查局确信,日立的阴谋绝不是它的低级职员们自作主张的行动,日立的高级领导人肯定参与了这一计划。那么,究竟是哪位领导人在策划这一阴谋的呢?为了弄清这一情况,卡拉罕和盖勒逊准备好了引蛇出洞,他们谎称:IBM有两个领导干部即将退休。通过这两个人,什么绝密的硬件、软件、手册等统统都能够弄到手。但条件是要得到相当于两三年工资的收入,而且"要现金",卡拉罕要求日立公司支付退休金的所得税,希望自己这笔钱不要上税。同时他们放风说:"如果不是和日立方面与其地位相当的人物见面的话,恐怕他们不会答应这种交易,必须由这个人物亲自向他们保证能严守秘密才行……"林最后表示同意。

林健治为了安排日立小田原电子计算机厂厂长中泽喜三郎博士同盖勒逊和卡拉罕接头,煞费心机,作了周密部署。同时,为了不引起其他不了解公司阴谋的职员怀疑,林安排中泽到"旧金山出差",以此掩人耳目。林和中泽在旧金山饭店与卡拉罕会面。卡拉罕想了解一下参加这一阴谋的其他有关人员,就请中泽画了一张日立的组织结构图。他还装出十分担心盗窃来的资料会不会泄露给IBM的样子。中泽保证说,盗来的文件(都是曾有IBM绝密字样的红色印记)的情报全部由他亲自抄写,不使用复印机。

人赃俱在,游戏就要收场了。1982年6月22日,林健治、中泽,还有其他日立公司的职员被逮捕。调查结果表明:日立方面暴露出来的直接参与者达11人之多。

开庭那天,法官说并不打算把所有人员都投入监狱。这是一起日立职员按照上司旨意行事的案件，重要的是证明日立公司有罪。结果，日立只是为所犯罪行而支付了一笔微不足道的罚金。1983 年 3 月 8 日，在旧金山，斯本萨·威廉法官判处林健治罚款 1 万美元，判处大西（系日立软件工程师）罚款 4000 美元，另外对日立也处以 1 万美元罚款。全部罚金加起来只有 24000 美元。1983 年初秋，由 IBM 发起的指控日立盗窃业务机密的民事诉讼最后和解。但余波未平，许多日本报纸把这件事视为 IBM 故意陷害日立公司，几乎所有的大报都刊文表示了不满。

IBM 事件轰动全世界的 4 天之前，即 1982 年 6 月 18 日，富士通在《日本经济新闻》上刊登了两版广告，宣布已经完成了可与 3081 互换的新型机种。《日经电子计算机》7 月 26 日上引用原富士通公司职员的话说，IBM 的秘密资料，富士通全部都有。富士通的小林大佑会长说："许多小卫星围绕 IBM 这一伟大太阳旋转的时代即将结束。现在，国际商业的新时代已迎来了黎明的曙光。"

IBM 的反间计虽大获成功，然而却没有占到什么便宜，所以自此以后，IBM 从新产品设想、开发到商品化、批量生产都严格保密，并制定了旨在防止泄密的《业务行动指南》，全体职员必须人手一册。

闭门造车没好处，利用信息广赚钱

【原文】 故明君贤将，所以动而胜人，成功出于众者，先知也。(《孙子兵法·用间篇》)

【大意】 明君贤将之所以一出兵就能战胜敌人，功业超越普通人，就在于能够预先掌握敌情。

名君贤将的成功在于预先掌握"信息"，而现代的企业家之所以能获得成功，秘诀也多在于此。

商界竞争能否取胜，关键是能否掌握市场信息。其实信息随时都会产生，但是，我们一般人常常抓不住有价值的信息，只是因为我们缺乏一种洞察信息价值的眼光。杰出的商者之所以能"成功出于众者"，正是因为他们具有这种目光。美国企业家亚默尔公司的创始人菲利浦·亚默尔就是因为具有惊人的敏锐目光，能够抓住重要的信息，获得了成功。

美国南北战争快要结束时，市面上的猪肉价格十分昂贵。亚默尔深知，这都是战争造成的，一旦战争结束，肉价就会猛跌。亚默尔有读报的习惯，一天，他拿起一份当天的报纸，看到一则极普通的新闻报道：一个神父在南军李将军的管区遇到一群儿童，他们是李将军下属军官的孩子。孩子们抱怨说：他们已有好些天没有吃到面包了，父亲带回来的马肉很难下咽。亚默尔立即得出如下判断：李将军已到了宰杀战马充饥的境地，战争不会再打下去了。

亚默尔立即与当地销售商签订了以较低的价格售出一批猪肉的销售合同。条件是，付货时间推迟几天。

果然，战争迅速结束了，猪肉的价格暴跌，亚默尔从这笔交易中轻松地赚了100万美元。

1875年春天的一个周末，亚默尔同夫人商量好外出郊游，突然报纸上一则看来并不重要的消息引起了他的注意。消息报道了墨西哥的一种牲畜病例，而那种病好像是由一种瘟疫引起的。当时，亚默尔已开始经营肉类生意。他的目光停留在那条消息上，脑子飞快地转动着。他想，要是墨西哥真的发生了家畜瘟疫，美国邻近的两个州——加利福尼亚州和得克萨斯州势必将受到传染。而这两个州是美国肉类食品的供应中心，一旦发生瘟疫，整个美国的肉类供应必将严重短缺。经过一番盘算，他一把抓起电话，拨通了家庭医生的号码，问对方想不想去墨西哥做一次旅行。这个突如其来的建议使医生丈二和尚摸不着头脑，不知如何回答是好。但亚默尔不容医生多想，便请医生放下手头的一切，立即赶到他郊外野餐的地点当面商量。医生赶到郊外，亚默尔已经游兴索然，他的整个身心早已被大生意占据了。他请医生立即赶到墨西哥去，实地查明一下那里是不是真的发生了瘟疫。医生第二天到了那里，迅速把所了解的情况告知了亚默尔，证实了他根据报纸的消息作出的判断准确无误。

亚默尔掌握了这一情报后，便迅速行动起来，他集中了全部能够动用的资金在加利福尼亚州和得克萨斯州抢购了大批肉用牛和生猪。把它们运到美国东部。不久瘟疫在加利福尼亚州和得克萨斯州传播开来，美国政府严厉禁止这两个州的一切肉类食品外运，市场上肉类食品紧缺，价格猛涨。而备货充足的亚默尔在短短几个月之内，就赚了600万美元。可亚默尔不无遗憾地说："我本想让医生立即动身去墨西哥，他延误一天使我丢掉了100万美元。"

第六章　知己知彼，百战不殆——孙子与现代商业的信息战

151

全方位地获取信息

【原文】凡军之所欲击，城之所欲攻，人之所欲杀，必先知其守将、左右、谒者、门者、舍人之姓名，令吾间必索知之。(《孙子兵法·用间篇》)

【大意】凡是要准备攻打的敌方军队，要准备攻占的敌方城池，要准备刺杀的敌方官员，都须预先了解其主管将领，左右亲信，负责传达的官员，守门管吏和门客幕僚的姓名，指令我方间谍一定要将这些情况侦察清楚。

在高度信息化的今天，商家如果想在竞争中获胜就必须重视情报信息。有的外国学者曾断言：取得和传播新的信息已经成为经济发展的动力，如果不能取得新的信息，这个社会将面临毁灭。我们且不说这一说法是否危言耸听，事实上现实社会，凡是优秀的企业家们没有不重视市场信息的。他们每天所做的事之中了解信息占据着重要的地位。他们通过对大量情报信息的综合分析来摸清市场变化的规律和方向，在"扬长避短"的方针指导下，制定出相应的企业经营策略，为企业的发展开辟广阔的前景。反之，如果一位企业家不了解经营环境变化，单靠拍脑袋，一时心血来潮就拍板作出决定，是注定要吃大亏的。因此，在市场化时代，各种商品只有重视"先知取人"，通过各种渠道掌握准确情报，才能顺利营销。

厚川是日本丰田汽车公司的推销员，他在大学期间已开始为丰田公司工作。1977年在日本大学毕业后，他已在其责任地段奔跑了近10年。他不仅地理熟，而且对责任地段的面积、人口、市场特点，界内拥有丰田汽车数，丰田汽车在市场上的占有率，丰田汽车登记数，随着季节变化而出现的能否畅销的前兆，更换新车的周期，其他汽车公司的动向，推销途径的不同特点等，都是了如指掌。厚川曾说："谈到我负责的几块地段的情况，我要比邮局送信的还清楚。这个地段有什么建筑，有什么公共设施，住着什么样人，差不多我都知道。"正因为他通过自己的努力，掌握了责任地段非常详细的信息，所以工作起来得心应手，业务收效也十分可观。

丰田汽车公司在推销上起决定作用的情报，主要来源于以下几个方面：一是推销员本人精心的搜集，包括家属、朋友、熟人、同学会、经常去买东西的商店等帮助提供；二是围绕汽车方面提供的情报，包括用户、司机、停车场、加油站、修配行业、零件经销店、其他公司推销员等；三是本公司内部人员协助，包括上司、司机、服务人员、零件或矿物油推销员、来往客户等；四是其他行业的联络员或推销员，包括银行与保险公司的联络员，销售化妆品、电气用品、缝纫机、家具、副食品、西服、钢琴、贵重金属的商店推销员等；五是有权势的人物，包括议员，县、市、镇、村领导人，公司董事，各团体主事人，政府官员等；六是知识分子团体，包括作家、教授、教员、学者、记者、医生等；七是其他方面人员，包括警官、邮递员、纸烟铺、理发馆等。此外，新闻媒体特别是重要传媒机构地方新闻版和专业传媒机构上刊登的广告、招聘栏以及有关新建或改建房屋、迁移、新企业、升级、人事任免、事故、火灾等项消息，也都会成为很有用的情报。总之，责任区内一切事物的信息他们都要加以注意。

丰田公司推销员对有意购买汽车的人，要彻底调查，项目包括：有权决定购买汽车的人，有关人员人品、兴趣、原籍、毕业学校、工作单位、职别和职位、行业、经营内容、使用车辆、经销车的动向等。如顾客有其他公司汽车时，必须把经销条件（减价金额、免费的附件、回收车的折旧率、按月分期付款条件），商品优越点、评价、推销重点、推销员动态以及对个人的评价，半旧车的处理（库存情况、出售价格）等这些调查项目，在和顾客的谈话中很自然地把它探听出来。这就难怪东京丰田经销店的经理松薄正隆说："丰田汽车是靠情报卖出去的。"

由此可以看出，日本的产品在全世界之所以如此受欢迎，除了其质量稳定，性能优越外，有很大一部分是得益于其全面而详细的情报搜集工作。这种用间谋略对企业营销所带来的益处，对人们掌握市场特别是汽车推销商，有很好的借鉴意义。

第七章　上下同欲者胜
——孙子与现代企业的团队精神

孙子在《孙子兵法·谋攻篇》里提出"上下同欲者胜",在《计篇》中又说到"道者,令民与上同意也,故可以与之死,可以与之生,而不畏危"。这说明孙子非常重视军心向背对战争的影响。

在现代商战中,人们一般都把团队精神、团队作战能力视为企业发展的支柱。而如何保证"上下同欲",这是商家要研究的主要谋略。

高明的决策者可以带企业走向辉煌

【原文】主孰有道？（《孙子兵法·计篇》）

【大意】哪一方君主政治清明？

孙子在《孙子兵法》中把"主孰有道"列在"七情"的第一位，由此可见，其认为双方君主或首脑，哪个政治更清明哪个君主就更能得道多助。在现代企业管理中，一个高明的决策者，可以带领企业走出泥潭，走向辉煌。

随着福特汽车公司流水装配线的诞生和T型车的畅销，亨利·福特在产业开发上步入辉煌。然而，福特公司在这样激动人心的年代里也存在着巨大的阴影，这就是资本主义企业都感到棘手的劳工问题。劳资关系如果处理不好，任何繁荣、辉煌充其量只不过是昙花一现而已。

福特汽车公司装配流水线的工人每天工作9小时，1913年最高日工资是2.34美元。这个工资额在当时美国汽车行业中还说得过去，既不高，也不低。关键问题在于：严密的编制和高速的装配流水线使工人难以应付，往往造成每天10%的旷工率，只得雇佣大量临时工顶替。仅1913年雇佣的临时工人数是员工的4倍。

此时的福特汽车公司对劳资关系掉以轻心，对装配流水线真正的主体——200多人的情绪和处境体察不够；而是把赚到的钱全部投资于扩大再生产，投资于机械设备的更新。工人们对夜以继日的高强度劳动制度早已不满，已到了忍无可忍的地步。

埋头于扩大生产事业的亨利·福特对这样严重的问题毫无觉察，整日陶醉于不断攀升的汽车数量上。

"自古英雄出少年。"福特的独生子爱德歇尔敏锐地发现了这个重大问题。

T型车问世时，爱德歇尔14岁。大学毕业后，爱德歇尔作为家族唯一继承人进入福特公司任职，致力于流水装配线的研究。他不仅对研究部门的技术开发得心应手，兴趣浓厚，同时对经营管理的艺术也十分留意。

1914年1月6日是一个周末，亨利·福特与爱德歇尔在工厂区随意漫步巡视。路上碰到的所有工人都带着礼貌和敬意向这一对父子问好。福特心情颇好。

可巡视完工厂后，爱德歇尔忧心忡忡地问父亲：

"爸爸，我发现职工们看你的眼神似乎不太对劲，您注意到了吗？"

福特经儿子一提醒，回味了一下，也突然有所发觉。虽觉奇怪，但不明白是为什么。通过与儿子交谈，他承认自己近来与职工沟通、交流少了。

爱德歇尔告诉父亲，他从公司职工们的眼神中发现了一种不满的情绪，虽然不是很强烈，但发展下去，前景堪忧。T型车越是畅销，生产规模越大，职工们的情绪反而低落，他们对现行劳动制度有所不满。

儿子的感觉和发现着实使老亨利大吃一惊。这位向来崇尚实干的老人于第二天（星期日）召开公司干部紧急会议。

会上，福特首先把矛头指向了公司的生产主管苏伦森。此人在工作能力、工作态度和技术水平方面无可挑剔，深得福特赞赏。他是一个工作狂，白天干活从不休息，每天还要开夜车，他主张一周工作60小时。他生性喜欢吹毛求疵，看不起水平比他低的人，经常不问职工的想法，命令他们加班加点。工人叫苦连天。

福特问苏伦森：

"现在工人的平均日工资是多少？"

"两美元。"苏伦森不假思索地答道。

"太少了，苏伦森先生，加到5美元。"福特坚定地说。

公司的管理者都不同意给工人加薪，担心引起全美企业的愤怒。

福特向来从善如流，能听取各种不同的意见，但这次却产生了逆反心理，突然宣布：

"请不要再讲了，我已决定，从明天开始，福特汽车公司的工人每天最低薪资升为5美元。"

一个在美国产业史上革命性的决定就这样出台了。

全场管理者无不目瞪口呆,有的怀疑福特说错了,有的怀疑自己听错了,不相信地又问了一遍。

福特平静地说:"就是5美元。"

福特的这个决定可以说全美国的任何一个人都没有想到。工会虽然主张给工人加薪,但增加到5美元也是连想都不敢想的。可见,福特用5美元工资制解决劳资问题确实比世界产业工人工会联合会的设想还要激进,在美国产业史上写下了历史性的一页。

福特汽车公司自开办以来,口碑较好。它付出的工资高于其他公司,还先后为工人开设医院、食堂和商店,为职工子弟开办了一所中等专业学校。但这些都比不上"5美元革命"的风暴。

在福特汽车公司举行的记者招待会上,福特向云集而来的记者说:

"本公司出于劳资双方的共同利益,本着利润共享的原则,决定将工人的工资额提高百分之百,实行5美元工作日。任何合格的福特工厂工人,最低工种,即使是车间清洁工,也不例外。本公司还将实行8小时工作制,废除过去的9小时工作,并设立工种调换部监督其工种调换,以保障他们找到合适的工种。公司保证雇员一年的职业,在生产淡季也不随意解雇工人,而将他们送去农场劳动。厂内工头如随意解雇普通工人,将要受到工人上诉权的制约。"

福特的助手柯恩斯随即以一种政治家的口吻宣称:

"这些政策措施是福特公司在工人报酬方面实行的一项工业界迄今为止未曾有过的最伟大的革命。"

福特最后说:

"本公司倡导的这项改良,将是工业新秩序的起点。本公司宁愿有两万名富裕、满足的工人,也不愿出现一小撮新的工业贵族。本公司在实行5美元工作制的同时,将招收400名新工人。"

亨利·福特的宣言,引起了全美各界暴风雨般的反响。

许多报刊当即发表文章,高度评价福特的这一创举。认为5美元制是划时代的利益分享政策,这项政策的受益者包括全体职工。福特的8小时工作制也是保护劳工的一大创举,这是美国劳工史上的大革命,这阵革命的风暴势必为欧洲带来很大的影响。

但反对福特的舆论也甚嚣尘上。《华尔街经济日报》攻击福特是个发神经的"乡巴佬",5美元制简直是想毁掉资本主义制度。一个清洁工一天挣2.34美元已够意思了,现在居然升到5美元,实在令人难以容忍。这简直是"经济犯罪"。

美国的工业大亨们对福特此举表示集体的愤怒、忧虑、攻击。他们担心福特革新计划会与社会主义"同流合污"。

而美国的社会主义者也组织声势浩大的集会,反对福特。他们攻击福特的措施实际上是一种资本家的欺骗性伎俩,目的不是为劳工好,而是为了避免罢工以获取更大的利润,福特的行为是卑鄙下流的。

还有人断言,福特计划是地地道道的乌托邦幻想,从它诞生起就包含着必然的失败。

"5美元革命"不仅引起社会轰动,而且也引发了美国的一次人口大迁徙。福特计划发布的第二天,公司正门被成千上万的求职者围得水泄不通,他们一边动手猛烈敲击工厂紧闭的铁门,一边发疯似的叫道:"5美元!5美元!"

那一年的1月17日,来自全国各地的职员、工人、农民求职者高达12000人,聚集在福特公司周围,场面混乱,致使福特工厂上班的正式职工无法通过。最后警察不得不用高压水龙头驱散他们。

福特计划赢得了一大批普通群众的拥戴,他们把福特当成"美国英雄"。

发动全体职员改进工作

【原文】 凡治众如治寡，分数是也。(《孙子兵法·势篇》)

【大意】 通常而言，管理大部队如同管理小部队一样，只需将军队的组织编制问题处理好。

孙子认为管理大部队如同管理小部队，是因为有健全的组织编制。而现代社会治理一个企业，如果等级太森严，那么也就不容易发挥员工的主动性。所以处理好组织编制问题就显得尤为重要。

美国精确铸模公司位于克利夫兰市，是一个具有悠久历史传统的大型公司。在相当长的一段时间内，公司领导者始终信奉权威式的集中管理思想，认为公司的一切应该交给少数优秀的管理人员全权处理，职工应该像军人那样严格听从管理。结果，职工完全被排斥在公司决策之外，他们没有提出意见的机会，即使有时职工的意见能提上来，也得不到应有的重视，最终是职工对生产毫无兴趣，劳动生产率不断下降。更为严重的是，职工正式或非正式罢工事件层出不穷，缺勤率高达8%以上，公司产品质量不断下降，产品因质量问题的退货率竟达45%，公司营业状况每况愈下，入不敷出。

在这种危急的形势下，公司领导者不得不改弦易辙，设法改革原有的管理制度。经过反复的征求意见和讨论后，公司明确了"通过发动全体员工积极参与管理来改进工作"的指导思想，并针对全体员工制定了一系列新的管理制度：

1. 印发职工手册

公司领导向全体员工印发了一本简明易懂的职工手册，有条有理地讲解公司的各项政策和措施，以及公司对员工的期望，借以加强彼此之间的沟通和了解。

2. 出版公司内部刊物《管理潮》

《管理潮》是公司领导职工之间互相交流意见的有效渠道。公司领导的新精神、新作风和职工的各种批评建议都能在这个刊物上得到反映。

3. 从公司内部选拔高级管理人员

以前公司一般是从外面聘用高级管理人员，而新制度明确规定，公司高级管理人员一般应从公司内部表现杰出或年富力强的员工中提拔起来。

4. 实行初级董事会制度

精确铸模公司按生产线成立了7个初级董事会，其成员来自于各生产线上的管理人员和普通工人，由员工自主选举产生，任期为一年。每个初级董事会都享有相当大的自主权，直接负责本生产线的生产、管理、销售三个方面的具体任务，它除向公司提出建议外，还有权调查公司的生产任务和档案资料。初级董事会在财务上也相对地自成体系，各初级董事会除按规定交纳税金外，利润的70%上交公司，其余30%则可自由支配使用。这种制度不仅为公司培养了管理人员，也有利于公司员工充分发挥其积极性和创造性。

5. 成立工业工程部

新成立的工业工程部是一个富有朝气的部门。该部门除了负责工程方面的改进工作外，还经常派人到各生产线去视察各项作业的进展状况，虚心听取工人的意见，力求公司内部各部门之间的横向联系和统一协调。

6. 建立公司与员工家庭之间的通信制度

当公司领导决定采取一项重要举措时，都要向员工家庭发出信件，目的是使员工及其家庭能更深入地了解这项措施的主要内容及其意义。

7. 实行员工建议制度

公司专门成立了建议办公室和建议审查小组，任务是处理员工提出的建议，决定奖金数额，公布建议被采纳的情况。对建议无论采纳与否，都持欢迎态度。对被采纳的建议，一般按建议被采纳最初两年收益的一定百分比给予奖励；对未被采纳的建议，则用口头或书面形式向建议人说明，如果提议人认为建议可行，可进一步提出理由，必要时通过共同试验的方法来确定建议的价值。

8. 建立"抱怨"登记制度

以往公司的申诉案件不胜枚举，其中大多数都是由于管理人员对劳资协议不了解而产生的。为了妥善地解决这些问题，公司建立了"抱怨"登记制度，使许多"抱怨"事件在演变成费时费钱的申诉案件之前就能得到合理的解决。

9. 按月召开"职工参与管理会议"的代表按下列方法产生

通过抽签方式抽出初选人员，然后再由总经理和高级主管从中任意挑选20名参加会议。公司规定，每年每月参加会议的人员不得重复，因此公司每个员工都拥有平等的机会当面向高级主管畅谈自己对公司工作的各种意见。

10. 试行"个人申报制度"

所谓"个人申报制度"，就是用一定的方式把员工自己对工作职务的希望和对工作地点的希望等向人事部门申报的制度。人事部门主管接到员工的申报后，结合员工直属上司的适应性调查报告，对员工的工作进行合理安排，尽量满足其志向和兴趣，发挥其专长。

这十项新的管理制度极大地激发了员工们的自主自发性，员工积极地为公司出谋划策，很快，制度的改革就有了成效；精确铸模公司经营效益得到了大幅度的提升，这不能不说是健全组织编制所带来的巨大变化。

毫无保留地接纳意见

【原文】将能而君不御者胜。(《孙子兵法·谋攻篇》)

【大意】将帅有才能而国君不加掣肘的，能够胜利。

孙子在《谋攻篇》里指出上级不能压制下级的创造性，才能取得战争的胜利。在企业管理中，要保持团队的战斗力，领导就必须多吸纳员工的有益建议。

通用电气公司的前身是美国爱迪生电气公司，创立于1878年。经过一百多年的努力，已发展成为世界上最大的电气设备制造公司。其产品种类繁多，除了一般的电气产品，如家电、X光机等，还生产电站设备、核反应堆、宇航设备和导弹武器。到了1980年，这个巨大的公司却似乎陷入山穷水尽、难以维持的境地。就在这危机关口，年仅44岁，出生于一个火车司机家庭的约翰·韦尔奇走马上任了，坐上了这个"庞然大物"的董事长和总裁的交椅。

韦尔奇立即着手进行上任后了一系列改革，其中最重要的一条就是，宣布通用电气公司是一家"没有界限的公司"，指出："毫无保留地发表意见"是通用电气企业文化的重要内容。

1986年，一位年轻工人冲着分公司经理嚷道："我想知道我们那里什么时候才能有点'管理'！"韦尔奇听说后，不仅不允许处分这个年轻人，还亲自下去调查，几周之后，分公司的领导班子被撤换了。

在通用电气公司里，每年约有2～2.5万职工参加"大家出主意"会，时间不定，每次50～150人，要求主持者要善于引导大家坦率地陈述自己的意见，及时找到生产上的问题，改进管理，提高产品和工作质量。职工如此，公司的各级领导层也在这个精神的指导下，更加注意集思广益。每年1月，公司的500名高级主管在佛罗里达州聚会两天半。10月，100名主要领导又开会两天半，最后 30~40 名核心主管则每季开会两天半，集中研究下面的反映，作出准确及时的决策。

当基层开"大家出主意"会时，各级主管都要尽可能下去参加。韦尔奇带头示范，他常常只是专心地听，并不发言。开展"大家出主意"活动，给公司带来了生气，取得了很大成果。如在某次"出主意"的会上，有个职工提出，在建设电冰箱新厂时，可以借用公司的哥伦比亚厂的机器设备。哥伦比亚厂是生产供空调使用的压缩机的工厂，与电冰箱生产正好配套。如此"转移使用"，节省了一大笔开支。这样生产的压缩机将是世界上成本最低的、质量最高的。

开展"出主意"活动，除了在经济上带来巨大收益之外，更重要的是使职工感到自己的力量，精神面貌大变。经韦尔奇的努力，公司从 1985 年开始，职工减少了 11 万人，利润和营业额却都翻了一番。1988 年，它在世界最强大的公司中排名第十，在美国排名第五。1989 年，它上升为世界第七，营业额高达 552.64 亿美元，利润 39.39 亿美元。

无独有偶，柯达公司也曾发生过这样一件事：一名普通工人写了一封建议书给董事长乔治·伊士曼，内容简单得令人吃惊，只是呼吁生产部门"将玻璃擦干净"。事虽不足为道，但伊士曼却认为这是员工积极性的表现，立即公开表彰，发给奖金，并由此建立了"柯达建议制度"。

迄今，该公司职工已提建议 200 万余项，被公司采纳了的有 60 万余项。该公司职工因提出建议而得到的奖金每年总计都在 150 万美元以上，而柯达公司从中受益的又何止千万美元呢。

企业最大的财富是员工的聪明才智。企业领导人应该鼓励每个员工积极地提出改进工作的建议，必须使他们知道，他们的建议将会得到认真的研究，并且也真正这样做。如果能像柯达公司那样在企业中建立起良好的建议制度，凡所提建议能给企业带来效益的给予重奖，必然会促进企业的全体职工同心协力，使职工对自己的工作发生兴趣，对自己的工作考虑得更多并总是设法去改进自己的工作。这是领导者激发人们聪明才智的有效手段。

激情利剑无所不能

【原文】故杀敌者，怒也。(《孙子兵法·作战篇》)

【大意】要使士卒勇敢杀敌，就要激起他们对敌人的仇恨。

"怒兵杀敌"是《孙子兵法》中提出的重要作战动员原则。孙子认为，在进行战争时，如果战斗者缺乏士气，没有激情，那么这个军队是没有战斗力的。事实上，这个道理对于现代企业培养团队精神也非常适用。一个团队如果没有士气，缺乏激情，那么这个团队的战斗力也必然会大大削弱。

激情对团队来说是一把无形的利剑，是感染力，是将产品和价值观从一种纯粹的物质和精神的生硬状态赋上情绪和魂魄，使之柔化而让人乐意触摸和感受。激情不是矫揉造作，而是发自内心表现于外的执着和热爱。如果说产品和服务是水，价值观是水色，激情则是水外秀景。正如西湖因阴雨艳阳之天气变化，景致之情趣各有不同。

激情决定态度，从而影响行事的方式，并影响团队成员和顾客的热情。激情能够激发学习的热忱和创造力，也是创新的原动力。在某写字楼项目销售过程中，一位新入行的销售员很快便业绩卓著。分析其中原因后发现，在她的客户中，总有已经购买的老客户带来自己的朋友，他们是被她的激情所感染，于是成了她的义务宣传员。

激情来自于发现新鲜。为什么新的团队成员会饱含激情？那是由于新鲜而激发了发现的热忱；为什么许多老的销售人员没有了激情？那是由于没有发现新鲜的动力，而只是将职业当成了单纯的谋生手段。

激情来自于愿景。没有梦想不会有激情，没有愿景也不会有全力以赴的动力。愿景有组织愿景和个人愿景，组织愿景是通过描述组织的发展蓝图，实现组织成员意识形态的一致。个人愿景是员工对自身职业发展的规划。对于个人愿景，企业人力资源部门要认知、规划和引导。对于组织愿景，绝对不只是一个企业的发展口号，也不是让员工趋之若鹜的手段，而应该是切实和具体的目标和规划，与员工的成就和价值回报相联系，与员工的个人愿景相关联，使员工能找到与其个人愿景的契合点，从而获得真正的心理归属感。接触了一些房地产代理公司的销售人员，他们在心里和企业之间总有一种莫名的距离感，总是难找到一种心灵的托付，在企业发展和个人成长之间寻求不到一个平衡的支点，这也正是造成这个行业流动性居高的原因之一。

激情管理是企业应该重视的课题。所谓激情管理，就是企业加强对员工行为态度的研究，发现使激情褪色的原因，以及采取相应的措施维系员工激情。另一方面，也应该培养员工积极的工作观和行为态度，实现员工的自我激情管理。激情的毁灭来自于漠视和挫折感，与企业的距离无法拉近是漠视，没有关怀和等不到问题解决的回馈是漠视，在销售的过程中遭受冷遇是挫折感，试图寻找突破的途径，但创新的结果不尽如人意是挫折感，听不到认同和肯定的声音是挫折感，愿景未能达到也是挫折感。为了维系员工激情，企业可采取的方式包括鼓励创新，不让员工背上惧怕失败的心理包袱；长期目标和短期目标结合；必要的压力激发持续的进取；建立良性竞争的平台；并从情感上重视和尊重企业这个家庭的成员的声音，给予关怀和肯定；通过持续的激励，促进员工的工作热忱。此外，相关的培训也是必要的手段，培训，一则能提升态度和技能，满足员工对新知的渴求，二则可加强员工自信心和沟通能力，使员工有正确处理挫折的态度和方法，并培养员工坚韧的毅力和正确的工作观。

激情更来自于自我挑战。作为销售人员来讲，也要进行自我激情管理，应该纠正怨天尤人、得过且过、推诿等待等不正确的行为态度，热爱销售事业，在销售中寻找乐趣，在自我挑战中焕发激情，通过知识的积累丰富，在与顾客的交流和对话中寻求突破。

进退一致，方能所向披靡

【原文】"言不相闻，故为金鼓；视不相见，故为之旌旗。"夫金鼓旌旗者，所以一人之耳目也；人既专一，则勇者不得独进，怯者不得独退，此用众之法也。故夜战多火鼓，昼战多旌旗，所以变人之耳目也。（《孙子兵法·军争篇》）

【大意】"用语言指挥听不到，所以使用金鼓；用动作指挥看不清，所以使用旌旗。"金鼓旌旗都是用来统一军队作战行动的；军队行动既然统一了，那么勇敢的将士就不得单独前进，怯懦的也不得单独后退，这就是指挥人数众多的军队的方法。所以夜间作战多使用火光和鼓声，白天作战多使用旌旗，之所以变换这些信号，都是为了扰乱敌人的视听。

"用众之法"谋略在日常生活中的运用是十分普遍的，其基本点在于搞好团结与合作。企业经营者也常常运用这一点采取联合行动，谋取自己的经济利益。诺贝尔的炸药托拉斯成立就是如此。1863年，瑞典科学家诺贝尔取得了硝酸甘油的发明专利权，此后开办了许多生产炸药的工厂。到1870年，在欧洲许多国家都建立了由诺贝尔控制的炸药工厂和公司。

创业之初，诺贝尔陆续在各国建立工厂，这些工厂虽受他控制，但在经营和行政方面是单独实体，各自拥有自己的市场和经营计划，导致了意志与行动的不统一。同时，这一时期传统的黑色炸药仍拥有很大市场，生产黑色炸药的厂家们为夺回被甘油炸药占据的市场，在各个地区也同诺贝尔公司展开了激烈争夺。诺贝尔下属的这些公司在面临外部激烈争夺时，仍各自为战，有时还彼此进行内斗，搞得两败俱伤，使黑色炸药的生产厂家趁机从中渔利。这给诺贝尔继续扩大生产带来了巨大阻碍。鉴于这种情况，诺贝尔决定建立起一个世界规模的机构，使各公司形成一支统一的力量，以便在同黑色炸药的争夺中一致对外、统一行动。

诺贝尔还考虑到，尽管他在欧洲和南美许多地区已建立起了一些工厂和公司，并占领了这些地区的大部分市场，但发展潜力不大，必须有个稳定而广阔的中心市场，确保在可能出现的各种情况下立于不败之地。这个被视为"火车头"的市场，他选定在法国。当时的法国正值普法战争战败后不久，但仍拥有欧洲国家中较庞大的军队与工业集团，尤其是铁路和矿山两个行业对炸药有很大的需求。当时黑色炸药一直垄断着法国的炸药市场，硝酸甘油被禁止生产，法国这个有巨大潜力和广阔前景的市场暂时还是诺贝尔无法涉足的一块禁地。

在助手们的帮助下，诺贝尔采取了首先在法国周边国家建厂生产的策略。他先后在西班牙、意大利、瑞士和葡萄牙等国建立起甘油炸药工厂，使这些国家的市场逐渐为他的产品所占领，并对所在国的工业发展和矿场开采产生了重要影响，深受各国政府的重视。无形之中，这些国家的工厂连成了一个完整包围圈，而法国就在这个包围圈的中心。通过各种积极的步调一致的努力，加之甘油炸药确实拥有黑色炸药无法比拟的优越性，法国政府终于允许甘油炸药在法国生产，法国也迅速成为了最大的甘油炸药消费国。不久，诺贝尔又用企业协调发展、一致对外的方法，使甘油炸药先后挤进英国和德国这两个工业大国。

1887年，也即诺贝尔取得专利接近25年时，他建立了达那炸药总公司。除俄国和瑞典外，欧洲的大部分国家都纳入了这个大托拉斯的范围之内，也使他的实业王国事实上控制了全球。所有这些，与诺贝尔善于运用"用众之法"谋略进行协调和统一是分不开的。

独木不成林，独花不是春

【原文】上下同欲者胜。(《孙子兵法·谋攻篇》)

【大意】全军上下意愿一致的，能够胜利。

企业中的领导或员工如果自以为是，不能和自己的下属或同事同欲同求，那么这样的团队必然会时刻面临分崩离析的危险。当然我们强调"上下同欲"并不代表要压制团队成员的创造性，而是说一个团队中的员工一定要能重视同伙伴间的协调关系，合作关系凡是要以大的为重，向着共同的目标努力。须知"独木不成材，独花不是春"的道理。

一家有影响的公司招聘高层管理人员，9名优秀应聘者经过初试，从上百人中脱颖而出，闯进了由公司老总亲自把关的复试。

老总看过这9个人详细的资料和初试成绩后，相当满意。而且，此次招聘只能录取3个人，所以，老总给大家出了最后一道题。

老总把这9个人随机分成甲、乙、丙三组，指定甲组的3个人去调查本市婴儿用品市场，乙组的3个人调查妇女用品市场，丙组的3个人调查老年人用品市场。老总解释说："我们录取的人是用来开发市场的，所以，你们必须对市场有敏锐的观察力。让大家调查这些行业，是想看看大家对一个新行业的适应能力。每个小组的成员务必全力以赴！"临走的时候，老总补充道："为避免大家盲目开展调查，我已经叫秘书准备了一份相关行业的资料，走的时候自己到秘书那里去取！"

两天后，9个人都把自己的市场分析报告送到了老总那里。老总看完后，站起身来，走向丙组的3个人，分别与之一一握手，并祝贺道："恭喜3位，你们已经被本公司录取了！"然后，老总看见大家疑惑的表情，呵呵一笑，说："请大家打开我叫秘书给你们的资料，互相看看。"原来，每个人得到的资料都不一样，甲组的3个人得到的分别是本市婴儿用品市场过去、现在和将来的分析，其他两组的也类似。老总说："丙组的3个人很聪明，互相借用了对方的资料，补全了自己的分析报告。而甲、乙两组的6个人却分别行事，抛开队友，自己做自己的。我出这样一个题目，其实最主要的目的，是想看看大家的团队合作意识。甲、乙两组失败的原因在于，他们没有合作，忽视了队友的存在！要知道，团队合作精神才是现代企业成功的保障！"

"就招聘员工而言，我们有一套很严格的标准，最必要的是团队精神。"微软中国研究开发中心总经理张湘辉博士说，"如果一个人是天才，但其团队精神比较差，这样的人我们不要。中国IT业有很多年轻聪明的人才，但团队精神不够，所以每个简单的程序都能编得很好，但编大型程序就不行了。微软开发Windows XP时有500名工程师奋斗了两年，有5000万行编码。软件开发需要协调不同类型、不同性格的人员共同奋斗，缺乏领军型的人才、缺乏合作精神是难以成功的。"

从不承认团队对自己有帮助，即使接受过帮助也认为这是团队的义务；遇到困难喜欢单独蛮干，从不和其他同事沟通交流；好大喜功，专做不在自己能力范围之内的事。一个人如果以这种态度对待所面对的团体，那么其前途必将是黯淡的。只有把自己融入团队中去的人才能取得大的成功。融入团队必要先有团队意识，要让自己拥有团队意识，首先就要摒弃"独行侠"的思想，和"狂妄""自视清高""刚愎自用"坚决作别，代之以"众人拾柴火焰高""众志成城""齐心协力"的团队意识。

在专业化分工越来越细、竞争日益激烈的今天，靠一个人的力量是无法面对千头万绪的工作的。一个人可以凭着自己的能力取得一定的成就，但是如果把你的能力与别人的能力结合起来，就会取得更大的令人意想不到的成就。一个哲人曾说过这么一段话，大意是：你手上有一堆苹果，我手上也有一堆苹果，两堆苹果加起来还是一堆苹果。如果你有一种能力，我也有一种能力，两种能力加起来就不再是一种能力了。

一加一等于二，这是人人都知道的算术，可是用在人与人的团结合作上，所创造的业绩就不再是一加一等于二了，而可能是一加一等于三、等于四、等于五……团结就是力量，这是再浅显不过的道理了。

一个人是否具有团队合作的精神，将直接关系到他的工作业绩。

作为一个工作中的个体，只有把自己融入到整个团队之中，凭借整个集体的力量，才能把自己所不能完成的棘手的问题解决好。当你来到一个新的单位，你的上司很可能会分配给你一个你难以独立完成的工作。上司这样做的目的就是要考察你的合作精神，他要知道的仅仅是你是否善于合作，勤于沟通。如果你不言不语，一个人费劲地摸索，最后的结果很可能是死路一条。明智且能获得成功的捷径就是充分利用团队的力量。一位专家指出：现代年轻人在职场中普遍表现出的自负和自傲，使他们在融洽工作环境方面显得缓慢和困难。他们缺乏团队合作精神，项目都是自己做，不愿和同事一起想办法，每个人都会做出不同的结果，最后对公司一点儿用也没有。

事实上，一个人的成功不是真正的成功，团队的成功才是最大的成功。对每一个上班族来说，谦虚、自信、诚信、善于沟通、团队精神等一些传统美德是非常重要的。团队精神在一个公司，在一个人的事业发展中都是不容忽视的。

那么要怎样加强与同事间的合作，提高自己的团队合作精神呢？

同在一个办公室工作，你与同事之间会存在某些差别。

知识、能力、经历造成你们在对待和处理工作时，会产生不同的想法。交流是协调的开始，把自己的想法说出来，听听对方的想法，你要经常说这样一句话："你看这事怎么办，我想听听你的想法。"

即使你各方面都很优秀，即使你认为自己以一个人的力量就能解决眼前的工作，也不要显得太张狂。要知道还有以后，以后你并不一定能完成一切。还是做个朋友吧，平等地对待对方。

即使是遇上了十分麻烦的事，也要乐观，你要对你的伙伴们说："我们是最优秀的，肯定可以把这件事解决好，如果成功了，我请大家喝一杯。"

一加一大于二，但你应该让它更大。培养自己的创造能力，不要安于现状，试着发掘自己的潜力。一个有不凡表现的人，除了能保持与人合作以外，还需要所有人乐意与你合作。

请把你的同事和伙伴当成你的朋友，坦然接受他的批评。

在同一个办公室里，同事之间有着密切的联系，谁都不能单独地生存，谁也脱离不了群体。依靠群体的力量，做合适的工作而又成功者，不仅是自己个人的成功，同时也是整个团队的成功。相反，明知自己没有独立完成的能力，却被个人欲望或感情所驱使，去做一个根本无法胜任的工作，那么失败的几率也一定更大。而且还不仅是你一个人的失败，同时也会牵连到周围的人，进而影响到整个公司。

　　一个团队、一个集体，对一个人的影响十分巨大。善于合作，有优秀团队意识的人，整个团队也能带给他无穷的收益。一个个体要想在工作中快速成长，就必须依靠团队、依靠集体的力量来提升自己。

第八章　形象宣传懂谋略
——孙子与现代企业的形象塑造

对现代企业来说，产品的质量固然最为重要，但形象宣传也不容忽视。单纯的地段式的广告宣传只能让你做到第一步：让顾客注意到产品的存在。但一则好的宣传方案却能让顾客眼前一亮，永生难忘。所以生意人必须在宣传上下功夫，运用行之有效的宣传手段。孙子曰："奇正相生，如循环之无端，孰能穷之？"而广告与质量正是商战中的奇与正，故此，不能不重视。

赞助公益,让"仁"的形象更加高大

【原文】将者,智、信、仁、勇、严也。(《孙子兵法·计篇》)

【大意】将领应具备智慧、威信、仁爱、勇敢、威严等五种素质。

智、信、仁、勇、严是孙子判定将帅是否合格的标准。这其中的仁就是对部下的爱抚。而对现代企业来说,能否树立一个"仁"者的形象,也是一个事关企业长远发展的问题。当然,企业家的"仁"不止限于对员工的爱护,多赞助公益也是仁的一个重要体现。

公关形象是一种无形资产。

一个人出名的原因可能多种多样,而所出的名声也有好坏的差异。有的人因恶与怪而出名,有的人虽然知名度颇高,但其名声已成为沽名钓誉的代名词。树立一个"仁"者形象,在商战中路会越走越宽。

为了给社会贡献一份力量,李嘉诚的捐赠,并不仅限于他的潮州老家,而是遍及华夏大地:

1984年,他向中国残疾人基金会捐赠100万港元,1991年,他又捐出500万港元,并表示从1992年至1996年间,陆续捐赠6000万港元;

1987年,他向中国孔子基金会捐款50万港元,用于赞助儒学研究,该基金会在山东曲阜为李嘉诚树碑立传;

1988年,他向北京炎黄艺术馆捐款100万港元;

同年,他捐200万港元在汕头市兴建潮汕体育馆;

1989年,他捐赠1000万港元支持北京举办第十一届亚洲运动会。

1991年7月2日早晨,李嘉诚边用早餐,边听广播,惊悉中国华东地区发生百年未遇的特大水灾。他立即联系新华社香港分社,表示将以四大公司名义捐出5000万港元赈灾,同时发出倡议,号召全港市民掀起救灾热潮。当日11时,李嘉诚在华人行办公室,接受香港《文汇报》等多家报馆记者采访。他说:"过去对公众事业,一般是以私人的名义,这次以公司的名义,是想让全公司的股东和员工都参与,国家有难,匹夫有责。作为一个在香港的中国人,这是应该做的事。以香港今天的情况,每个中国人尽心尽力,应有很大的力量可以帮助华东灾区。希望各界人士、各个社团,只要经济能力许可的,都踊跃参加,用最快的速度、最有力的方式来支援灾区。"据7月14日的《文汇报》报道,在李嘉诚先生的倡议下,全港市民掀起救灾的热潮,共捐赠出5.66亿港元。通过这样的许多事实,人们对李嘉诚的赞助公益的行为留下了深刻的印象。李嘉诚乐于助人、热心公益的美名也传遍祖国各地。

李嘉诚对祖国内地是如此,在香港也是如此。例如,从1977年起,他先后给香港大学等几家教育机构及基金会捐款5400多万港元。

1984年,他捐助3000万港元,在跑马场等地建立了3间老人院。

1988年,他捐款1200万港元兴建儿童骨科医院,并向香港肾脏基金、亚洲盲人基金、华东三院捐资共1亿港元。

从20世纪80年代至今,李嘉诚对香港社会福利和文化事业的几十家机构捐善款数亿港元。

李嘉诚在商界取得了举世瞩目的成绩,在公益事业上也作出了足以流芳千古的贡献,极大地促进了香港经济的迅猛发展,促进了香港的社会进步。正因为此,1981年香港市民把他评选为1980年度香港"风云人物"。这以后,李嘉诚可谓独领风骚,被海内外媒体广泛报道。美国《华盛顿邮报》说他是"最富有的华人""真正的华人男子汉";《时代周刊》称他为"天之骄子";香港各大报纸的评论文章中"风云李""李超人"的字样举目皆是。

虽然李嘉诚赞助公益项目,并不是为博得美名,但借助媒体,他使自己的形象深入人心,从侧面也为企业的发展起到铺平道路的作用。

提高知名度，扩大市场占有率

【原文】 取敌之利者，货也。(《孙子兵法·作战篇》)

【大意】 要想夺取敌人的军需物资，就必须借助于物质奖励。

企业的知名度是企业最宝贵的财富，为塑造宣传企业形象，应敢于投巨资。有投入就有产出。这是一种商家的形象谋略。

我们知道，品牌是在击败竞争对手的过程中建立的，它必须给消费者带来价值。就拿吉列剃刀公司来说，该公司每年要发明20种新产品，它5年中的销售额有40%来自新产品。吉列公司奉行的另一个原则是不定价过高。为了使它的名牌产品能为消费者带来价值，吉列公司采取了价格和消费品指数挂钩的做法。这家公司每天跟踪一些价格在10美分到1美元之间的日常消费品的价格，其中包括报纸、棒棒糖和可口可乐等，使自己的刀片涨价的幅度永远不超过这些日用消费品的涨幅。该公司认为，消费者有相对价值意识，一旦一些产品的价格涨得过高的时候，他们会觉得自己受骗上当了。

在20世纪80年代和90年代初期，宝洁公司的一些名牌产品受到一些不出名的产品的挑战。当时该公司由于过于庞大，机构臃肿，价格定得过高，技术水准下降，只能靠不停地促销来维持。后来，宝洁公司决心进行整顿，在4年里，该公司总共缩减了16亿美元的成本，并且计划再用4年时间把成本降低20亿美元。因此，自1992年以来，宝洁公司对各种名牌产品的价格进行了调整，降价9%~33%，同时，还在研制新产品方面加紧努力，1995年在世界各国申请16000多项专利，这个数字比3年前增加了一倍。

宝洁公司成功地扳回名牌产品名声的做法使得微软公司的董事长比尔·盖茨为之动心，出重金挖走了在宝洁公司工作了26年之久的市场奇才罗伯特·韦赫贝，请他帮助微软公司树立自己的形象。韦赫贝当时在微软公司担任最高业务主管一职，管理多方面的事务，但是他的一个重要任务就是提高微软公司在消费者中的知名度。由于许多电脑软件使用者并不知道微软公司的名字，韦赫贝曾于1995年8月领导微软公司发动了耗资两亿多美元的"视窗95"的形象攻势。

惠普公司具有创新精神的信誉帮助它在个人电脑方面，尤其是在美国的个人电脑市场上取得了意外的成功。他们发现名牌产品可以帮助自己打入新的市场。在1995年8月推出个人电脑之前，惠普公司在美国的国内市场上进行了测试活动。这些测试表明，惠普公司电脑打印机的名声使得人们十分信任惠普制作的个人电脑。因此，惠普公司在推出个人电脑以前，就已经被认为是先进的电脑制造厂家了。

名牌产品不仅在推出新产品方面具有威力，在走向国际化的竞争中也对公司大有助益。就拿麦当劳来说吧，麦当劳的单类产品广告费用在世界上首屈一指。据介绍，2014年它在广告和促销方面的费用仅在美国就超过10亿美元。因而，当麦当劳到海外去发展的时候，好处是显而易见的。几年前，麦当劳在南非首都约翰内斯堡开张的第一天，有几千人排队等候用餐。麦当劳的最高行政主管表示，每当麦当劳进入一个新的国家和新的社区的时候，都会在第一天创下销售纪录。

"礼品"开路,白兰地倾倒美国

【原文】趋诸侯者以利。(《孙子兵法·九变篇》)

【大意】要用小利去引诱各国诸侯,迫使它被动奔走。

塑造企业形象,抢占市场的谋略手段很多,其中"借力"公关是比较高明的一种。而"借力"的关键就是要利诱之,让其为我方主动服务。帮助我方提高企业知名度,法国干邑白兰地在这方面就做得极为出色。

白兰地堪称法国的国宝,其酿造历史已长达300年。而法国生产的白兰地酒中,又以干邑白兰地最为闻名。

干邑是位于法国南部的一个小城镇,这里是法国有名的葡萄种植区,拥有近10万公顷葡萄田。几百年前,当地人就将葡萄酿制成白酒,储藏到橡木酒桶中老化,随后经过一系列复杂精密的调配,才酿出这种金黄色的香醇美酒,人们称之为白兰地。因为干邑地区所生产的白兰地最好,所以慢慢地,"干邑"便成为名牌白兰地的代名词。干邑白兰地发展到今天,人头马、马爹利、轩尼诗、百事吉等都是享誉世界的国际名牌白兰地了。

在20世纪50年代,法国干邑白兰地厂商为了进一步扩大世界市场份额,把目光瞄准了潜力很大的美国市场。这时美国市场上意大利的葡萄酒已经占据了一定的优势,如何才能既不显山不露水,又产生像广告那样的轰动效应呢?法国厂商为此颇费脑筋。他们特地聘请了一家著名的法国公关公司进行策划和研究。

公关公司的专家们经过大量的信息收集工作,及对美国市场的情况进行多次实地调查之后,提出了一个大胆的实施方案。

利用不久即将到来的美国艾森豪威尔总统的67岁生日,在征得本国政府的同意和支持下,向美国公开赠送两桶白兰地酒为总统贺寿。并且,以此事为引子开展宣传活动。宣传的内容和基调集中在法美人民的友谊上,但一定要突出"礼轻情义重，酒少情意浓"这个主题。方案把开始宣传活动的时机定在了总统寿辰前一个月，而且就如何广泛利用法美两国的新闻媒介，如何具体进行连续热烈的宣传等细节问题，也拟订了详尽的执行计划。

白兰地厂商对这一套严密周详、构想巧妙的广告计划非常满意，并立即付诸施行。很快，法国政府方面答应予以全力支持，并马上就此事向美国外交部门通报，很快也获得美国方面的同意。白兰地是法国的国宝，酒厂与法国政府其实是想到一块去了。

总统寿辰前一个月，一家美国报纸似乎是非常不经意地披露了一个从美国驻法国大使馆得到的消息，称法国方面将派专人向美国总统祝寿，并将随行带上一份堪称国宝的礼物。报纸的消息很简短，但却马上引起了轰动，公众注目的焦点集中在这份礼物到底是什么上面。随着各家大报的记者专程赴法国采访，这一谜底很快揭晓，原来是法国干邑白兰地。

法国白兰地很快成了这个月的明星，它的诞生地、它的历史、它的制作工艺和它那独特神奇的美味，都一一在各种媒介上介绍给了美国的公众，以满足美国公众的好奇心。这立即在美国掀起了一个"干邑白兰地"的热潮，充满了友谊情调的法国白兰地简直在美国家喻户晓，几乎所有的美国消费者都把它当作正宗和极品的标志。

宣传活动在艾森豪威尔总统的生日那天达到高潮。在美国首都华盛顿的主要街道上竖立着巨大的彩色标语牌："欢迎您！尊贵的法国客人"，"美法友谊令人心醉！"各个售报亭也整饰一新，摆放着美法两国的精致玲珑的小国旗。报亭主人精心制作的"今日各报"的广告牌上，一只美国鹰和法国鸡在干杯，造型奇异而可爱。醒目的标题提示着过往的人们，"总统华诞日，贵宾驾临时""美国人的心醉了"。浓浓的友谊之情感染着人们。

在美国总统府白宫周围，早已是人山人海，世界各国的游客们云集在这里。人们面带笑容，挥动着法兰西的小国旗，翘首盼望尊贵的法国国宝白兰地的到来。

上午10时，赠酒仪式正式开始，来自各国的宾客垂手分列在白宫的南草坪广场上，67岁的艾森豪威尔总统面带笑容，准时出现在前簇后拥的人群之中。

由专机送抵美国的两桶窖藏达 67 年的白兰地酒，特邀了法国著名艺术家精心设计了酒桶造型，而 67 这个数字，正好象征着艾森豪威尔总统的寿龄。4 名身着红、白、蓝三色法兰西传统宫廷侍卫服装的英俊法国青年作为护送特使，正步将美酒抬入了白宫。

艾森豪威尔总统在交接仪式后发表了简短但热情洋溢的讲话，他盛赞美法人民的传统友谊，祝愿这友谊就像白兰地一样美味醇香！

此时的人群中立即欢声四起，群情沸腾，人们情不自禁地大声唱起了法国的国歌《马赛曲》。人们似乎闻到了清醇芬芳的白兰地酒香，品尝到了法美友谊佳酿的美味。

从此，法国白兰地酒畅销于美国市场，而意大利葡萄酒从此一蹶不振。从国家宴会到家庭餐桌几乎都少不了法国白兰地，人们品味它，总会回忆起它不同凡响地来到美国的故事。

除了这个经典案例之外，法国的白兰地酒厂在世界各地的广告公关活动都很成功。比如在西方国家做广告时，他们说"干邑技术、似火浓情"，把白兰地比作艺术般精美诱人，把酒的芳香比作浓情般热烈，非常贴近西方人的情感和现实；而在东方，特别是针对华人，他们又说："人头马一开，好事自然来"，这种吉祥的广告语符合华人企望吉祥的心理以及华人习惯在喜庆日子里喝酒的风俗。几年以前，人头马公司为打入中国市场，在北京昆仑饭店搞了一连串"吉庆广告"活动：10 多位青年挑着龙灯，敲锣打鼓迎来宾。而来宾正是身着拿破仑大帝服装的外国演员，表示他从法国来到北京为两对中国青年主持婚礼，请他们品尝法国干邑白兰地，给观众留下了深刻的印象。

巧借名人效应，摆脱经营困境

【原文】 胜者之战民也，若决积水于千仞之谿者，形也。(《孙子兵法·形篇》)

【大意】 胜利者指挥军队与敌作战，就像在万丈悬崖决开山间的积水，所向披靡，这就是"形"。

孙子主张在军事实力的基础上，创造利用有利的态势，使实力得到有效发挥的作战办法。他认为战争的胜负，实力是基础。但要使实力得到充分的发挥，还必须通过合理的部署，造成有利的态势。这种态势要险峻，节奏要短促，如"激水之疾，至于漂石"，"势如弸弩，节如发机"。有了这种态势，军队可以变怯为勇，变弱为强。而对于现代企业来说，"势"的形成则主要是靠广告，尤其是用明星做广告，其所形成的"势"更为强大。

借名人效应来宣传企业是当今商战的共识，特别是对一些处于经营困境的企业，效果更佳。

几年前，在美国肯塔基州的一个小镇上，有一家格调高雅的餐厅。店老板察觉到每星期二生意总是格外冷清，门可罗雀。

又到了一个星期二，店里照样是客人寥寥无几。店老板闲来无事，随便翻阅起了当地的电话号码簿。他发现当地竟有一名叫约翰·韦恩的人，与美国当时的大明星同名同姓，这个偶然的发现，使他的心为之一动。他立即打电话给这位约翰·韦恩说，他的名字是在电话号码簿中随便抽样选出来的，他可以免费获得该餐厅的双份晚餐，时间是下星期二晚上8点，欢迎他偕夫人一起来。约翰·韦恩欣然应邀。

第二天，这家餐厅门口贴出了一幅巨型海报，上面写着"欢迎约翰·韦恩下星期二光临本餐厅"，这张海报引起了当地居民的骚动和瞩目。

到了星期二，来客大增，创下了该餐厅有史以来的最高纪录。尤其是那个晚上，6点钟还不到就有人在等着被安排座位，7点钟队伍已排到大门外，8点钟店内已挤得水泄不通。大家都想一睹约翰·韦恩这位巨星的风采。

过一会儿，店里的扩音器广播道："各位女士，各位先生，约翰·韦恩光临本店，让我们一起欢迎他和他的夫人。"

霎时，餐厅里鸦雀无声，众人的目光一齐投向大门口，谁知那儿竟站着一位典型的肯塔基州老农民，身旁站着一位同他一样不起眼的夫人。原来这位矮小的仁兄就是约翰。

店老板非常"尴尬、惶恐"，"后悔"这个安排太荒谬、离谱，但就在这时，人们顿时明白了这是怎么回事，于是在寂静了一刻之后，突然爆发出掌声和欢笑声，客人们簇拥着约翰夫妇上座，并要求与他们合影留念。

从此以后，店老板又继续从电话号码簿上寻找一些与名人同名的人，请他们星期二来享用晚餐，并出示海报，普告乡亲。于是，"猜猜谁来晚餐""将是什么人来晚餐"的话题，为生意清淡的星期二带来了高潮。

在英国的伦敦，有一家小型的珠宝店，开张伊始店老板就扬言，要获得令同行们刮目相看的经营业绩。然而，四年过去后，这家珠宝店却因经营不善，濒临倒闭，同行们都讥讽店老板是"癞蛤蟆想吃天鹅肉"。店老板真是走投无路，冥思苦想着改善困境的对策。

机会终于来了。1985年，查尔斯王子和黛安娜王妃要举行婚礼，一时成为轰动英国乃至全世界的新闻。黛安娜王妃容貌绝伦、仪态超群，令绝大多数英国人为之仰慕、倾倒，她甚至成了众多青年人崇敬的偶像。店老板想，如果能抓住这个千载难逢的机会，利用公众对王子王妃婚礼盛典的专注心理，导演一出虚假而又逼真的广告剧，必定能使自己的珠宝店摆脱困境，大发其财。

于是，他四处搜寻长得像黛安娜王妃的年轻女子。历经艰苦，终于被他找到了一个相貌酷似黛安娜的时装模特。他重金聘用这个模特，对她从服饰、发型到神态、气质都做了煞费苦心的模仿训练。待到看不出破绽之后，店老板便向电视台记者发出了暗示：明晚将有英国最著名的嘉宾光临自己的珠宝店，采访这条新闻的条件是电视片中不得加入解说词。

第二天晚上，这家珠宝店灯火辉煌，店老板衣冠一新，神采奕奕地站在店门口，像是要恭候要人光临。此举顿时吸引得许多过往行人驻足观望。不一会儿，一辆豪华轿车缓缓地驰到了门口，车一停下来，店老板便立即走上前去彬彬有礼地打开了门。那位相貌酷似黛安娜王妃的模特从容地从车上走下来，嫣然一笑，还向聚拢来的行人点头致意。有人喊了一声："看，黛安娜王妃。"众人真的以为是黛安娜王妃来了，不及辨别便蜂拥而上，争相一睹黛安娜王妃的风采，挤到前头的青少年还为吻上了"黛安娜王妃的手"而得意非常。电视台的记者不敢怠慢，急忙打开录像机频频摇动，警察怕影响"王妃"的活动，急忙过来维持秩序。

店老板此时更是从容不迫，先是感谢"王妃"的光临，随后笑容可掬地引她参观，店员们按老板的吩咐，相继介绍项链、耳环、钻石等名贵饰品，"黛安娜王妃"则面露欣喜，边挑边称赞。

第二天，电视台播放了这出以假乱真的新闻录像，因受老板的关照，被蒙在鼓里的记者，把它拍成了"默片"，自始至终没有一句话和一句解说词。屏幕上出现的只是热闹非常的场面和珠宝店的店客。这一下震动了伦敦全城，人们纷纷传播这个重要的新闻，原来不知道这家珠宝店的人们不住地打听这家珠宝店的地址，都想在黛安娜王妃来过的珠宝店里买一件首饰当作礼品送人。青年人，黛安娜迷们爱屋及乌，络绎不绝地跑来抢购"黛安娜"所喜爱的各种首饰。原来生意清淡、门可罗雀的小珠宝店，顿时门庭若市，生意兴隆，叫老板和店员们应接不暇。短短的一个星期，这家珠宝店就获利10万英镑，超过开业4年来的总和。

这则消息传到白金汉宫，惊动了皇家贵族，皇家发言人立即郑重地发表声明："经查日程安排，王妃没有去过那家珠宝店。"要求法院判处那家珠宝店的老板犯了诈骗罪。发了大财的珠宝店老板却振振有词地说："电视片中没有一句话，我也没有说嘉宾是黛安娜，这在法律上不能构成犯罪，至于围观的公众'想当然'地把她当成王妃，我是无法阻止的。"

珠宝店老板利用假王妃，大肆制造社会新闻，使得伦敦全城沸沸扬扬，珠宝店也因此柳暗花明，绝处逢生，实现了预期的宣传效果，扩大了销售。这种手段，从道德上说，有愚弄公众之嫌，不宜提倡，但是，若能正确地在商业活动中利用权威效能，则是商战制胜的不二谋略。

企业宣传也要斗智斗勇

【原文】凡此五者,将莫不闻。知之者胜,不知者不胜。(《孙子兵法·计篇》)

【大意】以上五个方面,作为将帅都听说过。充分了解了这些情况,就能打胜仗。不了解这些情况,就不能打胜仗。

《孙子兵法》强调战争必须审度敌我双方的"五事""七情",以定胜负,而企业宣传也要与对手斗智斗勇。

商场如同战场,所不同的是战斗靠的是士兵和武器,而竞争靠的是人才、技术、产品、质量、战略、信息、售后服务等。然而两者在战术上是相同的,都是智力和实力的较量。

多年来,在摄影器材市场上独占鳌头的柯达公司,面临着太平洋彼岸日本富士公司的挑战。

柯达公司创业100多年,是实力雄厚的老牌企业,当时拥有资产达100多亿美元,雇员超过12万人,在美国的制造业公司中排名第23位。

柯达公司占有56%的世界胶片市场,彩色相纸的市场占有率为40%,美国市场几乎是它的一统天下。

柯达公司利润丰厚,据20世纪80年代初统计,一年销售额达106亿美元,获纯利12亿美元。柯达公司良好的经济效益使许多公司垂涎,包括美国的杜邦化工公司在内的一些大公司都曾想染指这一行业,但均未见成效。

然而80年代后期,柯达却遇上了前所未有的挑战。对手是日本的富士公司。

"富士"是日本最大的彩色胶片和相纸的制造商,在日本市场占有率为70%。当时富士制定了向柯达挑战的目标。该公司的一位高级主管声称："在不久的将来，要夺取柯达公司12%~15%的市场。"

这正像一场惊心动魄的"拳王争霸战"，老拳王"柯达"面临新拳击手"富士"的挑战。后者野心勃勃，意欲夺魁；前者决心卫冕，寸土不让，一场搏斗开始了。"富士"的招数主要是：

（1）大搞宣传战。该公司在美国大做广告，1981年广告费500万美元，后来还在上升。

（2）质优价廉。"富士"产品针对柯达牌子老、信誉好、要价高的特点（比一般其他名牌产品贵10%），采取了优质、低价的对策叩开了美国市场的大门。

（3）1984年，就在柯达公司的故乡洛杉矶，"富士"悍然夺得奥运会的赞助权。这对柯达是一次真正的打击，富士公司因此名声大噪。

面对"富士"咄咄逼人的架势，"柯达"不敢再掉以轻心，决心给富士一点颜色看看，回击几记重拳。主要有如下几点：

（1）大力开展非摄影产品，包括医疗器械、超高速影印机以及其他利润丰厚的新产品。

（2）进行一系列收购行动，加速公司进入高新科技领域，例如，它们耗资7700万美元收购了著名的电脑公司——阿提斯公司。

（3）不断推出新型相机，保卫其在公学摄影方面的权威形象。

（4）开拓海外市场，包括日本、德国、中东、东南亚等国家及地区，并降低售价与日本厂商展开竞争。

吸引顾客要卖巧又学乖

【原文】故兵以诈立,以利动,以分合为变者也。(《孙子兵法·军争篇》)

【大意】所以用兵打仗必须依靠诡诈多变来取得成功,以利益来决定是否行动,用分散或集中兵力的方式,要根据战场实际决定。

孙子的这段话虽然说的是兵法。但却也道出了企业经营的真谛:以灵活多变的手法经营企业,以利益为"饵"吸引顾客。

比如有意识地压低单位利润水平,让利与民,以相对低廉的价格刺激需求,可以提高市场占有率和企业知名度,实现企业长时期的发展和获利。"阿尔迪"就是这样做使自己扩大的。

1948年,特奥·阿尔布雷希特的母亲不幸去世,留给他和哥哥卡尔的只有一个小得可怜的零售店。这一年,卡尔27岁,特奥25岁,兄弟二人努力奋斗,将小铺加以扩大,并增设了几家小分店,都叫"阿尔迪"。

由于资金有限,他们的小店显得既简陋又陈旧,只能出售一些罐头、汽水、点心之类的食品。一年结算下来,所赚的钱微不足道。怎样才能找到经营的窍门呢?兄弟二人商议了半天,仍然找不到答案。

一天下午,卡尔与特奥来到一家"消费商店"。这里顾客云集,热闹非凡。这种情形引起了兄弟二人的注意,到店门看,只见门外一张红色告示上这样写道:

凡到本店购物的顾客,请您把发货票保存下来,到年终可凭票免费购买发货票额3%的商品。

兄弟俩将"告示"看了又看,终于明白了。"窍门找到了!"兄弟二人兴奋地拥抱起来。第二天,全市所有的阿尔迪商店的门前,都贴上了一张引人注目的大红告示:

本店从今天起，开始实行让利 3%，如果哪位顾客发现本店出售的商品并非全市最低价，且所降价格不到全市最低价格的 3%，可到本店找回差价，并有奖励。

这张告示，仿佛扔下一颗定时炸弹。这一天，全市所有的阿尔迪商店都门庭若市，生意兴隆。营业额一下子剧增好几倍。然而，兄弟俩发现，来阿尔迪商店购货的，大都是附近的居民，这说明生意的局限性。于是，他们在各大报纸、电台等媒体刊登和广播广告。

不久，"阿尔迪"就出现了新的购物热潮，仓库存货一抢而光。兄弟俩更是忙得不可开交，到处组织货源，以保证及时供应。接着，这座城市又出现了 10 多家新的阿尔迪商店。

自此，"阿尔迪"名声大振，家喻户晓。兄弟俩借机迅速扩大经营，把眼光投向四面八方。汉堡、科隆、波恩、多特蒙德等地，相继出现了"阿尔迪"，生意越来越红火。因为谁都知道，"阿尔迪"的商品最便宜，一般中产阶级、失业工人等，都成了"阿尔迪"的常客。

为了增加销售，阿尔迪商店实施"怪招"。有一段时期，阿尔迪商店发生了一连串的怪事。不少顾客发现商店少收了顾客的钱款，当他们想把钱还回去时，商店的员工谢绝了，这是怎么回事呢？

原来，特奥曾作过多次测试，发现营业员每次找零钱所花的时间太多，大大影响了销售。如果将找零钱的时间都省掉，可以多出不少营业额，同时还可以卖出不少商品。于是，特奥决定，阿尔迪商店将所有商品价格的尾数改为 0 或 5。

如此一来，"阿尔迪"所卖出的商品比其他商店货价尾数便宜了将近一半。所以，无论富豪还是贫民，都乐意光顾"阿尔迪"。

"阿尔迪"因此而美名远扬。据统计，1990 年，在整个德国有 2000 多家阿尔迪商店，而在美国、丹麦、比利时、奥地利等国也有数百家阿尔迪商店。

在德国，38% 的罐头、蔬菜盒，32% 的啤酒、果汁、汽水、牛奶，27% 的瓶醋、色拉油、糕点、果酱、香肠、火腿、布丁产品，全都是由阿尔迪商店来出售的。

德国人在食品、饮料、香烟、化妆品、清洁剂、洗衣粉等日用消费品的消费总额为 1980 亿马克，而其中的 23%，即 455 亿马克全落入阿尔布雷希特兄弟的口袋里。真可谓让利 3%，赚遍天下。

借树开花，造势宣传出奇迹

【原文】 激水之疾，至于漂石者，势也。(《孙子兵法·势篇》)

【大意】 湍急的流水迅猛地奔流而下，以致能够把巨石冲走，这是因为水的速度飞快形成"势"。

孙子对"势"在战争中的作用极为看重，专作一篇而论，认为"借势""造势"都能使军队产生强大的冲击力。

"借树开花"之计就是"借势"的一个典型比喻。军事上是指借别人的局面布成有利的阵势，即使原来的兵力弱小，也会显示出强大的阵容。此计同样适用于生意人做广告宣传上。现代人做生意，竞争日趋激烈。"酒香不怕巷子深"的时代已一去不返，反倒成了皇帝的女儿也愁嫁。所以，有见识的生意人都善于借着媒体大造声势，以适时、准确、广泛、生动的宣传，提高本企业的知名度，增强企业产品对消费者的吸引力，达到抢占市场、扩大销售的目的。

此外，借助产品规格、型号、式样、包装等，或借装潢商店、修饰门面，形成庞大、丰富的阵容，也可以吸引消费者，提高竞争能力。这些都是"借树开花"在广告宣传中的妙用。吉林市丝绸厂的成功就是其中典型的一例。

1989年，吉林市丝绸厂由于决策失误，一度积压了大量的迎宾缎、锦花缎及其他面料，资金大量被占用，原料进不来，新项目又无法上马，工厂处于半瘫痪状态。厂长多次派推销员上下打通，八方叫卖，又不惜花重金，连篇累牍地在电视、广播、报刊上做广告，可是收效甚微。

后来，厂领导专门请来了一位舞蹈专家，要对挑选出来的厂里30名男女青年工人进行为期一周的舞蹈培训。厂里的人对此迷惑不解，猜测纷纷，怨声四起。

舞蹈班终于亮相了。男士着笔挺的西装，女士着优美的旗袍，男女服装色调相配适宜。尤其是15位女士的旗袍，是厂里请了服装设计师精心设计制作的，花色款式各不相同，个个楚楚动人。

舞蹈队随着舞曲跳了起来，美妙的舞姿，使在场的人都看呆了。原来他们是带着特殊使命的舞蹈队，即将带着全厂的厚望，为提高丝绸厂的知名度和美誉度，奔赴"白天鹅舞厅""银雪宾馆""天河大厦"开拓丝绸厂的事业。

两天后，在几家宾馆的舞厅门前，车水马龙，人们摩肩接踵，排着长队买舞票。看来，丝绸厂的舞蹈队着实吸引了一大批人。

丝绸厂的客车，一边广播，一边免费赠送《新款式旗袍、西装裁剪法》和《不同肤色、不同体形选用面料的艺术》小册子。这更增添了舞厅前的热闹气氛。

后来有些舞厅经理为了吸引消费者甚至主动上门来邀请丝绸厂舞蹈队光临。

信息在街头巷尾传递，新闻记者也来采访。一时间，报刊、广播、电视屏幕上频频出现《丝绸厂的旗袍、西装，征服了俊俏女郎，风流小伙》《你想楚楚动人吗，请到丝绸厂》等新闻报道，刮起了一股丝绸热风。

丝绸厂销售科、销售门市都忙起来了；市内各服装厂、百货商店、个体商户蜂拥而至。甚至外地商场、服装厂也纷纷来函、来电、来人洽谈订货。大宗主顾，厂长亲自接待，签订了许多长期的合同。厂里还负责送货上门，丝绸厂的产品一下子成了紧俏货。

从此，吉林市丝绸厂摆脱了沉重的包袱，插上了腾飞的翅膀，冲出山城，飞向广阔的国内市场。

在做生意的广告宣传中，像吉林市丝绸厂领导那样高明的生意人往往善于运用"借树开花"之计来宣传自己的产品，建立良好的企业形象和名牌产品的畅销气势。

资助吸引观众的舞蹈队和时装表演，是以"树上开花"之计搞好宣传的一种手法。尽管观众实际感兴趣的只是舞蹈和时装，但是形形色色的广告不时扑入观众的眼帘或传入观众的耳鼓，让观众不知不觉留下了印象。待到观众需要购买选择时，这些印象无疑就会提醒他们购买广告商品。

第九章　善于合作，追求双赢
——孙子与现代企业的战略合作意识

"故用兵之法，十则围之，五则攻之，倍则分之，敌则能战之，少则能逃之，不若则能避之。故小敌之坚，大敌之擒也。""集中兵力，避实就虚"是《孙子兵法》一条经典的指导思想，其目的是时刻保持自己的优势，以自己的优势兵力打击敌人的薄弱环节，这一指导思想也可用在商战中。在自己的实力不足时，可以通过与人合作达到壮大自己、弥补自己不足的目的。

取长补短，追求双赢

【原文】 刚柔皆得，地之理也。(《孙子兵法·九地篇》)

【大意】 要使优劣不同的士卒都能够发挥作用，说明将领能利用地形之利。

孙子对将帅士卒间的整体合作非常重视，认为人各有优劣，关键是让士卒都发挥作用。

在商战中，能够分清自己的优势与劣势，以自己的劣势换回自己所需要的优势，这是一种与人合作的高明韬略，《孙子兵法》中有关"互惠百利"的思想值得商家们认真研究。

如果一个商人做什么事都站在自己的角度去看对方，不择手段地去获取利益，那他是很难成功的。凡事也要替对方着想，力求双赢的交易，这才是最高明的商战韬略。

1987年6月法国网球公开赛期间，保罗·弗雷斯科和韦尔奇在巴黎招待他们的商业伙伴，一起观赏这一盛大赛事。法国政府控股的汤姆逊电子公司的董事长阿兰·戈麦斯也在他们热情邀请之列。

这是一位很风趣、很有魄力的人。

韦尔奇事先已经约好第二天去戈麦斯的办公室拜访他。在他们见面的时候，情形和韦尔奇第一次与别的商家会谈时没有什么两样。他们彼此的企业都需要帮助。

汤姆逊公司拥有一家韦尔奇想要的医疗造影设备公司。这家公司叫CGR，实力不算很强，在同行业内排名只占第四名或第五名。而韦尔奇的GE公司在美国医疗设备行业则拥有一家首屈一指的子公司，这家子公司几乎垄断了美国从X光机、CT扫描仪到核磁共振治疗仪等医疗设备的全部业务。但是他们在欧洲市场却没有明显优势。尤其重要的是，由于法国政府保持着对汤姆逊公司的控股，实际上这就等于将韦尔奇的公司关在了法国市场的大门之外。

在会谈中，阿兰·戈麦斯明确地表示他不想把他的医疗业务卖给韦尔奇，但韦尔奇决定看看他是否对进行业务交换感兴趣，因此他向戈麦斯说明，他可以用自己的其他业务与他们的医疗业务进行交换。

在此之前，韦尔奇非常清楚他不喜欢 GE 的哪些业务和公司，因此，他决不会做赔本的交易。于是，他站起身来，走到汤姆逊公司会议室的讲解板前面，拿起一支水笔，开始在上面列出他能够卖给他们的一些业务。

他列出的第一个项目是半导体业务，对方不想要。然后，他又列出了电视机制造业务。这时，阿兰·戈麦斯立刻表示对这个想法很有兴趣。在他看来，他的电视业务规模目前还不算很大，而且全都局限在欧洲范围之内。他认为，通过这项交换可以把那些不赚钱的医疗业务甩掉，同时又能使他一夜之间成为第一大电视机制造商。

他们两人对这项交易很是兴奋，于是马上开始谈判。很快，他们达成一致。谈判结束后，阿兰·戈麦斯陪着韦尔奇走出了电梯，一直把他送到等候在办公楼外面的轿车旁边。当车发动起来并从道路上疾驶而去的时候，韦尔奇一把抓住了他身边的秘书的胳膊，激动地说：

"天啊，是上帝来让我做这笔交易的，我当然有理由把它做得更好。"

"而且，我认为阿兰·戈麦斯也是真想做成这笔交易。"秘书回答他。

他们都开怀大笑起来。

韦尔奇确信阿兰回到楼上之后也会有同样的感觉。因为阿兰·戈麦斯也同样清楚，他的电视机公司规模太小，根本无法同日本人竞争。这笔交易可以使他获得一个相对稳定的规模经济和市场地位，从而使他可以应对一场巨大的挑战。

这笔交易将使韦尔奇拥有的产品在欧洲市场的份额提高到 15%。他将更有实力来对付 GE 的最大竞争者——西门子公司。

在余下的 6 周之内，交易过程中的所有手续全部顺利完成，并于 7 月对外宣布。除了作交换的医疗设备业务之外，汤姆逊公司还附带给了 GE 公司 10 亿美元现金和一批专利使用权，这批专利权将会每年为 GE 带来 1 亿美元的收入。而同时，汤姆逊公司也变成了世界上最大的电视机生产商。

然而，韦尔奇出售电视机业务一事却成了很多人批评的对象。许多媒体指责他是在向日本人的竞争屈服，另一些人则攻击他不爱国，只爱钱。他甚至被称为在战斗中开小差的胆小鬼。

但韦尔奇对此发表评论说："这些批评都是媒体的一派胡言。事实是，通过交易，我们的医疗设备业务更加全球化，技术更加尖端，而且还得到了一大笔现金。每年专利使用费的收入就比我们前十年里电视机业务的纯收入还要多。而且，我们由此上缴国家的利税也是前些年的好几倍。"

就这样，韦尔奇与汤姆逊公司在很短的时间内做成了这笔交易，各自扩大了自己的业务量，最终双双取得了成功。

在生意场上，双赢无疑是最佳的选择。但要做到这一点，却是很不容易的。首先，它要求你准确地把握住自己的优势和劣势；同时，又必须清醒地掌握对方的业务特点。在双方优劣的深入分析中，找到符合自身发展的新发展机遇，才能做到知彼知己，取长补短，才能在激烈的竞争中百战不殆。

合作是壮大自己实力的手段

【原文】任势者，其战人也，如转木石。(《孙子兵法·势篇》)

【大意】善于借势的人指挥军队作战，就如同滚动木头、石头一般。

合作其实就是借别人的力量来加强自身的竞争力，这在《孙子兵法》里就是上面所说"借势"。"木石之性，安则静，危则动"，孙子指出，石头放在陡峭之处就滚动，那是因为"陡峭"本身就是居高临下之势。

"合作"是经商必不可少的手段，除非你不想做大做强。但合作之难又是显而易见的，这要牵扯到利润的分成。因此真正的合作建立于诚信的基础之上，为双方的共同利益而谋划。李嘉诚的合作之道就令人击节赞赏。

李业广是"胡关李罗"律师行合伙人之一。李业广持有英联邦的会计师执照，是个"两栖"专业人士，在业界很有影响。人们称李业广是李嘉诚的"御用律师"，而李嘉诚则说："不好这么讲，李业广先生可是业内的顶尖人物，我可没这个本事独包下他。"

李嘉诚说的是实话，李业广身兼香港20多家上市公司的董事，这些公司市值总和相当于全港上市公司总额的1/4；另外，李业广还是许多富豪的不支干薪的高参。李业广不是那种见钱眼开、有酬必应之士，一般的大亨还请不到他。长江实业上市，李业广便是首届董事会董事；长江扩张之后，李业广是长江全系所有上市公司的董事。就此一点，足见两李的关系非同寻常。

李嘉诚是个彻底的务实派，他绝不会扯大旗做虎皮，虚张声势。在香港商界，拉名人任董事是商家常用之术，但李嘉诚并非这样，他敬重的是李业广的才干和能力。长江实业的不少扩张计划，是两李"合谋"的杰作。

李业广甘处幕后，保持低调。1991年，李业广一飞冲天——出任香港证券联合交易所董事局主席。在他之前，任港交所主席的有：金银会创始人胡汉辉，股坛教父李福兆，恒生银行卸任主席利国伟等，个个都是香港商界风云人物。

杜辉廉是英国人，出身伦敦证券经纪行，是一位证券专家。20世纪70年代，唯高达证券公司来港发展，杜辉廉任驻港代表，也与李嘉诚结下不解合作关系。1994年，万国宝通银行收购唯高达，杜辉廉便参与万国宝通国际的证券业务。

杜辉廉被业界称为"李嘉诚的股票经纪"，他是长江多次股市收购战的高参，并经营着长江实业及李嘉诚家族的股票买卖。

杜辉廉多次谢绝李嘉诚邀其任董事的好意，也是众"客卿"中不支干薪者。但他绝不因为未支干薪，而拒绝参与长实系股权结构、股市集资、股票投资的决策，令重情的李嘉诚总觉得欠他一份厚情。

1988年底，杜辉廉与他的好友梁伯韬共创百富勤融资公司。杜梁二人占35%股份，其余股份由李嘉诚邀请另外17路商界巨头参股。

有18路商界巨头为后盾，百富勤发展神速，先后收购了广生行与泰盛，百富勤也分拆出另一家公司百富勤证券。杜辉廉任其中两家公司主席。到1992年，该集团年盈利已达6.68亿元。

在百富勤集团成为商界小巨人后，李嘉诚等主动摊薄自己所持的股份，好让杜梁两人的持股量达到绝对"安全"线。李嘉诚对百富勤的投资，完全出于非盈利，以报杜辉廉效力之恩。不过，李嘉诚持有的5.1%百富勤股份，仍为他带来大笔红利，百富勤当时发展迅速，是市场备受宠爱的热门股。

20世纪90年代，李嘉诚与中资公司的多次合作（借壳上市、售股集资），多是由百富勤为财务顾问。身兼两家上市公司主席的杜辉廉，仍忠诚不渝地充当李嘉诚的智囊。

《明报》记者在采访中问李嘉诚："您的智囊人物有多少？"

李嘉诚说："有好多吧！跟我合作过、打过交道的人，都是智囊，数都数不清。比如，你们集团的广告公司就是。"

多兵团作战，有钱大家赚

【原文】故用兵之法：十则围之，五则攻之，倍则分之，敌则能战之，少则能逃之，不若则能避之。(《孙子兵法·谋攻篇》)

【大意】因此，用兵的原则是，拥有十倍于敌的兵力就包围敌人，拥有五倍于敌的兵力就进攻敌人，拥有两倍于敌的兵力，就设法分散敌人，兵力相同就要设奇兵抗击敌人，兵力少于敌人要能避开它，兵力弱于敌人就要避免决战。

"十则围之"。《孙子兵法》有关"集中兵力"的思想在商战中的应用是：大鱼可以吃虾米，虾米联合起来也可以吃大鱼。虾米虽然不如大鱼厉害，但却可以以量取胜，依靠众"虾"的力量斗倒"大鱼"。商战中，如果自己与对手实力相差不大，那就一定要多联合些同盟军，采取"十则围之"的办法将其击败。

英资怡和财团于1932年在广州创立，1942年迁移香港。自此与香港结下不解之缘，是香港经济的重要支柱。

在相当长的一个时期内，香港的经济命脉一直被英资集团牢牢地控制着。在当时，势单力薄的华资企业根本无法与英资财团相抗衡。

20世纪70年代，香港商界涌现出一批华人俊杰。正当怡和等英资财团大举进军海外时，这批华人俊杰所领导的华资财团却脱颖而出，冲破外资财团的挤兑，争得一席之地。

1977年4月，李嘉诚的长江实业集团宣布成功拥有香港中区希尔顿酒店，打破了英资门户森严、唯我独尊的局面，并拉开了华资收购外资的序幕。

自此，在香港这块弹丸之地，上演了一幕幕精彩纷呈、扣人心弦的华资与英资争夺的收购战。

1979年，李嘉诚又从汇丰银行手中夺得英资四大财团之一——和记黄埔集团的控制权。

1980年，船王包玉刚从怡和财团手中夺得九龙仓控制权。

……

华资集团步步进击，摧城掠寨，英资集团节节败退，弃甲丢盔。

这次战役取得胜利的关键是华资巨子李嘉诚和包玉刚成功地运用了"合纵抗敌"的谋略。

20世纪80年代后期，华资集团又联合打了一场声势浩大的收购战。

以华资"龙头"李嘉诚为首的一批实力雄厚的华资财团磨刀霍霍、虎视眈眈地盯着怡和财团这只垂老的"巨无霸"，准备砍下它那肥得流油的"大腿"——置地公司。

在"怡和王国"中，置地集团的地位非比寻常，它拥有香港商业金融中心——中环的贵重物产，可算是香港地产皇冠上的明珠。

怡和财团绝不会让他人染指置地公司。

1983年，怡和主席纽比坚下台，西门·凯瑟克接任。新官上任后，进行了一系列大刀阔斧的改革，大举出售资产，以图力挽狂澜。除了海外业务"一刀切"外，置地所属的港灯公司和电话公司的股份，分别卖给李嘉诚的和记黄埔和英国大东电报局。

怡和财团集中精兵良将，决心死守置地公司这座城池。

1986年，西门·凯瑟克特地从美国邀请投资银行家鲍维思加盟，委以重组怡和置地结构的重任，以确保怡和的控制权。

鲍维思深通运筹之道，在美国有"金融智多星"之称。他刚一上任，便加紧策划怡和及置地的"脱钩"计划。

1987年2月，凯瑟克宣布成立怡和策略公司（简称怡策），由怡策直接控制置地公司，而置地原持有的怡和股权，则改由怡策持有。

经过此番大改组，怡和与置地两家公司7年的互控关系结束，变为怡和与怡策互控。

鲍维思运用"金蝉脱壳"的妙计，使凯瑟克家庭的大本营化险为夷，固若金汤。有意觊觎置地控制权者，只有直接着手打置地的主意了。

1987年8月，长江实业集团主席李嘉诚、新世界集团主席郑裕彤、恒基兆业集团主席李兆基和中国国际信托投资公司总裁荣智健等华资巨头聚集一起。他们商定：将置地公司彻底收购过来，证明华人资本无坚不摧的实力。

1987年股灾前数个月，香港股市牛气冲天，人们炒股票正炒得如醉如痴。

李嘉诚等四大巨头决定利用当时的高市价，筹集巨金向"置地"下手。

以李嘉诚为首的华资财团，在吸纳了部分置地公司股票后，公开宣布愿意以每股17港元的价格全面收购置地，从而拉开了这场收购战的帷幕。

对此，西门·凯瑟克声称："大门总是敞开的，问题在于价格。"心里却十分惊恐，积极挪借资金组织反收购。

1988年4月初，李嘉诚在广生行的周年股东大会后，首次向报界披露长江实业集团持有置地公司的股份。向西门·凯瑟克发出挑战的信号。

面对来势汹汹的华资财团，怡和财团不甘示弱，以攻为守。

4月28日，怡策与其控制的文华东方发表联合声明，由文华东方按每股4.15港元的价格，发行10%新股给怡策，使怡策所持的文华东方股权，由略低于35%增至41%。

鲍维思的诡计，使局势倏忽急变。

华资财团担心置地公司"依样画葫芦"，发行新股给怡策，这样将会稀释华资财团手中的股份。于是，华资财团决定采取"快刀斩乱麻"的方式，跟怡和财团摊牌。

5月4日，李嘉诚等华资巨头与怡和财团主席西门·凯瑟克和鲍维思等人进行了谈判。

最后，唯恐事态扩大的怡和财团迫于华资财团的压力，决定用议价购入四大财团手中持有的置地股份。

5月6日，怡和、怡策及置地三家公司宣布停牌。同时，怡策宣布以每股8.95港元购入长江实业、新世界、恒基兆业及中信公司所持的置地股份。由此，怡策所控制的置地股份，由25.3%增至33%，控制权可谓相当稳固。

至此，西门·凯瑟克总算搬去久压心头的大石，他的家族苦守多年的一座危城——置地公司终告解围，而华资财团也通过这一战役，获得了一笔数以亿计的巨大财富。

其实，合作的重要性每个人都知道，用不着多讲，有一句通俗歌词，就是对"合作"二字最简洁的诠释："一根筷子哟，轻轻被折断；十双筷子哟，紧紧抱成团。"

欲取先予，互惠互利共同发展

【原文】能使敌人自至者，利之也。(《孙子兵法·虚实篇》)

【大意】能够使敌人自动进入到我方预定地域，是用小利引诱的缘故。

商战合作从本质上说是互惠互利的，但如果合作双方不是实力相当时，合作就可能是一种诡道之术。孙子强调打仗要以利诱敌，同样在商战中为了取得更大的利益，有时候必须为合作方提供一些"利"，双赢双赢，有利才有赢。

在海外的企业，不论何种方式，都触及所在国家、地区的利益。各个国家、地区的利益要求不尽相同，要悉心研究，投其所好，互利互惠。在这方面，一些西欧企业很有一套。1985年，英国太古公司首脑麦理士来中国考察，之后向部属指出："与中国做生意，要注意两点，一是中国需要技术；二是中国外汇有限，要帮助中国赚取外汇。"据此，该公司设在中国的子公司，把经营的重点放在技术合作和帮助内地出口创汇方面。1990年6月，荷兰飞利浦中国有限公司总经理范心田向中国《经济日报》记者畅谈飞利浦的经营之道："飞利浦很乐意在世界各地投资办企业，并以能够参加当地的经济建设为荣。我们认为，一旦确定在一个地方办企业，就要尽量实现当地化。换句话说，就是要尊重当地政府，承担必要的社会义务，注重吸收当地历史文化传统，使当地人产生一种亲近感。……中国有句老话，叫作客随主便。我们来华投资，是客人，要尊重主人，尊重中国政府和中国人民，互惠互利，共同发展。"飞利浦的经营之道兼顾互利，实乃明智之举。

可口可乐是世界最著名的软饮料。它的产品行销已超过155个国家及地区。

经过近一百年，可口可乐至今仍获得世界各地人士的偏爱。除了产品有优势及清新的口味之外，可口可乐公司还认识到它要在所经营之地作良好客人的重要性。该公司并不自视为一家跨国性的公司，而是一家推崇本地化的公司。当地企业家拥有和控制操作厂房与设备，以生产及供应可口可乐产品，而投资与努力所得的报酬，由当地商界享受。这种多国本地性形式的经营，确保软饮料业的极大部分利益仍保留在当地，为当地人提供服务。

在 1981 年，可口可乐在北京开设了首家装瓶制造厂。可口可乐在设计、建造、开办生产及训练全部阶段，均予以协助。这是一家当地全资拥有的厂家，并是中国软饮料厂的一个模范典型。北京的装瓶制造厂只是可口可乐公司在中国四家制造厂的其中一家，其余在广州、厦门及珠海。

除了软饮料业务之外，它还导致其他工业的发展和得到利润。例如各个组成部分的供应，包括装瓶、盒套容器及运载工具，以至零售者在收取到成品而出售给顾客等方面，所有这些都成为创造就业新机会的因素。具有高度质量标准的可口可乐、雪碧及芬达的面市，积极影响了中国其他本土软性饮品的质量及人们对它们的要求。

可口可乐公司与中国合伙者表明，它们双方有意合作，有系统地发展中国全部的软饮料工业。通过相互合作，可口可乐公司提供其国际商标、技术、生产、市场调查及推销技巧，让对方分享到可口可乐公司的专业、质量与领导能力。结果是，可口可乐公司帮助促进管理技巧的发展，并导致现金收益和协助经济发展。

该公司为中国发展其社会经济作出了积极的贡献。在重视互利的原则下，可口可乐公司向世界各地推销产品，它完全了解自己是所有东道国的客人，并相信公司在人道主义和商业观念上认识亚洲的文化。

这种认识已为时多年，他们所作的若干努力，包括招待许多中国高层代表团到它在亚特兰大总部和在佛罗里达柑橘场考察和参观。可口可乐帮助招待第一个访美的中国国际贸易促进委员会代表团，赞助中华人民共和国国家足球队访问美国。同时，可口可乐赞助了中华人民共和国艺术团访美，且赞助波士顿交响乐团到北京访问演出。该公司还赞助中国艺术团在美国国家广播系统表演特别节目，并成为在美国巡回展出的《伟大的中国青铜年代》展览的唯一商业机构赞助者。

无论如何，中国的合伙者与可口可乐公司之间的关系大有进展。在中国，可口可乐为它所享有的关系而感到骄傲，也为其领先地位、优越水准、远见及传统而自豪。这份自豪感，特别在1986年有其新的含意，因为这正是可口可乐的一百周年纪念。不过，要是没有东道国当地装瓶制造的合伙者、供应商、分销商及顾客的合作与支持，可口可乐决不能树立这样的里程碑。

当企业面临进一步的发展时，开展合作往往是十分重要的。当初松下公司要组建电器生产线时，他们就选择了在全球享有盛誉的荷兰飞利浦公司作为合作伙伴。松下幸之助所看中的正是飞利浦方面在全球范围内的信用和它们的优势。值得指出的是，在合作洽谈时，有关引进的技术合作权利金，美国的公司只需付3％，而飞利浦公司却为7％。面对这种情况，松下应选择哪一方呢？当时飞利浦方面作了如下说明：

"为什么本公司会有这样的要求？因为和阁下的公司合作之后，必须保证一定的成功。本公司在世界各处有48座工厂，都很成功。这种成功得来不易。因为假设对方并不一定完全接受，单拥有技术，也很难得到成功。可是，我们所做的将完全成功，如果你失败了，可能损失两亿元，并每月透支，事业受挫。就规模而言，飞利浦公司大多了，所受的损失当然也更大。"

"若和飞利浦公司合作。而对方失败了，在世界上发表，对飞利浦公司而言是非常不妙的事情，这会造成对方更大的损失。所以，松下公司除非对相当可靠的人，否则不予合作。决定和你合作，是因为你有30年以上的实绩，你对经营的做法和想法，和本公司有许多相似之处。公司内的领导者及工作人员亦然。经过本公司的指导，你的公司一定会成功。成功之后，对双方都有益处。而这项契约，也能有正面的结果。"

松下当时是这样考虑的：飞利浦公司对其合作伙伴的慎重选择，恰恰是松下公司最可靠的保证，要合作就要选择最有信用的合作者。因此，松下也把自己的想法向对方叙述如下："我以十二万分的诚意，想使这项契约顺利成功，所以愿意支付两亿元。可是，我认为7％的权利金太贵了。根据这项契约，有的人会得到十成的成功，有的人却只成功一半，此两者同样都是成功。可是，我做了之后，一定可以得到完全的成功，和只能成功50%的人互相比较，从我的公司拿走的是4.5%，实际所得可能超过7%。我希望你能考虑这种差距。我一定可以得到百分之百的成功，我过去的实绩可证明这件事。所以，我希望你能降低到4.5%。"

松下的这种富有诚意的态度以及他们对信用的重视，打动了对方，结果根据这个数字双方签订了契约。两个富有信用的公司就这样实行了双赢的合作。

在商言利，要合作更要竞争

【原文】故善战者，立于不败之地，而不失敌之败也。(《孙子兵法·形篇》)

【大意】善于打仗的人，总是确保自己立于不败之地，同时不放过任何击败敌人的机会。

《孙子兵法》中明确指出，善战之人，总是先确保自己立于不败之地，同时不放过任何击败敌人的机会，商战合作也一样，在商言利，没有永恒的合作，只有永恒的竞争。

在卫星电视出现之前，香港已有两家电视台"无线台"和"亚视台"。鉴于西方有线电视的发展，香港政府计划设立第二电讯网络，并于1988年正式予以批准。

第二电讯网络将提供有线电视和其他非专利电讯服务（如移动电话、无线寻呼等）。

已经拥有做专利电讯业务的和黄集团，捷足先登，迅速与英国大东电报局、香港中信公司等集团组成新财团，力夺第二电讯网经营权。

李嘉诚看好的是有线电视的广阔前景，有线电视实行向用户收费制，与免费的无线台冲突不大。

1988年2月24日，和黄、中信、大东合组的亚洲卫星公司成立，宣布投资发射、操作经营第一枚专为亚洲提供电讯服务的人造卫星，计划利用中国长征三号运载火箭送入东南亚上空同步轨道。

李嘉诚双管齐下，一手欲夺第二电讯网，一手放卫星覆盖亚洲，显示出"超人"的一贯作风。

1989年初，香港政府初步选定有实绩的和黄为第二电讯网的经营者。

另一个强大竞争对手，是包玉刚的九龙仓与郭得胜的新鸿基地产合组的新财团。

和黄集团的首脑，在是否在港重点投资问题上意见分歧，举棋不定。结果，港府转手把牌照给了九龙仓有线传播公司。

李嘉诚的如意算盘遭到沉重挫折。但李嘉诚并没有就此退出角逐，而是面对现实，亡羊补牢，绕路上山。

按亚洲卫星公司与中国航天部的原有协议，于1990年4月7日成功发射上天的"亚洲卫星一号"的原用途是以电话服务为主，由和记通讯负责经营。该卫星共24个转发器，全部出租年租金约2500万美元。

鉴于当时转发器的使用率很小，李嘉诚"移花接木"，把未尽其用的卫星改用在刚刚起步的电视计划上。

李嘉诚家族与和记黄埔各占一半股权，成立了"卫星广播有限公司"，开拓了卫星电视的新领域。

李嘉诚次子李泽楷对卫星电视也抱有浓厚的兴趣，和黄主席马世民任命他为卫星广播有限公司（简称卫视）的董事兼行政负责人之一。

卫视将向亚洲卫星公司所拥有的"亚洲卫星一号"租用线路。

1990年8月，李嘉诚说服香港政府，放宽有关条例。

新条例规定，若使用碟型天线收看卫星电视信号，只要不涉及商业用途（指向用户收费等）或再行转播（指向无线台、有线台有偿提供服务），便无须申请批准及领取牌照。

条例又规定，只接驳一部电视机的独立卫星碟型天线可豁免领牌；若一座大厦共有卫星碟型天线及室内系统，则需持牌公司安装及操作。

据统计，全港至少有15万座大厦符合安装卫星天线标准。这对九龙仓的有线电视是个莫大的威胁。

九龙仓有线董事局主席是包玉刚的女婿吴光正，他禁止安装卫星天线的持牌公司进入该家族所控的大厦安装碟型天线及室内系统。

李泽楷则针锋相对，以牙还牙。他不准九龙仓打进长实系兴建和管理的大型屋村、大厦楼宇安装有线电视。

很难确认是谁最先挑起战火。但当时的情形的确是剑拔弩张，狼烟顿起。

1990年12月，卫星电视正式获得营业执照，但有两个苛刻的附加条件：一是不可播放粤语节目，二是不得向用户收取费用。

李嘉诚深知，第一个条件是无线、亚视、有线3家电视台向香港政府施加压力的结果，是要置卫视于死地的狠毒一招。

卫视的主要市场在香港。香港华人，不仅较少收看国语节目，绝大部分人连听都听不懂。

不许播粤语节目，等于丧失最庞大最重要的香港市场，这与要卫视的命无异。李嘉诚、李泽楷父子频频出入香港政府，要求解除禁播粤语节目的条例。

李氏父子还轮番上阵，借助传媒，指责港府规定的荒谬性：一家香港本地注册的电视台，却不准许播放本地话的节目，此乃无稽之谈……

李嘉诚一直以和为贵。他如此"谩骂"，绝非一时冲动。他旨在争取民心。

李嘉诚委托一家独立的公关公司，搞了一次民意测验，接近百分之百的卫视用户都赞成播放粤语节目。李泽楷将测验结果呈交香港政府广播事务管理局，作为修改条例的参考。

李泽楷对九龙仓更是穷追猛打，欲置对手于"死地"。其势之锐，比当年乃父逼迫置地有过之而无不及。

九龙仓以放弃有线电视计划威胁香港政府，再采用哀兵之术，以争取公众舆论和香港政府有关官员的同情。

但李泽楷继续攻其"死穴"，既要港府解除禁播粤语节目的条例，还要求准许向用户收取费用。

这场电视大战，双方的后台都是香港顶尖的华资财团，双方的投资都达几十亿港元。因此，港府哪边都不想得罪。态度自然就采取中庸，一方面放宽对粤语节目的限制，另一方面只维持一家收费电视。

李泽楷力撼吴光正，已初步达到预期目的。一位评论家说："李泽楷采取的是进尺得寸的战术，欲借五百，则开口一千，否则借五百都要打折扣。"

李泽楷进尺得寸的战术，其实我们日常生活中屡见不鲜。一个小店主对一件欲卖6元的物品往往对顾客开价8元，顾客还价到6元成交，双方都皆大欢喜。其实这6元正是小店主要卖的价格。

1991年3月，卫星电视公司成立。李嘉诚任主席，马世民、李泽楷任副主席，陈庆祥任行政总裁。总投资为4亿美元。

实际上，卫视的管理大权由李泽楷统揽。

他向国际著名的广播电视公司BBC和MTV等买片，以少量的现金加一份卫视盈利（比例分红）的方式成交，以此法为Star Plus的娱乐频道选购节目。

李泽楷尽量购廉价节目。对过时的热门剧，他也有选择地大量购进。播映结果，观众均反应良好。

论收视率，卫视只能望无线、亚视两位大哥的项背。但若论收视面，卫视则占尽优势。

卫视可24小时不停地向40多个国家和地区播送节目。节目质量及收视面，成为广告经营的基础。

李泽楷从1991年底卫视全面开播，到1993年中转让止，不到20个月就为卫视挣来广告收入3.6亿美元。而维持5个频道的年费用为0.8亿美元。经营态势良好。

但李泽楷并不满足现有业绩，他仍为敦促香港政府放宽限制而不懈努力。

苍天不负有心人。1992年7月2日，香港政府颁布新的电视广播条例，宣布卫视自1993年10月底起，可完全开播粤语节目。此外，卫视不可独立经营收费电视，但可透过收费电视（注：指九龙仓有线电视）的频道，经营收费的卫视节目。

李泽楷与吴光正进行谈判。1993年6月，两大财团达成协议：卫视与有线的重叠业务结盟，实行天地共存。

李泽楷对吴光正及其九龙仓穷追猛打，在香港政府的裁定下，取得了十分有利的成果。最后双方化干戈为玉帛。

两虎相争，必有一伤。冰释前嫌，握手言和，对双方都是一件好事。

当然这是商战的一种理想状态，而商战的本质却是逐利，为了利益，就应该当仁不让，想当初李嘉诚与包玉刚可谓是一个战壕的战友，共同围攻英资，但在新的利益面前，该竞争的还得竞争。

联合制胜

【原文】众者，使人备己者也。(《孙子兵法·虚实篇》)

【大意】兵力众多，是调动他人的兵力防守自己的结果。

孙子这句话说的是与敌交战，处于劣势时应善于用他人的力量。如果将其运用于现代商业，就是告诉我们商家要联合制胜。

竞争是生存的一种状态，没有竞争，社会不会进步。

但对大多数生意人来讲，除了竞争以外，合作也是极其重要的生存方式，如果为了竞争而竞争，就会失去公司发展的方向，丧失胜利的机遇。

Beta 是台湾录像机市场的两大系统之一，另一个系统是 JVC 公司的 VHS 系统。前者是台湾新力公司，一直在擅长的电子技术领域占据重要位置，Beta 系统就是它成功的发明，但就是在这个发明上，索尼公司摔了一个大跟头，输给了对手 JVC 公司。而 JVC 公司则用"使人备己"的方法占胜了对手。

索尼公司在发明录像机系统之后，一直想垄断录像机市场，不给对手机会，所以它坚持不肯将技术同对手共同分享。

索尼公司垄断技术的局面，在短时间里确实造成了行业垄断，给索尼公司带来巨大利润。JVC 公司的 VHS 系统无法和索尼公司相抗衡，在生产的品质上和技术上都明显落后于对手索尼公司。这种情况迫使 JVC 公司下决心开发出新的系统，以打破新力公司的垄断地位。

由于 JVC 以公开技术的方式和其他的大公司合作，所以在它周围立刻积聚起一支庞大的技术队伍，世界其他电子公司的技术 JVC 公司也可以分享，因此世界上采取 VHS 规格系统的公司越来越多。索尼公司处于孤立的境地。

采用 VHS 系统的厂家，为了同索尼公司竞争，联合起来挤占新力公司的市场。由于这支队伍的庞大，输赢立刻就见分晓，索尼公司马上就处于下风。

索尼公司知道形势对它非常不利，这时如果它立即和其他公司合作，尽管将造成自己的一部分损失，还不至于一败涂地，而且还可以发挥自己的技术优势。但索尼公司却不甘心，它决心在这场世纪大战中坚持下去，于是就极力抗拒 JVC 公司的 VHS 系统。

为了达到目的，它用巨额资金投入到广告之中，它的技术水平也越来越高。可是消费者已经使用习惯了 JVC 公司的产品，要改变这种习惯谈何容易。因此，索尼公司的行为不但无法挽回它的劣势，反而越陷越深。这就决定了它螳臂挡车的做法是无法长期维持下去的，它的努力最后宣布彻底失败。

1988 年春天，索尼公司承认了自己的失败。宣布 Beta 系统不如 VHS 系统，决定放弃自己固守的阵营，加入到对方的行列。

靠着大树好乘凉

【原文】 故君之所以患于军者三：不知军之不可以进而谓之进，不知军之不可以退而谓之退，是谓縻军。不知军之事而同三军之政，则军士惑矣；不知三军之权而同三军之任，则军士疑矣。（《孙子兵法·谋攻篇》）

【大意】 国君危害军事行动的情况有三种：不了解军队不能进攻而使军队进攻，不了解军队不能后退而硬使军队后退，这叫束缚军队；不了解军队事务，而干预军队的行政，就会使军士感到迷惑，不懂得军事上的权宜机变而干涉军队指挥，就会使军士产生疑虑。

在古代军事战争中，取胜的关键在于将帅的才能，而将帅的才能，能否发挥则在于国君，在于大后方的政权内部，如果将帅不能和国君或者当权人士有良好的协调，那么要想取胜也是非常困难的，岳飞、袁崇焕这些军事天才之所以会最终失败，这不能不说是一个重要原因。

将这个道理运用于现实中，就是要我们的商业运营者善于同政府合作。

对商人而言，在商言商固然天经地义，但商人总不可避免地要与政府部门打交道。可以说，一个企业如果处理好了与政府及主管部门的关系，就会左右逢源，得心应手。否则，就可能与之频频发生摩擦和冲突，甚至被制裁。

在现代化的社会中，商人的生产生意活动绝非是自行其是的孤军奋战，更不是不负责任的为所欲为。企业必须与政府及其主管部门处理好关系，在社会冲突与社会责任中，谨慎而严肃地扮演好自己的角色，按照设定的目标，妥善处理冲突与责任，令企业走上良性发展的轨道。

企业作为一个经济实体，对作为国家代表的政府负有一定的责任，比如：承担政府所交给的生产计划、提供优质产品、为国家积累资金、义务提供必要的社会公益服务等。

既然不可避免地要与政府打交道,商人自然需要弄清政府组织结构和主管部门的设置以及功能,以便提高办事效率。同时,还要设法使主管企业的政府官员和办事人员对本企业的情况有全面的了解,并主动与他们建立联系,以便日后能及时准确地得到政府方面的有关信息。

因此,有经验的商家总是热情而主动地参加政府和主管部门组织的有关活动,虚心听取领导对企业各项工作的意见和建议。在有些情况下,也可以当场反映本企业的成绩和存在的困难及要求。一般来说,由政府提倡的有利于社会的公益事业和活动,企业应作为社会的一员积极参加。这样做,一方面可以加深政府对企业的信赖和赞许;另一方面可以提高企业的声誉和知名度。

此外,企业的重大庆祝活动,如建厂周年纪念、展览会等,要邀请有关政府官员出席参加,同时邀请他们参观工厂、企业,了解情况,以提高他们对本企业活动的兴趣,加深他们对产品和企业的认识与好感。甚至以此来提高本企业的知名度,在公众中树立一个良好的形象。

随着我国对外经贸关系的加强,不少商家已经意识到通过国事活动来为自己的产品做宣传的必要性。比如,向国宾赠送礼品便是一种有效方式。这种方式可以同时达到:名人效应和新闻效益。国宾接受并使用了某种礼品,自然就提高了这种物品的知名度,即所谓的"名人创名牌";新闻界对此进行报道,更是做了免费广告。这种一举两得的实例在国际上比比皆是。在我国,近年来也有不少聪明的商人获得了成功。

美国,是堪称世界饮料双臂的可口可乐和百事可乐的故乡。健力宝在跨出国门走向世界时,毫不迟疑地选择了这一难啃的骨头,它想占领制高点,不愿意从谷底开始顺着山道慢慢盘旋。

拿破仑曾经感叹:"政治,是近代无法躲避的东西。"对于商品,政治同样有不可低估的意义。健力宝选择了美国总统大选这一时机,就此展开公关活动。

1992年10月1日晚,克林顿的助选大会在纽约港湾的一条豪华游艇上举行。美国当地时间4点半,离会议开始还有两小时,健力宝美国有限公司总经理林齐曙和公司工作人员一起来到码头。他们带来的不是对于竞选的热情，而是带来了健力宝和摄像机，还有就是做外交事务所需要的耐心与细心。经过严密的检查，他们走上了游艇。在游艇上，他们详细勘察了将要到会的克林顿夫人所要经过的路线，确定了克林顿夫人可能停留的位置，并选定了拍摄的角度。

6 点 30 分，克林顿夫人和戈尔夫人在大批保安人员的簇拥下登上了游艇。按照惯例，她们首先要来到客厅会见当地的名流和有关客人。当她们与站在纽约市政府代表旁边的健力宝人握手之际，健力宝美国有限公司的小姐不失时机地用托盘奉上几罐健力宝。纽约市政府的美国朋友向两位夫人推荐健力宝，说它是中国著名的健康饮品，而林齐曙则及时向两位夫人各敬上一杯。就在两位夫人笑盈盈地举杯饮用健力宝的时候，早已等候多时的摄像师急忙频频按下了快门。于是，健力宝与克林顿夫人在一起的情景被载入历史史册。

这天晚上，"中国魔水"健力宝在高举火炬的自由女神像下大放光彩。两位华裔小姐身着色彩艳丽的中国旗袍，披着"健力宝小姐"绶带，不断将健力宝送到热情洋溢的宾客手中。在场的记者对健力宝产生了浓厚的兴趣。

林齐曙在回答《美国之音》记者的现场采访时说："我们无意关注美国政治和总统大选。我们公司的目标是让美国人民了解和认识健力宝。如果有机会，我们同样乐于参加共和党的助选大会。我们希望布什总统的夫人芭芭拉女士也能喝上健力宝。"说话间，健力宝又扩大了自己的市场。

1992 年 2 月 20 日，美国的《纽约时报》刊登了新选总统克林顿夫人希拉里举起健力宝畅饮的彩色照片。站在克林顿夫人身旁的是戈尔夫人。与照片同时刊发的是介绍健力宝的文章。

由于第一夫人高举健力宝光可鉴人，健力宝集团公司总经理李经纬岁末飞抵美国召开新闻发布会备受关注。从东海岸的纽约到西海岸的洛杉矶，掀起了阵阵热浪。与此同时，健力宝投资兴办的李宁国际体操舞蹈学校开学，百倍、千倍的美国人走进了健力宝营造的世界。

百年老字号的可口可乐正在中国昂首阔步，而健力宝却在自己营造的氛围中举起了军旗，到它的故乡去瓜分地盘。第一批 50 万箱，于 1993 年春节过后开始远涉重洋。

连续六年被评为全国最受欢迎饮料的健力宝,利用成功的公关活动,展现了现代企业寻求新大陆的风采。

商人也要讲政治,还要表现在能够妥善处理国家利益与企业利益之间的关系。国家财政的积累、经济实力的加强、社会扩大再生产的实现,都要靠众多企业在发展生产、增加盈利的基础上,向国家多缴税收。因此,在国家和企业的相互关系上,企业利益要服从国家整体利益和长远利益,否则,于国家、于企业都不利。

不少成功的企业家,刚开始下海时,的确是想赚点钱,让日子过得富足些。但随着自身层次的不断提高,个人的追求也逐渐升华。钱赚得多了,对物质倒不在乎了。正如一位著名企业家所说:"尽管成本和利润依然是我作任何决策时的出发点,但利润已不是我追求的目标。我渴望的是不断超越自己,同时给社会多创造一些财富。"

政府是国家的行政机关和国家权力的执行机关,对社会行使统一管理的职能,任何社会组织都是在国家法律的保护和约束之下运转的。因此,组织的一切活动必须在政府的政策、法律允许的范围之内进行。所以,在处理企业与政府的关系时,必须坚持如下基本原则:

(1)严格遵守国家的法规、政策。

(2)虚心接受国家主管部门的具体领导。

(3)正确处理国家整体利益与企业局部利益的关系,既不忽视国家利益,又不损害企业利益。

(4)在提高效益的基础上,为国家多作贡献。

(5)尽量争取有利于企业的立法和政策。

企业在开展与国家政府机构间的公共关系活动时,应密切注意国家政策及其动向,以便于用足用活政策。为此,需要做到如下几点:

(1)及时了解国家的有关计划,收集汇编各级政府及有关部门下达的各种文件,颁布的各种政策、法令,进行归类分析研究。

(2)密切注意并分析代表国家和地方政府的各种新闻传播机构的动态。

(3)充分了解国家政府机构的设置、职能结构、工作范围及办事程度;与政府主管部门的工作人员保持经常的接触,并通过他们向国家主管部门及时地汇报情况，反映本企业的生产生意状况，并注意收集反馈回来的各种信息。

（4）热情参与政府主管部门的各级领导对企业的指示、指导和意见。通过上述活动，既可以从政府主管部门中得到各种有用的信息，从而把握住政策、形势动向，为企业的生产、生意决策服务，使企业处于主动地位；又能够在与政府机构及其工作人员的接触中，宣传本企业的主张，树立本企业的形象，从而得到政府对企业的信赖、赞誉和支持，使企业在生存和发展的激烈竞争中，进退自如，永远立于不败之地。

第九章 善于合作，追求双赢——孙子与现代企业的战略合作意识

第十章　得人才者得天下
——孙子的用人之道

孙子高度重视人才。他提出:"兵众孰强？士卒孰练？"孙子的这一军事思想对现代商战颇有指导意义：现代商战首先是人才的争夺战。特别是在高度现代化的今天，可以说人才是商战制胜的关键。

用人只用聪明人

【原文】将孰有能？（《孙子兵法·计篇》）

【大意】哪一方的将帅有才能？

将帅是战斗胜利的关键，而人才是企业发展的关键。

那么何谓人才？人才是"智"，人才是聪明人，孙子把"智"列为选择将帅的五大标准（智、信、仁、勇、严）之首，可见将帅有才能的关键是要拥有智谋才能，这就告诉人们，企业用人就得用能人。

对于"聪明"这个词，比尔·盖茨的理解是能迅速地有创见地理解并深入研究复杂的问题。而所谓"聪明人"，具体地说就是：反应敏捷，善于接受新事物；能迅速地进入一个新领域，对之作出头头是道的解释；提出的问题往往一针见血，正中要害；能及时掌握所学知识，并且博闻强记；能把原来认为互不相干的领域联系在一起并使问题得到解决；富有创新精神和合作精神。

这种人才高明之处，就在于既拥有雄厚的科学技术和专门业务的知识存量，又了解和把握经营管理规则，并能运用这些知识存量和规则在市场激烈竞争中操作自如、得心应手。微软公司以比尔·盖茨为代表，聚集了一大批这样的"聪明人"，在技术开发上一路领先于对手，在经营上运作高超，使微软成为全球发展最快的公司之一。而对"聪明人"的寻求，微软又靠着一套严格的招聘制度，以保证人才质量，从而在商战中克敌制胜。

在公司成立初期，微软公司采用亲自面试应聘人员的方法。当时，比尔·盖茨、保罗·艾伦以及其他的高级技术人员对每一位候选人进行面试。现在，微软用同样的办法招聘程序经理、软件开发员、测试工程师、产品经理、客户支持工程师和用户培训人员。微软公司每年为招聘人才大约要去50所美国大学访问。招聘人员既去名牌大学，同时也留心地方院校（特别是为了招收客户支持工程师和测试员）以及国外学校。1991年，微软公司人事部人员为了雇佣2000名职员，走访了137所大学，查阅了12万份履历，面试了7400百人。年轻人进入微软公司工作之前，在校园内就要经过反复考核。他们要花费一天的时间，接受至少4位来自不同部门职员的面试。而且在下一轮面试开始之前，前面一位主试人会把应试者的详细情况和建议通过电子通信传给下一位主试人。有希望的候选人还要回微软公司总部进行复试。微软公司通过这些手段，吸收了许多全国技术、市场和管理方面最优秀的年轻人才，为微软赢来了声誉，在各大学里树立了良好的形象。一位曾在IBM公司和康派克公司享受较高薪水的22岁年轻新员工说："微软的名字带有浓厚的神秘感，这使你的履历看起来非同一般。"

微软公司总部的面试工作全部由产品制作部门的员工承担，开发员承担招收开发员的面试工作，测试员承担招收测试员的全部面试工作，以此类推。面试交谈的目的在于抽象地判定一个人的智力水平，而不仅仅看候选人知道多少编码或测试的知识或者有没有市场营销的特殊专长（在判定新雇员4种重要的素质，即雄心、智商、技术知识和商业判断能力中，智商被列在最重要的位置）。微软面试中有不少有名的问题，比如，求职者会被问及美国有多少个加油站。求职者无需说出准确数字，但只要想到当时美国有2.5亿人口，每四人有一辆汽车，每500辆车有一个加油站，他就会推知大约有12.5万个加油站，估计美国加油站的数目，被面试者的答案通常不重要，而看重的是他们分析问题的方法。更为具体地讲，总部层次的招聘是通过"让各部门专家自行定义其技术专长并负责人员招聘"的方法来进行。例如程序部门中经验丰富的程序经理用以下两个方面来定义合格的程序经理人选：一方面，他们要完全热衷于制造软件产品，一般应具有设计方面强烈的兴趣以及计算机编程的专业知识或熟悉计算机编程；另一方面，他们能专心致志地自始至终关注产品制造的全过程，他们总是善于从所有想到的方面来考虑存在的问题，并且帮助别人从他们没想到的角度来考虑问题。又如对于开发员的招聘，经验丰富的开发员寻找那些熟练的C语言程序员，同时还要求候选人不仅具备一般逻辑能力，并且要有在巨大的压力之下仍然能够保持良好的工作状态。

在对每一位被面试者作出严格要求的同时,微软还要求每一位面试者准备一份候选人的书面评估报告。由于许多人(包括高级经理们)会阅读这些报告,所以面试者常常感到来自各方面很强的压力,招聘负责人必须对每一个候选人做一次彻底的面试,并写出一份详细优质的书面报告。这样,能通过最后筛选的人员相对就比较少。例如在大学招收开发员时,微软仅仅选其中的10%~15%复试,而最后仅雇用复试人员的10%~15%,即从总体上讲,仅雇用参加面试人员的2%~3%,正是这样一套严格的筛选程序,使得微软集中了比世界任何地方都要多的高级计算机人才,他们以其才智、技能和商业头脑闻名,是公司长足发展的原动力。比尔·盖茨在清华大学演讲时曾说过:虽然自己并不是每天都快乐,但他不愿与别人交换这个工作。他觉得能够与一群充满智慧的人去工作、去交流,是一件十分幸福的事情。微软(中国)公司市场部一名员工对记者说,他曾在另外两家外企工作过,进入微软后,每天都和一群非常有才气的人工作在一起,感觉自己提高很快。他认为,这个年轻的公司是最让他心动和倾心的公司,对年轻人充满诱惑力。

学会尊重每一位员工

【原文】故进不求名，退不避罪，唯人是保，而利合于主，国之宝也。（《孙子兵法·地形篇》）

【大意】作为一个将帅，应该进不贪求战胜的功名，退不回避罪责，只求民众和部下得以保全，符合于国君的根本利益，这样的将帅才算是国家最宝贵的人才。

一个军队将领要确保夺取胜利，离不开部属的支持，所以孙子建议将帅要懂得保全士卒，尊重他们的生命。如果为了一场胜利而牺牲士卒，则谓之惨胜，这样的将领是称不上优秀的。同理，一个企业管理者要保持团体的凝聚力，也必须学会尊重爱护每位员工。

台湾台达集团成立于1971年4月，是郑崇华先生创办的。40多年前，郑崇华带着15个人，创业的目的是要甩开日本人，自己做零组件，初期以生产变压器等电子零件为主，资本额为新台币10万元。经过40多年的打拼，硬是从险恶环境中脱颖而出，后来，台达公司不仅"战胜"了日本厂商，而且还打败了欧美厂商，成为世界头号电源供应器制造厂商、世界上最大的零组件厂商、世界上最大的计算机业周边产品供应商。集团产品横跨电子零部件、电源、电池、显示器、工控产品、薄膜感测器等高科技领域，2000年底在全世界有17个工厂，台湾有员工3700人，而全球员工数达两万人，市值达到35.3557亿美元。最让人叹为观止的是台达在35年中的连续增长竟达30%~40%。郑崇华在用人方面的一个重要认识是老板不要把公司的所有事物都揽在自己一个人身上，要学会和敢于将事情交给手下去干。他说："大公司里的老板不会知道很多东西，就像GE的掌门人韦尔奇也不知道很多东西和产品。所以一家企业组织结构比较合理一点，就是根据产品特性，分成几个公司，形成一个集团。这个集团董事长主要在财务方面、整个大策略方面掌握一下，但对产品开发方面不必知道那么多。如果中央集权的话，每样东西他都要管。像 GE 掌门人韦尔奇这样强势的人很难找，他与众不同，连他的个性都非常强，与一般人的脾气都不一样。要找到这种人很难，万一找错了，整个公司都会完。"

为此，郑崇华多次表示过，他不超过 70 岁就要退休，届时他会将公司分成好几家，比如，把几个做电源的产品生产单位集中起来，形成了一个专做电源的公司。

郑崇华认为，日本人对老板往往是盲目服从，因此日本的老板很好做。"但中国人却很聪明，中国人常常是三个和尚没水喝。我经常讲这个道理，包括我自己也常常反省自己，别人犯错误都不是故意的，所以在反对别人之前，自己稍微反省一下。我们很少闹分裂。这是因为我们诚诚恳恳待人，大家都能合得来，而且大家对公司和个人的感情都非常好。"

"但是，我没有感到中国人有什么不好管理，我觉得都还好。对人的尊重和信任是很重要的。我做了这么久，没有开过一张支票，没有盖过一个章。我让一个小姐管钱、一个小姐管账。而我的有些朋友把这些看得牢牢的，生怕人家把钱拐跑了。比如你让人家到会计部之前，你要先了解人家，知道人家是可靠的，你用人家时，就要信任他。我有一个朋友问我，他为什么老是碰到坏人。我说：'老兄啊，我是你的会计，我也要拐跑你的钱，因为你不信任人家，不尊重人家，把人家当作小偷看，人家心理便会不平衡。'"

"台达没有出现过内部分裂。虽然台达也设立了一些相关的制度，但台达有一种气氛，如果公司来了有问题的人，我们公司会自动把他排挤掉，如爱拿回扣的人来了后，其他的人就会给他施加压力。现在每个部门的工作都是由每个领域里的总经理负责，我充分授权给他们，我对他们说，你们一定要知道如何用人，一旦用了别人就要充分信任他，如果人家为你获利了，你就一定要给人家好处，这样大家都会遵守游戏规则的。"

除了充分授权、信任他们，什么样的管理会激发他们的创造热情呢？郑崇华说："经常培训他们、让他们与客户直接来往，只有经常与客户打交道，才知道客户的需求，让他们直接作决定，不用向我汇报，因为是他答应别人的事，就等于是他的事情，他比我还会着急。对业绩好的经理，我们会分给一些股票。对经理人的考评是以利润为主，以单位投资报酬率为主。零组件的投资很低，但麻烦就是人太多，因为老产品利润太少，有些没有办法再做了，可是我们还在做。"

郑崇华在用人上非常愿意用那些会与别人良好沟通、善待员工、比较聪明的人。"我不喜欢比较笨的人，我喜欢解决问题能力不错，不管是与上级、下级、旁边的人都能相处得很好的人，因为我们是一支团队。但这也不绝对，用人是一种艺术，不能死板。有时候我们也逼着技术很好的人与别人沟通，对他们进行培养。"

"我们尽量找年轻的人去做事，而老一辈去做规划，不能不让年轻人做事，你要让他们自由发挥，不能我叫你做什么，你就做什么，给他一个环境，鼓励他去创造。但是你要在后面看着，万一事态严重了，你及时提醒他们。"

"让年轻人做事就要容忍他们身上的毛病，犯了错误他们会自动改正，如果不是故意犯错的话，我们不会故意惩罚他，因为他自己心里已经很难过了，你就不要再刺激他。"

"你跟年轻人讲老一代人的经验，年轻人有时不会相信，他们有时就像小孩子喜欢玩火，你怎么讲，他还想玩，只有被烫着后他才不会再去玩。因此我对待我的经理时，尽量把过去的经验告诉他，可是过去的经验也未必对他绝对有用，因为环境完全改变了，你只给他一个参考而已，不是一定要照我的话去做。如果有些经理人对手下人控制得太严，我们会把他换到其他的位置上。因为这样会对那个单位的成长有影响。我宁肯让他发挥，有些小错，他自己会调整的。"

"我常和同仁讲，每个人都有他的优点和缺点，你要学人家的优点，不要学人家的缺点，也不要批评人家的缺点，如有些小厂家拿他们的电源给我们看，有的人认为不值一看，我说，我不是让你去看人家的缺点，我是叫你去发现人家的优点，如果你能发现人家的优点，我才会鼓励你。"

为人才而收购对手

【原文】 卒善而养之，是谓胜敌而益强。(《孙子兵法·作战篇》)

【大意】 对俘虏过来的士卒要给予善待和使用，这就是所谓的战胜敌人而使自己愈加强大。

孙子主张对待俘虏要如同对待自己的士卒一样，这不仅体现了一种人道主义观，也表明了其对人才的重视。在现代商战中，人才的争夺日趋白热化，为了在竞争中立于不败之地，有时为了人才甚至可以收购其所在企业。

1984年成立的思科（Cisco）系统公司是一家标准硅谷模式的高科技公司，对IT产业有所了解的人都会知道，思科公司是全球最大的网络解决方案供应商之一。

前任思科主席兼CEO约翰·钱伯斯1991年被聘为思科全球运作高级副总裁，当时公司员工仅300人，年收入7000万美元。但到了2016年4月，思科在全世界已有约7.31万名员工，2015财政年度总收入达到473亿美元，净利润90亿美元。

思科能取得这样的辉煌成就，其中原因很多，但其与众不同的购并人才策略起了最大的作用。作为一家新兴高科技公司，思科并没有像其他传统企业一样耗费巨资建立自己的研发队伍，而是把整个硅谷当作自己的实验室，收购面向未来的新技术和开发人员，以填补自己未来产品框架里的空白。一般来说，思科差不多能够在三年内平衡收购成本，因此那些在未来6~12个月有非常好的科技产品的小型创业公司是思科理想的收购目标。美林全球证券研究部门认为：思科通过收购获得外部研发资源，缩短了关键产品从研发到投放市场的时间，并最大限度地降低了与研发失败相关的费用。

思科公司通过大规模的收购实现快速的发展。例如，思科在一年时间内收购的公司曾多达 65 个，因此，思科称自己为一个 New World。收购可以实现公司的快速增长，但是失败的收购也会让公司慢慢衰败，甚至消亡。钱伯斯曾经做过王安电脑公司的总裁，由于王安公司的失败导致公司大量裁人，经他之手裁掉的人多达千人，这是他在职业生涯中最不愿意看到的，也最不能忘怀的经历，这促使他在以后的职业生涯中非常注重避免企业的不良经营导致的裁员。

钱伯斯可以称得上是一个收购专家，在收购过程中除了考察该企业的技术因素，还有一点是看能否消化吸收这个公司，其中最重要的一点是这个公司的文化与思科有多大差异。所以每次收购，钱伯斯都要带领一个"文化考察团"——由人力资源部成员参与的收购班子。经过许多次收购，思科的文化也渐渐发生融合，形成了今天兼收并蓄的文化特色，但是始终坚持以客户为中心的核心价值观。思科曾经因为某个客户需要一种技术而去收购了掌握那种技术的一家公司。买公司不稀奇，买完之后让这个公司变成思科的一分子，并能保留买过来的公司的技术和人才，这才是快速成功的一个条件。

思科设有一个专门机构，对收购公司进行大量的定量分析。他们的兼并小组带着一些目标进行特别广泛的评估。除了工程师检查技术，财务人员核对账簿外，更重要的是，思科公司的小组还检查人才情况和管理质量。因为思科收购一个公司既看它的技术，更看创造技术的那些人才。

思科公司在并购后还有一个更重要的工作要做，那就是消化人才。钱伯斯认为，并购主要是为了人才。他说："我们衡量一次并购是否成功的标准是：首先是收购公司员工的续留率，其次是新产品的开发，最后才是投资的回报率。"为了在并购后消化增加的人员，钱伯斯选择了只吃"窝边草"的策略。公司不收购硅谷以外的公司，这样可省却员工及家属举家迁移的麻烦。

对于想要收购的"猎物"，钱伯斯会亲自检查它的股票分布：股票是在几个投资者手中，还是在上层经理掌握之中？他们怎样对待员工？他以此来判断该公司企业文化是否与思科兼容。这种考察一般为 6~12 个月。有一次思科想收购一家众人都看好的公司，产品对路，价钱也合适，但并购后必须解雇员工，最终钱伯斯还是放弃了。还有一次思科公司的收购竟因三个人员的安置问题而搁浅。"购并成功的关键在于选择，就像结婚一样，如果只约会一次就结婚，婚姻就不太可能美满。如果你知道择偶条件，并花很多时间研究和追求，成功率就会提高。"

薪酬是争夺人才的手段

【原文】故车战，得车十乘已上，赏其先得者。(《孙子兵法·作战篇》)

【大意】所以在车战中，凡是缴获敌人车十辆以上的，就奖赏最先夺得战车的人。

孙子非常重视军队的奖罚制度，不仅提出"赏其先得者"，更是在《孙子兵法》里将"赏罚孰明"列为决定战争胜负的七种关键因素之一。

在商战中，你提供给员工的薪酬必须要高于对手，反之，你的人才就有可能流失。

薪酬是吸引、保留和激励员工的重要手段，是公司经营成功的影响要素。爱立信的薪酬结构包括薪资和福利两部分，薪资有固定和不固定两部分，福利则包含保险、休假等内容。影响薪酬水平的因素有三个：职位、员工和环境，即职位的责任和难易程度、员工的表现和能力以及市场影响。薪酬政策的目的是提供在本地具有竞争力（而不是领先）的报酬，激励和发展员工更好地工作并获得满足。

爱立信对年度优秀员工或工作满5年以上的员工，制订了奖励计划。直接主管负责提名，经层层审批后确认。奖励标准包括：团队合作、工作态度积极、客户至上、创新以及持续的出色表现。

爱立信中国公司的薪酬制度有许多独特之处：

1. 来爱立信之前的工龄也算数

爱立信中国公司的员工薪金与其职务高低成正比，年龄、工龄、学历等因素也有一定的影响，但不起主要作用。对于同一职务，如果有不同学历的人担任，他们之间薪金的差别可能仅仅在几百元之间。另外，与一些公司的做法不同的是，爱立信在计算员工的工龄时，把他在来爱立信之前的工作经历也算在内。

2. 部分员工有股份

爱立信中国公司员工的薪金一般由四部分组成：基本工资、奖金、补贴和福利。奖金分为两类：一般人员奖金和销售人员奖金。有一些关键职员还会得到一定的期股权，期股权的受益者一般为"对公司起关键性作用的人"，而不是以职务高低行赏。

3. 给员工发体育补助

爱立信在北京的员工每年还会得到5000元的体育补助，其他地方根据地区差异也有3000元等不同水平的补助。据爱立信中国区总监牛艳娜介绍，发放这一补助的原因可能是"员工工作的时间比较多、工作压力比较大"，尽管员工的平均年龄只有33岁，爱立信还是鼓励他们去锻炼、去运动，这是一个长远发展的策略，而不像一些新兴公司竭泽而渔的做法。

4. 工资围着市场转，奖金与业务目标"接轨"

在爱立信，公司业绩与员工工资没有特别的关系，但与员工的奖金有很大关系。爱立信员工的奖金与公司的业绩成一定比例，但并非成正比例。奖金一般可达到员工工资的60%，对于成绩显著的员工，还有其他补偿办法。

员工在爱立信得到提薪的机会一般有几个：职务提升，考核优秀或有突出贡献者。被评为公司最佳员工和有突出贡献的员工都有相应的奖金作为激励，突出贡献奖、最佳员工奖、突出改进奖的奖金额度一般不超过其年薪的20%。

爱立信每年要特别明确地进行绩效评估，员工队伍的工作分几个档次。一般员工按照公司的目标应达到良好，可能有5%～10%的员工工作不太好，通过调整还是可以接受的；还有2%～5%的员工确实达不到目标。对这两组人员可能采用激励程序，经理会告诉这些员工：你的工作表现不好，要马上改进。对于做得非常好或者有突出贡献的员工，如果还有潜能的话，可能会提升他们去担任更高的职务。对大部分做得不错的人，公司会维持他们在原岗位上继续工作。

爱立信对每个职务的薪金都设立一个最低标准，即下限。当然，规定下限并非为了限制上限，而是保证该职务在市场上的竞争力。据介绍，一般职务上下限的差异为80%左右，比较特殊的职务可能会达到100%，而比较容易招聘的职务可能只有40%的差异。

5. 爱立信没有降薪

据介绍，迄今（采访当日）为止爱立信中国公司尚未有员工降薪的情况发生。牛艳娜说，如果要采取降薪的做法，还不如直接辞退。迄今（采访当日）为止，爱立信北京公司仅辞退过20多个员工，这在4000多人里算比较低的比例了。

能力要素的管理是一个独立的系统，但与绩效管理休戚相关，能力管理有助于员工实现职业发展规划；绩效管理则有助于员工改进和提高绩效，从而有助于公司经营业绩的提升。

爱立信高层管理人员阮魁森认为，员工通常会提出这样几个问题：我的职位及其工作内容是什么？这个职位应得到怎样的报酬？我该怎么做？我如何能改进工作？阮魁森让人力资源部门和管理者一起来回答这些问题。

人力资源部门通过职位分析形成规范的职位说明书，明确任职员工的责任，并据此确定员工的工作目标或任务；通过职位评估判断职位的相对价值，建立公司薪酬福利结构及政策，使员工产生较清晰的期望。管理者的根本任务是有效完成部门绩效，因而对下属绩效进行评价与管理就成了其当然且重大的责任。

爱立信的绩效评价系统建立在两个假设基础上：一是大多数员工为报酬而努力工作，除非可获得更高的报偿他们才会关心绩效评价；二是绩效评价过程是对管理者和下属同时评估的过程，因为双方对下属发展均负有责任。

绩效评价有两部分内容：结果和成绩（目标、应负责任、关键结果），绩效要素（态度表现、能力）。目标结果一般以量化指标进行衡量，应负责任的成绩一般以责任标准来考核。绩效要素包括：主动性、解决问题、客户导向、团队合作和沟通，对管理者而言还包括领导、授权和其他要素，最终的绩效评价结果是两部分内容评估结果加权后的总和，两者分别占60%和40%。对员工进行公正的绩效评价，有利于公司人员相对稳定，但要真正留住人才，却非朝夕之功。

爱立信的考核无虚言，每个工作都有硬性考核指标。爱立信的目标考核即所谓的硬性考核，每个工作都有硬性指标以供考核。例如，在大部分公司，市场推广工作的成功与否，很难用具体的定量指标来考核，在爱立信却是可以的，一般使用市场分析数据来考察。比如，你花了100万元的广告费，达到了什么样的目标：做了多少个广告、覆盖的用户数量是多少等，都有确切的数字可以证明你的成绩，广告影响力的调查通常通过第三方公司来做。

为了使人才流失降到最低，爱立信设计了"转换成本"策略。即员工试图离开公司时，会因"转换成本"高而放弃。这就需要在制定薪酬政策时充分考虑短期、中期、长期报酬的关系，并为特殊人才设计特殊的"薪酬方案"。

提升所有员工的竞争力

【原文】兵众孰强？士卒孰练？（《孙子兵法·计篇》）

【大意】哪一方武器坚利精良、兵员众多？哪一方士卒训练有素？

《孙子兵法》在始计篇里把敌我双方的七种情况作了比较，其中之一是"士卒孰练"，也就是说士兵是否训练有素，事关战争胜负，而现代商家，都把提升员工的竞争力作为保障商战胜利的一个重要手段。

"麦当劳"的管理者认为，企业首先是培养人的学校，其次才是快餐店。有优良职业道德的员工才算是一流的员工。他们在用人上采用：一是不用"靓女"，着力寻求相貌平平但具有吃苦耐劳和创业精神的人；二是用"生"不用"熟"；宁可选用刚走上社会，什么也不会的人，以便由公司对新员工进行培训上岗；三是一般不"炒鱿鱼"；四是允许员工自己选择工作时间，从早7时到晚12时，员工可选择不同工作时间，既可当全职员工，又可以兼职，以便公司挑选最优秀的员工。同时"麦当劳"还对那些富有潜力的员工不惜血本送到公司总部深造。

麦当劳发展到今天，已建成了完善的人力资源管理系统。公司希望通过这套管理及训练系统，达到了令顾客百分之百满意的目标。

在麦当劳工作的每个餐厅经理都需要在同样的系统下接受约2000小时的培训，他们学习的主要内容有：营运、存货控制、会计、公共关系、人际关系、人力资源管理等内容。麦当劳目前在世界许多城市都分别建立了培训中心，每年可为餐厅经理以下各层次管理人员所需的专业训练及个人成长训练提供相关的培训。除了培训经理以外，培训中心也为员工提供理论与实践训练，使他们能胜任不同岗位的工作。

值得一提的是，麦当劳还有一所"汉堡大学"。从见习经理乃至更高一级的管理人员，都有相应的《管理人员发展计划》。设立在美国伊利诺伊州的芝加哥汉堡大学专门为高层管理人员提供高级训练课程，包括餐厅管理和营运的各种专业训练，以及提高管理知识、能力的技巧。这所汉堡大学拥有专业的翻译人员以及先进的电子设备，教授们可以用20种语言授课，来自中国的学员可以听到用汉语讲授的课程。

在培训中国员工方面，已有数百名员工被保送到汉堡大学深造，每年出国培训的中国员工都超过100人次。麦当劳对员工的基本要求是有服务意识、具备语言和文字沟通能力、组织能力和计划性强、适应能力和体能较好。要想来麦当劳工作，需经过三次面试，进行为期三天的餐厅实习。这三天实习，公司将考察应聘者的各种能力。

每一位被麦当劳录取的员工，不论职位的高低，都必须从普通员工做起。做服务员是新员工的必修课。麦当劳对基础课的考核也是相当严格的，只有岗位观察表达到100分才算是合格。如果基础课合格，就进入专业课的培训。

麦当劳的"经理发展手册"是4个厚厚的大夹子，员工的每个成长的脚印，在其中都有记录，员工需要停止做什么、继续做什么、开始做什么在其中是一目了然的，每个员工的优缺点、发展方向、准备参加什么课程的培训写得也是清清楚楚。在开始这个培训程序后，麦当劳都会派一个教师进行陪读和监督。对学生学习的内容和效果，教师要签署意见。每周在师生之间还要交流一次学习心得。在专业课的学习结束后，就是不断进行的后续培训，包括国内和国外的培训。国外的培训为期14天，到美国总部参加，是理论和实践相结合的培训课。北京麦当劳每年仅培训费用就高达1000余万元。

麦当劳不仅仅是一家餐厅，也不仅仅是一个大企业，更重要的是，它是一个大家庭和大学校。后来，麦当劳还把培训推向了全社会。到2004年，接受培训的社会各界人士已经超过了1.7万人。本应在2004年4月结束的培训，也不得不延续到6月。为此，麦当劳将投资由40万元追加到60万元。每一名接受培训的人员无须在餐厅花一分钱，就可以学习到《面试技巧》和《服务理念》两门课。在两门课学习完之后，都可得到麦当劳颁发的毕业证书。

为了加深我们对麦当劳用人制度的理解，我们来看一看每位麦当劳经理的成长历程。

麦当劳公司拥有一支庞大的年轻人才后备军，它由大学生组成，他们定期利用课余时间到餐馆打工，这些后备人才将有50%的机会成为公司明天的高级管理人员。一名普通大学生是如何培训成餐馆经理的呢？麦当劳法国分公司实行一种快速晋升制度：一个刚参加工作的出色的年轻人，可以在18个月内当上餐馆经理，可以在24个月内当上监督管理员。这听起来好似天方夜谭，但这样的制度可以避免有人滥竽充数，反应快、接受能力强、熟练程度高的大学生晋升就快。

18个月里要经历不同级别，不同级别设有经常性培训，只有有关人员获得一定数量的必要知识，才能顺利通过阶段考试。

首先，一个有文凭的年轻人要当4~6个月的实习助理。在此期间，他们以一个普通班组成员的身份投入到公司各个基层工作岗位，如炸土豆条、收款等。在这些一线工作岗位上，实习助理应当学会保持清洁和最佳服务的方法，并依靠他们最直接的实践来积累实现良好管理的经验，为日后的管理实践作准备。

第二个工作岗位更带有实际负责的性质：二级助理。他们开始承担一部分管理工作，如订货、计划、排班、统计……他们要在一个小范围内展示自己的管理才能，并在日常实践中摸索经验，协调好他们的小天地。

在进入麦当劳8~14个月后，有文凭的年轻人将成为一级助理。与此同时，他们肩负了更多更重的责任，每个人都要在餐馆中独当一面。他们的管理才能日趋完善。这样，离他们的梦想——晋升为经理，已经不远。

有些人在首次干炸土豆条之后不到18个月就将达到最后阶段。但是，在达到这梦寐以求的阶段前，他们还需要跨越一个为期15天的小阶段：去芝加哥汉堡大学进修15天。这是一所名副其实的大学，也是国际培训中心，他们接待来自全世界的企业和餐馆经理，既教授管理一家餐馆所必需的各方面的理论知识，又传授有关的实践经验。

麦当劳法国分公司的所有工作人员每年至少可以去一次美国，这个制度不仅有助于工作人员管理水平的提高，而且成为麦当劳集团在法国乃至全世界范围极富魅力的主要因素之一，吸引了大量有才华的年轻人加盟。

　　麦当劳以人为本，以人为重，本着"让顾客满意，就先得让员工满意；让员工满意，就要对他们进行培训"的理念，给员工创造了良好的成长环境。"海阔凭鱼跃，天高任鸟飞"，相信麦当劳企业和员工都会有一个更美好的明天。

用纪律来保障企业的发展

【原文】 乱而不能治，譬若骄子，不可用也。(《孙子兵法·地形篇》)

【大意】 局面混乱而不能惩治，那就如同娇惯了的子女一样，是不可以用来同敌作战的。

孙子除了提倡"赏"，还强调"罚"的重要性，故有"赏罚孰明"之说，在孙子看来，如果士卒违法而不惩治，那么就不能用来作战。企业无论大小，都得借助严明的纪律来约束人才，甚至有必要实行军事化管理，使员工们拧成一股绳，而不是一盘散沙，从而才能具备强大的竞争力。

海尔总裁张瑞敏提出并实施的用人理论是"斜坡球体人才发展论"。他认为，每一个人恰似在斜坡上上行的球体，市场竞争越激烈，企业规模越大，这个斜坡的角度越大。员工的惰性是人才发展的阻力，只有提高自己的素质，克服惰性不断向目标前进才能发展自己，否则只能滑落和被淘汰。止住人才在斜坡上下滑的动力是人的素质。在海尔谈到素质，人们都认同这样一种理念：在一点一滴中养成，从严格的管理中培养。为此，海尔"日事日毕，日清日高"，以求把问题控制在最小的范围，解决在最短的时间，把损失降低到最低的程度。

海尔集团由一家濒临破产的街道小厂，成为进军世界500强的著名企业，其摆脱困境、走向成功的原因之一就是变人员的松散管理为严格管理。海尔的严格管理在业界是出了名的，例如：

(1) 海尔的每一块玻璃擦洗维护都要责任到人———一位清洁人，一位监督人。每条道路、每块花坛草坪旁都挂着"负责人××监督人××"并注明日期的牌子。这现象到了车间就更普遍了，电梯、窗玻璃、消防器材，每台设备都张贴或悬挂着同样的纸牌。海尔集团咨询认证中心的调研人员告诉记者，CEO管理中的一个重要内容就是事事、物物都有人管，并有人监督检查其管的效果，以保证整个企业每一环节的运行不出偏差疏漏。

（2）海尔员工在厂区行走时必须遵守靠右行、三人以上成纵队行走的交通规则。

（3）每个员工在离开自己的座位时，必须将座椅推进桌洞里，否则将被罚款。

（4）班车司机在接送员工上下班时不得迟到一分钟，否则员工为此而付出的打的费用将全部由责任司机承担。

（5）员工的工位分为绿、黄、红三个等级，贴绿标签的工位说明运转正常，贴黄标签的工位说明有偏差，贴红标签的工位说明不合格。不合格工位的员工必须限期改正，否则将调离此工位。

（6）部门经理经严格考核后分为优秀经理、合格经理、不合格经理三类，开大会时三类经理分别就座。

（7）下道工序是上道工序的"用户"，上道工序是下道工序的"市场"，下道工序如果发现上道工序有质量问题，其工资就由上道工序的人出。如果下道工序没有发现上道工序有质量问题，而再下道工序发现接手的活有质量问题，再下道工序的工资则由未发现质量问题的工序出。

（8）科技人员实行科技承包工资制，营销人员实行年薪制和提成工资制，生产人员实行计件工资制，辅助人员实行薪点工资制。每种工资制的执行部辅以严格的考绩制度。

（9）在用人制度方面分优秀员工、合格员工、试用员工三类，实行"三工"并存、动态转换。

（10）中层干部实行分类考核，竞争上岗。与之配套的是打破任职的"铁交椅"，变"相马"为"赛马"，公司制定了15种"赛马"规则，严格执行。

铁骑力士公司是一家生产70余个品种饲料、年创产值逾亿元的全国大型饲料企业。1992年8月，总经理雷文勇率领5名青年凭借3.5万元开始创业。面对咄咄逼人的正大跨国集团和全国最大的希望饲料集团，短短7年，铁骑力士便由在四川省3000家饲料厂排名2500位上升到第七位。现有资产5000多万元，员工240多人。目前，铁骑力士的发展已步入快车道，每年以30%的速度增长，到过铁骑力士的人，都为他们在上班前、开会前集体宣读誓言、高唱厂歌，那种奋发向上的拼搏精神和"浓浓家庭之情"的氛围所感动。

雷文勇认为民企应该是"一个家庭、一所学校、一支军队"。铁骑力士在其发展的历程中，为了形成强大的企业凝聚力，提出了"三项建设"，即把铁骑力士建设成"一个家庭、一所学校、一支军队"。

家庭、学校、军队三者紧密相连，家庭是命运共同体，是感情投入；学校是内在素质，是智力投入；军队是打硬仗的队伍，要有过硬的作风。"三个一"体现了企业精神，家庭，要有团队精神；学校，要有进取精神；军队，要有战斗力，要有竞争精神。最终形成上班是军队，下班是家庭，培训是学校。

铁骑力士提出要把企业建成一支军队，就是要有"铁的纪律""铁的管理""铁的质量""铁的信誉"，有过硬的作风，形成"铁打的意志"。

为此雷文勇采取了几项措施。

（1）统一着装。雷文勇认为，统一整洁的着装，将显示员工良好的精神状态，激发员工的创造精神，提高工作效率。因此，公司对管理人员、工人都一律统一制装。

（2）进行军训。每年请武警官兵任教官对员工进行一周的军事训练，以养成军人的素质。军训时正值夏天，天气炎热，曾有16个人中暑，输液后继续训练，就是要养成能打硬仗的作风。

（3）用制度管人。雷文勇认为，一个好的制度，可以培养人才；如果制度不好，人才也可能变成庸才。因此，要用制度管人，用规矩管人，一言一行都要有规矩，做到"职、权、责、效"明确。为此，公司近几年来大抓管理，宗旨是理清思路，制订规划，形成管理模式。

理清思路——就是要明确管什么，谁来管，达到什么目标，怎么考核。

制订规划——就是必须做的都要形成制度文件，要制度化、系列化、统一化。

管理模式——就是"机构＋制度＋运行"，为公司发展形成可以"克隆"的模式。

（4）严格执行制度，制度面前人人平等。雷文勇反复强调，"严是爱，松是害，松松垮垮招祸害，懒懒散散要垮台。"制度必须严格执行。公司规定员工不准打麻将、赌博。一员工就因陪客人打麻将而被开除。

（5）强化企业的团队精神。

企业的事大家办，除部门负责外，公司还设立专员制，如管理专员、质量专员、形象专员、信息专员、满意工程专员、双效专员等，事事有人管，事事有专管。设立"总经理代理执行周"，就是每周选出两名员工进行总经理式的监督，提高员工的参与意识。通过严密的组织、严明的纪律，进行职责上分，思想上合；工作上分，步调上合；职权上分，力量上合，以强化各部门成员的协调配合。

铁骑力士就是由一批"拼命三郎式"的青年组成的一支队伍。员工们说："我们厂区就是军营，员工就是战士，市场就是战场，商机就是战机，厂纪就是军纪，把企业建成一支军队。"雷文勇相信：企业如军队，组织有序，纪律严明，员工训练有素，整个组织高效运转，这支队伍一定能在商战中打胜仗。

视"员工"如子

【原文】视卒如婴儿，故可与之赴深谿；视卒如爱子，故可与之俱死。（《孙子兵法·作战篇》）

【大意】将帅对士卒能像对待婴儿一样体贴，士卒就可以跟随将帅赴汤蹈火；将帅对士卒能像对待自己的亲生儿子一样，士卒就能够与将帅同生共死。

爱兵如子，向来是兵家所推崇的将帅重要的素质和品德。因为在生死于一瞬间的战场上，只有亲密如父子的官兵关系，才能充分调动广大士兵的积极性，激励大家同生共死，同仇敌忾，努力夺取战争的胜利。但是，对士兵的钟爱必须有个"度"，即有一定的节制。如果过度厚待他们而不去指挥他们，过度溺爱他们而不去教育他们，那么士兵就可能因为自觉性不高而经常违犯军纪，在战场上也可能贪生怕死，不能勇敢杀敌，无法完成战斗任务。因此，"视卒如子"的核心是将帅在治军过程中，爱兵而不骄兵，爱兵的目的是为了夺取战争的胜利。

战国时的吴起治军，以爱惜士卒、与士卒共患难而闻名。魏文侯命令吴起统率大军攻伐秦国。西征之中，吴起与普通士兵一样，背着粮袋，徒步行走，而把战马让与体弱的士卒骑。吃饭的时候，吴起也不吃"小灶"，而是与士兵们坐在一起，围着大锅，喝大碗汤、吃大碗饭，有说有笑，俨然一名小卒。睡觉的时候，吴起还是与士兵们滚在一起，以天为被，以地为席。士卒们深受感动，打起仗来，都愿意为吴起拼死而战。

当时在吴起的部队里有一名士兵的背上生了个大疽（一种皮肤肿胀坚硬而皮色不变的毒疮），由于军队正在行军，一时找不到良医好药进行治疗，吴起就亲自为士兵把疽中的浓汁用嘴吸出来，为这位士兵治好了病。这名士兵的母亲闻讯后，竟放声大哭。邻居大感不解，说："吴将军为你儿子吸毒治疽，你不感谢吴将军，却哭泣不止，这是为什么？"这位母亲回答道："不是我不感谢吴将军，我是想起了我的丈夫啊！我丈夫以前也在吴将军手下当兵，也曾长了背疽，是吴将军为他吸出毒汁治好病的。丈夫感激吴起，打起仗来不要命，终于战死沙场。我儿子一定也会对吴将军感恩不尽，恐怕儿子的性命也不会长久了。"说完，又哭了起来。由此也可见吴起"视卒如子"谋略的激励价值。

吴起爱惜士卒，士卒甘愿为吴起拼死作战。魏、秦两军交战后，魏军连战连胜，所向无敌，秦军一退再退，接连被吴起攻占了五座城池。魏文侯闻报，非常高兴，任命吴起为西河郡（今陕西华阴附近）守将，把保卫魏国西部的重任交给了吴起。当然，吴起也没有辜负魏文侯的信任，他在镇守西河的27年里，率军与各路诸侯大战76次，全胜64次，魏国领土也扩展了千余里。

"视卒如子"谋略的核心，实际上就是尊重人，理解人，充分发挥人们的主观能动性，调动人们的积极性，齐心合力地干好事业和工作。这在日常生活中也经常被明智的企业领导者和管理者所使用，特别在经济管理和企业界运用更为广泛，效果也特别显著。

在经营管理中能使各方面人才充分展现才能为本企业效力，是经营管理者的重要职责，也是企业迅速发展的重要保证。人的潜在能量十分丰富，受外在条件的束缚往往只能部分释放，而在正常条件下能得到正常释放，受到适当激励时则能超常释放。经营者应根据职工的不同需要，采取相应的激励措施，使职工潜在能量最大限度地释放出来。这就需要经营管理者正确运用"视卒如子"谋略，以增强本单位员工的凝聚力和积极性。

一个周末的晚上，恐怖分子在英国马克斯·斯宾塞公司马布尔·阿奇分店橱窗里偷置的一枚炸弹爆炸了，相邻几家商店也受到了影响。爆炸声惊动了这个沉睡的城市，更惊动了这家分店的员工。虽然第二天是休息日，但该店的员工们却在没有人号召的情形下，不约而同地一早就回到店里，清理一片狼藉的店堂，更换橱窗上的玻璃。到了第三天的上午，周围的商店刚刚开始清扫商店内的爆炸碎片，马布尔·阿奇分店已经开始正常营业了。

人们不禁要问，该店的员工为什么会这样做呢？其实，只要仔细了解了该公司的管理方法，便不难找到准确的答案。

马克斯·斯宾塞公司是英国销售服装和食品最大的零售商，也是英国最注重福利的公司之一。然而，该公司并不是将福利作为慈善机构的施舍硬塞给职工，而是为了激励他们去更积极地工作。

马克斯·斯宾塞公司一贯重视和关心辖下4.5万名员工的待遇和福利的发展提高。管理层把每个职工都看作是有个性的人。人事部门的管理工作人员超过900人，他们主要是在各商店中工作，并成为商店管理班子的重要组成部分。每个人事经理要对他所管理的五六十人的福利待遇、技能培训和个人的提高发展方面负责。

该公司每年要拨款5000万英镑，用于提高职工的奖金和福利。这是一笔相当大的数额，但是经营者对此并不认为可惜。公司董事长西夫勋爵甚至对地区经理提出更高的要求："你就是出差错，那也必须是因为过于慷慨。"

为了调动职工的工作积极性，公司建立了高质量的职工餐厅，每个职工只要花40个便士（约合6美分）就可以吃到一顿三道菜的午餐、早晨咖啡和下午茶。这样，职工就能精力充沛地投入工作。公司还特意为一个曾经在一家分店任过经理、在公司工作了50年的老年女士购置了一幢小型住宅，并发给她养老金。这些感情投资使在职的全体职工都大为感动，看到了公司的关怀与体贴。

所有这些"视卒如子"的激励措施，大大增强了公司的凝聚力，不论是分店经理、管理人员，还是会计、营业员、甚至普通的送货员，都以自己能在马克斯·斯宾塞公司工作而感到非常自豪。同时，员工们总是紧紧捏着自己的本公司股票不肯脱手。因为他们信赖公司，热爱公司，这正如公司热爱他们，也信赖他们一样。

第十一章 攻心为上
——孙子与现代商家赢得客户的谋略

《孙子兵法》中指出，打仗的最高境界是用谋略战胜敌人，使用攻心战术，使敌屈服，而不是直接与敌人交锋。如"上兵伐谋，其次伐交，其次伐兵，其下攻城""不战而屈人之兵，善之善者也"。

在商战中，除了挖空心思与对手竞争，还不应忘了要"俘虏"客户，当然这两者是统一的，但客户是最终的决定因素，赢得了客户的信任就等于是赢得了商战的胜利，而对待客户的最好韬略就是"攻心为上"。

了解客户的心理需求

【原文】 以虞待不虞者胜。(《孙子兵法·谋攻篇》)

【大意】 以自己有准备对付敌人无准备的，能够取胜。

孙子在论述预测战争胜负的方法时提到了要有准备。同样，一个企业的产品要让消费者满意，也应该与大众的消费心理相适应，只有最大限度满足顾客的消费需求，企业的产品才会有竞争力。

而要满足顾客的消费需求，你首先就得了解顾客的心理需求，只有做好这样的准备，你才可能使自己的产品让顾客满意，也才可能让顾客相信你。

一种产品，如果不能符合顾客的心理需求，那就意味着你是瞎打误撞，盲目经营。事实上，凡是能取得成就的企业管理者都是高明的心理医生，他们能很好地了解顾客的心理需求，满足顾客的心理需求。那么顾客到底有哪些心理需求呢？

1. 物美价廉的心理

在实际的消费活动中，顾客都希望用最少的付出换取最大的效用，获得更多的使用价值。追求物美价廉是最常见的消费心理。顾客在消费活动中，对商品的价格的反应最为敏感，在同类以及同质量的商品中，顾客总会优先考虑价格较低的商品。

2. 耐用的心理

这种心理需求讲究消费行为的实际效果，着重于消费品对消费者的实用价值。人们需要吃、喝、穿、住等，实际上绝大部分人是将其大部分精力放在获取这些基本必需品上。购买行为也是为了满足这些实际的需要，消费者自然就要追求其实用价值。

3. 安全的心理

所谓安全心理包含两层意思：一是获取安全，二是避免不安全。消费者购买消费品后，要求消费品在被消费过程中，不会给消费者本人和家人的生命安全或身心健康带来危害。人们之所以要购买社会保险、医疗保险或把钱存入银行，是因为他们想年迈和困难时得到安全。人们所以要购买消防装置和防盗门锁，是因为害怕缺少这些东西可能会带来恶果，为了安全，宁愿在这方面投资。这种安全心理在家用电器、药品、卫生保健用品等方面的消费选择上表现得较为突出。

4. 方便的心理

这种心理需求的特点是，把方便与否作为选择消费品的第一标准，以求尽可能在消费活动中最大限度地节省时间。在这种心理状态下，人们追求购买各种能给家庭生活和工作环境带来方便的东西。洗衣机、吸尘器、自动洗碗机、半成品食物等，就满足了人们这种消费心理。

5. 求新的心理

"喜新厌旧"是顾客的一种基本心理，在我们的生活消费中，某些新颖、先进的日用品，即使价格高一些，人们也愿意购买。而陈旧、落后的消费品，即使价格低廉，也会无人问津。这种求新的欲望，年轻人比老年人更强烈。

6. 求美的心理

美的东西一旦撞击到我们的神经和情感，就会使我们产生强烈的满足和快乐。美对人类来说，是一种精神上的享受。随着人们审美情趣的不断提高，对产品的求美心理也会越来越明显和强烈。

7. 自尊和表现自我的心理

人人都有自尊心，顾客当然也不例外，而且更为看重。特别是生存性消费需要得到满足后，顾客更期望自己的消费能得到社会的承认和其他消费者的尊重。不论怎样，我们都有这种心理，喜欢听好话，受人恭维，从而觉得自己有成就，并通过某种消费形式予以表现。

8. 追求"名牌"和仿效的心理

消费者对名牌产品有着强烈的追求欲望和信任感。他们总是认为买到名牌消费品才能保证使用期，提高消费效果。年轻的消费者更崇尚时髦，进而相互仿效。

9. 猎奇的心理

这种心理需求就好比是人们对古董的喜爱，讲究的是一个奇特。这在青少年中表现得比较突出。其心理因素主要有两点：一是认为奇特本身就是一种美；二是为了引起人们的注意。

10. 获取的心理

绝大多数人都有占有欲。精明的推销员利用这种心理的做法，一般是通过产品的试用推销产品。比如，一个买主已经试用了一台计算机或电子打字机一个多月，他就很难再舍得让人搬走了。他的占有欲会变得十分强烈，坚决要求把东西留下。

多花心思打广告

【原文】 故善用兵者，屈人之兵而非战也。(《孙子兵法·谋攻篇》)

【大意】 所以善于用兵的人使敌人屈服而不靠交战。

孙子认为"上兵伐谋""不战而屈人之兵"才是真正的高明。对现代企业来说，要让顾客购买产品或服务，广告是不可或缺的手段。提起广告，人们可能一下子就想到电视、杂志、报纸等，但是这些广告都需支付高昂的费用，那么有没有一种不花钱，又能达到宣传作用又让顾客知道你的广告方式呢？

事实上，如果我们多动脑筋，多花些心思，就能达到孙子所说的"不战而屈人之兵"的境界，发现很多省钱乃至不花钱让顾客知道你的方法，当然，这些方法是不容易做到的，但它们确实非常有效。

北京××科技开发有限公司筹建之时，由于确保拥有自主知识产权，研究开发高新科技产品的费用过大，资金紧缺，无力做电视广告，许多顾客不知道有这个新的公司诞生。为了提前进入市场，同时为了提高知名度，让更多的人知道这个企业及其产品，公司领导可谓是煞费苦心，冥思苦想，可就是不知道该如何才能做一笔少花钱的广告。

怎么办呢？

此时正值夜幕降临，华灯初上，繁华的大道溅起了一片霓虹，北京夜景美不胜收。这么美妙的夜晚，让许多来自五湖四海的"移民"沉浸其中，更显出城市的生气，尽情欣赏这不可辜负的美景。

于是，在城市建筑物的"森林之中"，出现了一处处涌动的人潮。迎接这些披着霓虹色的人潮的，是一个鲜活的世界——高楼林立，文人艺人荟萃，影剧院常常爆满，酒吧舞厅通宵达旦，有些地方的营业时间不得不延长到午夜。午夜，成了北京凝聚的气质和深蕴的文化新的象征。

这一切景观使该公司总裁兼首席执行官大受启发，他叫来公司主管广告宣传的公关策划部经理，吩咐每天晚上派 30 人"兵分五路"去卖座较好的大剧院、立体声影院、艺术中心、娱乐广场等各大电影院，发出所谓的"寻人启事"，通过银幕找"北京××科技开发有限公司的××先生或北京××科技开发有限公司的××小姐，外面有人找"。每次"寻人启事"，都有成百上千的人看到。时间长了，人们都知道了它的存在，尚未正式开业就已经名声远扬了。预订产品的、投资合作的、代理经销的人也越来越多。

当今的社会，商业竞争激烈而且残酷。为了争夺市场中的占有份额，商业竞争同时也演变成了广告大战。那么如何才能在硝烟弥漫的广告大战中取得胜利呢？广告的重要策略是研究公众的心理。成功的商业广告，必能准确地应用心理学原理，顺应视听公众心理状况和需求，有诱发公众消费心理的感召力，能显示对公众的吸引力和传播力。

巧妙地调动客户兴趣

【原文】 故我欲战,敌虽高垒深沟,不得不与我战者,攻其所必救也。(《孙子兵法·虚实篇》)

【大意】 所以我方要交战时,敌人即使高垒深沟,也不得不出来与我方交锋,这是因为我方攻击了敌人所必救的地方。

孙子认为想诱敌交锋,就必须先攻其所必救。如果将这个道理用于现代企业与消费者关系上,那不妨这样套用一番:故我欲卖,客虽不愿掏钱,不得不买者,调动其兴趣也。

事实上,如果你的产品能调动客户的兴趣,那么无须你花费许多的财力、物力,也无须花费许多心思让客户相信,他们就会主动来购买你的产品。

有一次,爱德华·查利弗先生为了赞助一名童军参加在欧洲举办的世界童军大会,亟须筹措一笔经费,于是就前往当时美国一家数一数二的大公司,拜会其董事长,希望他能解囊相助。

在爱德华·查利弗拜会他之前,听说他曾开过一张面额100万美金的支票,后来那张支票因故作废,他还特地将之装裱起来,挂在墙上以作纪念。

当爱德华·查利弗一踏进他办公室之后,立即针对此事,要求参观一下他这张装裱起来的支票。爱德华·查利弗告诉他自己从未见过任何人开具过如此巨额的支票,很想见识见识,好回去说给小童军们听。

这位董事长毫不考虑地就答应了,并饶有兴趣地将当时开那张支票的情形,详细地解说给查利弗听。

查利弗先生并没一开始就提起童军的事,更没提到筹措基金的事,他提到的只是他知道对方一定很感兴趣的事,结果呢?

说完他那张支票的故事，未等他提及，那位董事长就主动问他今天来是为了什么事？于是他才一五一十地说明来意。出乎他的意料，董事长不但答应了爱德华的要求，而且还答应赞助5个童军去参加童军大会，并且要亲自带队参加，负责他们的全部开销，另外还亲笔写了封推荐函，要求他在欧洲分公司的主管，提供他们所需的一切服务。爱德华·查利弗先生满载而归。

　　让顾客相信你，购买你的产品，最先要做的就是调动顾客的兴趣，顾客身上每一件与众不同的饰品或者发型，衣帽之类都可能是他的兴趣所在，抓住这些，就抓住了顾客的心理，同时也让他们知道你对他们的尊重与关注，你与顾客间自然能搞好关系。

赞美的语言最能打动客户的心

【原文】 故善动敌者,形之,敌必从之;予之,敌必取之。(《孙子兵法·势篇》)

【大意】 所以,善于调动敌人的人,用假象欺骗敌人,敌人必定会听从调动,拿点便宜给敌人,敌人必定会贪图来取。

孙子"以利诱之"的主张是针对军事战争而言的。如果将其运用于现代营销者,我们就绝不能欺骗客户,不能用金钱或者别的物质利益引诱客户,但我们能投其所好,"礼诱"顾客,用礼仪去吸引顾客,而这其中赞美就是最为有效的一个。

赞美是世界上最动听的语言,尤其是对客户的赞美。对客户的优点加以赞美,会让他们的自尊心得到极大满足,进而会让他们觉得你是个可以相信的人。

乔治·伊斯曼因发明了感光胶卷而使电影得以产生,他积累了一笔高达1亿美元的财产,从而使自己成为世界上最有名望的商人之一。

伊斯曼曾经在曼彻斯特建过一所伊斯曼音乐学校。同时,为了纪念他母亲,还盖过一所著名戏院。当时,纽约高级坐椅公司的总裁亚当森想得到这两大笔坐椅订货生意。于是,他同负责大楼工程的建筑师通了电话,约定拜见伊斯曼先生。

在见伊斯曼之前,他向了解伊斯曼的建筑师询问伊斯曼的做事风格及兴趣,建筑师向亚当森提出忠告:"我知道你想争取这笔生意,但我不妨先告诉你,如果你占用的时间超过了5分钟,那你就一点希望也没有了,他是说到做到的,他很忙,所以你得抓紧时间把事情讲完就走。同时,你要尽量多地运用世界上最动听的语言——赞美。"

亚当森被领进伊斯曼的办公室,伊斯曼正伏案处理一堆文件。

过了一会儿，伊斯曼抬起头来，说道："早上好！先生，有事吗？"

建筑师先为他俩彼此作了引见，然后，亚当森满脸诚意地说："伊斯曼先生，在恭候您的时间，我一直欣赏您的办公室，我很羡慕您的办公室，假如我自己能有这样一间办公室，那么即使工作辛劳一点我也不会在乎的。您知道，我从事的业务是房子内部的木建工作，我一生还没有见过比这更漂亮的办公室呢。"

伊斯曼回答说："您提醒我记起了一样差点儿已经遗忘的东西，这间办公室很漂亮，是吧？当初刚建好的时候我对它也是极为欣赏。可如今，我每来这儿时总是盘算着许多别的事情，有时甚至一连几个星期都顾不上好好看这房间一眼。"

亚当森走过去，用手来回抚摸着一块镶板，那神情就如同抚摸一件心爱之物，"这是用英国的栎木做的，对吗？英国栎木的组织和意大利栎木的组织就是有点儿不一样。"

伊斯曼答道："不错，这是从英国进口的栎木，是一位专门同细木工打交道的朋友为我挑选的。"

接下来，伊斯曼带亚当森参观了那间房子的每个角落，他把自己参与设计与监造的部分一一指给亚当森看。他还打开一只带锁的箱子，从里面拉出他的第一卷胶片，向亚当森讲述他早年创业时的奋斗历程。

伊斯曼情真意切地说到了孩提时家中一贫如洗的惨状，说到了母亲的辛劳，说到了那时想挣大钱的愿望，讲了怎样没日没夜地在办公室搞实验等。

"我最后一次去家具城时买了几把椅子运回家中，放在我的玻璃日光室里。可阳光使之褪了色，所以有一天我进城买了一点漆，回来后自己动手把那几把椅子重新油漆一遍。你想看看我漆椅子这活儿干得怎样吗？好吧，请上我家去，咱们共进午餐，饭后我再给你看。"当伊斯曼说这话的时候他俩已经谈了两个多小时了。吃罢午饭，亚当森看了那几把椅子，每把椅子的价值最多只有1.5美元，但伊斯曼却为它们感到自豪，因为这是他亲自动手油漆的。对伊斯曼如此引以为荣的东西，亚当森自然是大加赞赏。最后，亚当森轻而易举地取得了那两幢楼的坐椅生意。

事实上，无论是什么样的顾客，都不可能对赞美之词无动于衷，甚而不开心。赞美顾客，让顾客开心，并不需要我们花一分一文的钱，我们也不会因此受什么别的损失，何乐而不为呢？

一个企业或者它的营销人员如果都能遵循赞美顾客这一准则，并信守不渝，那么肯定会有越来越多的客户相信你，购买你的产品。因为人性中一个最强烈的欲望就是成为一个举足轻重，受到别人欣赏的人，优秀的营销人士必须把握这一点。

第十一章 攻心为上——孙子与现代商家赢得客户的谋略

别把顾客当作实验品

【原文】 故兵贵胜，不贵久。(《孙子兵法·作战篇》)

【大意】 因此，用兵打仗贵在速胜，而不宜旷日持久。

孙子认为战争要消耗大量的人力、物力，如果长期与敌国交战，不仅会使军队疲惫而锐气受挫，还会使国家财政发生困难。

同理，要想让顾客相信你，你就必须有足够真实的理由让顾客信任，绝不能变着花样让顾客"交学费"，把时间浪费在让顾客先试着用的无用功上。

香港著名音乐人林夕有一位朋友，在日本住了几年，回到香港，打算开一家日本料理店，请林夕帮他选择开店地址。

他们开车跑遍全城，选出 10 个候选地址，作为"准店"。然后把这 10 家准店的位置、环境、布局等各方面情况的优点缺点列出对照表，反复比较，最后确定 3 家准店进入最后的"决赛"。

接下来，林夕的朋友请专门的市场调查咨询公司，对 3 个准店的市场潜力进行专业性调查，提交调查报告，根据专家的意见，最后确定了一家，作为选定的地址。

店面终于按照朋友的要求装修好，朋友邀请林夕去参观。林夕进去之后，第一感觉是舒服，第二感觉还是舒服。林夕发现，自己作为顾客，能想到的、能提出的要求，店里都帮你做好了。有一些顾客没有想到的，店里也帮你做好了。但是，这位朋友还是不放心，请朋友们来提意见。

林夕看着朋友，有些不可思议地说："要是换成我，现在早就开店赚钱了。你快开业吧，早一天开业就早一天赚钱。"

可是朋友说："不行，正式开业在一个星期之后。从明天开始，我请朋友们来我这里吃饭。但是，饭不能白吃——我请大家吃完之后，每个人至少提出一条意见。"

听他这一说，朋友们都问："为什么？"

他说："我在日本餐馆考察，他们永远不会让客人等候超过 5 分钟。他们不会让客人有任何不满意的地方。假如我现在开业，我还没有把握。因此，我请大家来提意见。"

"你这是客气。但你要知道，这里是中国。赶快先开业吧，发现问题随时纠正就行了。"

"不行。我不能拿顾客做实验。在日本的考察经验是，开业前 10 天的顾客，绝大多数都会成为固定的回头客。如果前 10 天留不住顾客，这店就得关门。"

"为什么？一个新店，有一点不足很正常嘛！有问题下次改正不就行了？"

"真的不行。在日本，没有下一次。只有一次机会。我刚到日本的时候，觉得日本人好傻，你说什么他都相信，如果想骗他们，其实很容易。但是，他只会上一次当。以后，他再也不会和你来往。如果是你本人的原因犯了错，你就得离开，你没有下一次机会了。"

听到这里，林夕明白了朋友的做法。他就是要一次成功，这是他第一次开店，也是最后一次开店。绝对不允许失败。

对于营销人员来说，这个事例很有启发意义，许多营销员，为了拿到顾客的订单，一开始对顾客总是什么都答应，也不管自己能不能做到，结果当顾客发现时，不仅失去了已有的订单，还失去顾客的信任，哪一位顾客还愿意同这样的营销员来往呢？

多收集客户的资料

【原文】 昔殷之兴也，伊挚在夏；周之兴也，吕牙在殷。(《孙子兵法·用间篇》)

【大意】 以前殷商的兴起，在于重用了在夏朝为臣的伊尹，他熟悉并了解夏朝的情况。而周朝的兴起同样是因为周武王重用了了解商朝信息的吕牙。

孙子在《孙子兵法》一书中用大量笔墨描述了信息对战争的重要意义，认为其是决定胜负的关键。这一点除了在商战中有极强的可操作性外，对于业务员搞好同客户的关系，赢得客户信任也是很重要的。

对客户资料收集得越多，就会了解客户越多，也就越清楚客户需要什么。相反，如果不花些时间去了解客户，收集他们的资料，那就会让机会白白溜走。

"推销之神"原一平曾有过一则他自己都觉得实在不太像话的教训。

有一家销售男性产品的公司，该公司经常在报纸杂志上宣传他们的"真空改良法"。

有一天，原一平的业务顾问把他介绍给该公司的总经理。原一平带着顾问给他的介绍函，欣然前往。

可是，不论原一平什么时候前去总经理的住处拜访，总经理不是没回来，就是刚出去。每次开门的都是一个像是颐养天年的老人家。

老人家总是说："总经理不在家，请你改天再来吧！"

"你们总经理是个大忙人，请问他每天早上什么时候出门上班呢？"

"忽早忽晚，我也搞不清楚。"

不管原一平用什么旁敲侧击的方法，都无法从那个老人口中打听出任何消息，他心想："真是一位守口如瓶的怪老头。"

就这样，在 3 年零 8 个月的时间里，原一平前前后后一共拜访了该总经理 70 次，每次都扑空了。

原一平很不甘心，只要能见那位总经理一面，纵使他当面大叫"我不需要保险"，也比像这样连一次面都没见到要好受些。

刚好有一天，一位业务顾问把原一平介绍给附近的酒批发商 Y 先生。

原一平在访问 Y 先生时，顺便请教他："请问住在您对面那幢房子的总经理，究竟长得什么模样呢？我在 3 年零 8 个月里，一共拜访他 70 次，却从未碰过一次面。"

"哈哈！你实在太粗心大意了，喏！那边那位正在掏水沟的老人家，就是你要找的总经理。"

"什么！"

原一平大吃一惊，因为 Y 先生所指的人，正是那个每次对他说"总经理不在家，请你改天再来"的老人家。

原一平有一种被戏弄的感觉，马上转身向业务顾问说："上次您所介绍的那位总经理，请您取消。"

说完这句话，原一平立刻赶回原处。老人家仍持竹棍掏个不停。

"糟老头子，竟敢耍我，哼！你就等着瞧吧！"

原一平双手环抱胸前，静静地等他掏完水沟，心想："气死人，原来一直守口如瓶的怪老头，就是我要拜访的总经理，真是有眼无珠，我还有资格当推销员吗？真羞死人啦！"

掏水沟的工作还在进行。他点燃香烟，深深吸了几口，心中那股怒气逐渐平息下来。

现在是两个人比耐性的时刻，谁沉得住气，谁能坚持久一点，谁就可以赢得最后的胜利。

原一平很有耐性地点燃第二根香烟，并观察那位老人——瘦巴巴的身子配上一张顽固的脸，他一定是位相当固执的人。像他这样的人，一旦进行一件事之后，一定是不到满意绝不罢手，所以纵然现在下雨了，他也不可能停止工作吧！

一直到了原一平抽完第二根烟，他才直起了腰，打个哈欠，收起那根长竹竿，从后门走进去。

原一平吸了两口气，发现自己激动的情绪已经平稳下来。于是走上前去，轻轻敲他家的前门。

"请问有人在吗？"

"什么事啊？"

应声开门的仍是那位老人家。脸上一副不屑的样子，意思就像说："你这小鬼又来干什么！"

原一平倒是平静地说："你好！承蒙您一再地关照，我是明治保险的原一平，请问总经理在家吗？"

"唔！总经理吗？很不巧，他今天一大早去国民小学演讲去了。"

老人家神色自若地又说了一次谎。

原一平这种矮个儿，如今派上了用场。由于他身材矮小，所以双手正好在门口的窗沿上。他握紧了拳头，猛敲窗沿一下。

"哼！你自己就是总经理，为什么要欺骗我呢？我已经来了71次了，难道你不知道我来访问的目的吗？"

"谁不知道你是来推销保险的！"

"真是活见鬼了！向你这种一只脚已进棺材的人推销保险的话，会有今天的原一平吗？再说，我们明治保险公司若是有你这么瘦弱的客户，岂能有今天的规模。"

"好小子！你说我没资格投保，如果我能投保的话，你要怎么办？"

事情愈演愈烈，原一平发觉自己已经不是在推销保险，而是在争吵了。既然已经骑在虎背上，他决定坚持到底。

"你一定没资格投保。"

"你立刻带我去体检，小鬼头啊！要是我有资格投保的话，我看你的保险饭也就别再吃啦！"

"哼！单为你一人我不干。如果你全公司与全家人都投保的话，我就打赌。"

"行！全家就全家，你快去带医生来。"

"既然说定了，我立刻去安排。"争论到此告一段落。

原一平判断总经理有病，会被公司拒绝投保，所以觉得这场打赌赢定了。

数日后,他安排了所有人员的体验。结果,除了总经理因肺病不能投保外,其他人都变成了他的投保户。这一次的成交金额,打破了原一平自己所保持的最高纪录,而且新纪录的金额高达旧纪录金额的 5 倍之多。这件事使他深刻地体会到,愈是难缠的准客户,其潜在购买力越强。

原一平虽然创了一个新纪录,可是他也对这件事进行了深刻的反省。

只是由于不认识准客户的相貌,竟然在 3 年零 8 个月里,白跑了 70 趟。可笑的是,已经与准客户见过多次面了,却还在拼命地寻找准客户。

原一平认为,这是不应有的错误,因此作了下列四点改进:

(1) 以后有人介绍准客户时,必须向介绍者询问准客户的相貌、特征,例如脸孔是细长或圆形,眉毛的粗细与浓淡,发型与黑痣等。若没有介绍者,务必找人问出准客户的体态与特征。

(2) 备妥隐形照相机,遇到可能是自己所要的对象时,立即偷偷拍摄下来,但必须让认识此对象之人确认相片。

(3) 在准客户卡上贴上照片,以便重复温习,加深印象。

(4) 任何有接触的准客户,不管对方的反应如何,绝对不可半途而废,有始无终,一定要坚持到底,在事情清澈明朗之后,做个了结。

让客户自己说服自己

【原文】不可胜在己，可胜在敌。(《孙子兵法·形篇》)

【大意】战胜敌人的关键不在于我方，而在于敌方是否出错。

孙子认为取得战争胜利的关键在敌不在己，同理，在与客户交流时，关键是在于尽量让客户多说话，这样我们就能发现"可乘之机"，让其自己说服自己。

如果客户对你的产品怎么都不能信任，那我们该如何是好呢？最好的方法就是多让客户说话，你只要挑起话头，列出事实加以引导就行，让他自己说服自己。

弗拉达尔电器公司的约瑟夫·韦伯，讲述了他在宾夕法尼亚州的一个富饶的荷兰移民地区作一次视察。

"为什么这些人不使用电器呢？"经过一家管理良好的农庄时，他问该区的代表。

"他们一毛不拔，你无法卖给他们任何东西，"那位代表厌恶地回答，"此外，他们对公司火气很大。我试过了，一点希望也没有。"

也许真是一点希望也没有，但韦伯决定无论如何也要尝试一下，因此他敲敲那家农舍的门。门打开了一条小缝，屈根堡太太探出头来。

一看到这位公司的代表，她立即就当着他们的面，把门砰的一声关起来。他又敲门，她又打开来；而这次，她把对公司和他们的不满一股脑儿地说出来。

"屈根堡太太，"他说，"很抱歉打扰了您，但我来不是向您推销电器的，我只是要买一些鸡蛋罢了。"

屈根堡太太把门又开大一点，怀疑地瞧着他们。

"我注意到您那些可爱的多明尼克鸡，我想买一打鲜蛋。"

门又开大了一点,"你怎么知道我的鸡是多明尼克种?"她好奇地问。

"我自己也养鸡,而我必须承认,我从没见过这么棒的多明尼克鸡。"

"那你为什么不吃自己的鸡蛋呢?"她仍然有点怀疑。

"因为我的来亨鸡下的是白壳蛋。当然,你知道,做蛋糕的时候,白壳蛋是比不上红壳蛋的,而我妻子以她的蛋糕为自豪。"

到这时候,屈根堡太太放心地走出来,温和多了。同时,韦伯的眼睛四处打量,发现这家农舍有一间修得很好看的牛奶棚。

"事实上,屈根堡太太,我敢打赌,你养鸡所赚的钱,比你丈夫养乳牛所赚的钱要多。"

这下,她可高兴了!她兴奋地告诉韦伯,她真的是比她的丈夫赚钱多。但她无法使那位顽固的丈夫承认这一点。

她邀请他们参观她的鸡棚。参观时,韦伯注意到她装了一些各式各样的小机械,于是韦伯"诚于嘉许,惠于称赞",介绍了一些饲料和掌握某种温度的方法,并向她请教了几件事。片刻间,他们就高兴地在交流一些经验了。

不一会儿,她告诉韦伯,附近一些邻居在鸡棚里装设了电器,据说效果极好。她征求韦伯的意见,想知道是否真的值得那么干……

两个星期之后,屈根堡太太的那些多明尼克鸡就在电灯的照耀下,满足地叫唤了。韦伯推销了电器设备,她得到了更多的鸡蛋,皆大欢喜。

"但是,事情的要点在于:如果我不是让她自己说服自己的话,就根本没法把电器设备卖给这个农户!"

"像这样的顾客,你根本不能对他们推销,而必须使他们切实感觉到需要主动来买。"韦伯说。

多让客户说话,并不是让我们不说话,而是说要让客户清楚地知道他需要这个产品,这就需要我们在倾听的同时,尽量地把话题往我们的目的上引,而不是天马行空,越说越跑题,这样往往到最后连我们自己的目的都可能忘掉。

攻心为上，说到他人的心里去

【原文】 不战而屈人之兵，善之善者也。(《孙子兵法·谋攻篇》)

【大意】 不经交战而能使敌人屈服，这才算是最高明的。

孙子这句话当然是无可辩驳，但是他又是凭什么说不战就能让人家投降的呢？孙子虽然没有在此给出直接答案，但我们却不难猜出，那就是"攻心为上"，要不，他怎么会在开篇就说"多算胜，少算不胜，更况于无算乎"！

同样的道理，要赢得客户的信任，在交流之时就要把话说到客户的心里去，抓住客户最关键的问题。

春秋时，齐大夫田常暗害了齐悼公，被任为右相，但他依然十分担心高、国、鲍、晏四大家族的威胁，一心想削弱他们的势力，以巩固自己的权柄。他想出一个点子，建议刚刚继位的齐简公出兵伐鲁，并推荐国书、高无平二大夫带兵出征，企图假手于鲁杀害国、高。齐简公是田常扶立的，自然是言听计从。国、高率领一千辆兵车，到了汶水边上驻扎下来。那时正好孔子在归国途中，对祖国处境寝食不安。他对仍然追随自己但为数不多的几个门生说：鲁是我的祖坟所在，也是我的父母之邦，现在安全受到威胁，你们谁能帮我出点主意，救救鲁国？

与战国名家代表人物赵人公孙龙同名同姓的卫人公孙龙，也凑上来表示愿替老师想想办法。他的确很有才华，可是他在同学中年纪最小，当年只有十三四岁，毕竟还是一个"乳臭未干"的毛孩子。孔子笑一笑说，再过几年，会有用你的时候。

孔子心目中认为公孙龙有个同乡要是愿意出面，倒是顶合适的。所以子贡一报名，孔子立即会心同意了。其时子贡35岁，正是风华正茂之年。

齐国这次出兵攻鲁，名义上是报复鲁曾经站在吴国一边攻打齐国。原来鲁国的附庸国国君邾子益是齐简公的姑爷，同鲁哀公关系不好。鲁哀公于公元前488年攻邾，把邾子益抓走。齐悼公为此大不高兴，于公元前487年邀请吴王夫差共同伐鲁。鲁哀公害怕，立即释放邾子益，并向齐求和。齐侯便派人通知吴王：齐鲁言归于好，吴王却远征无功。那时夫差刚刚征服了越王勾践，正在寻机插手中原事务，哪肯随意受人指使？鲁侯眼看有机可乘，派人厚赂夫差，相约出兵伐齐。公元前485年，吴鲁联军打到临淄南郊。齐人埋怨齐悼公惹是生非，自讨苦吃，田常便借故用药酒毒死齐悼公，讣告吴鲁求和。第二年田常遂以鲁侯欺人太甚，怂恿齐简公伐鲁。

子贡赶到临淄，田常知道他是孔子的高足，一定是为鲁国来做说客的，可是又不好不见。田常在接见时故意摆出警惕性很高的样子，单刀直入地说："我虽然没有福气受到仲尼先生的教诲，缺乏先见之明，可是您今天是为鲁国而来，这一点我是心中有数的。"

子贡说："您的才能令人敬佩。可惜关于我这次到贵国的目的，您却完全猜错了。不瞒您说，我是为齐，并不是为鲁国而来的。鲁是不好打的，您却偏偏要打它，我看会弄巧反拙，得不偿失，到头来吃亏的还是齐国。"

田常冷笑道："我倒愿意听听鲁国怎么难打？"

子贡说："这有两个方面。就物质方面来说，鲁国都城的城墙又低又薄，国土狭小贫瘠，国君软弱无力，大臣们又都是一班庸碌之辈，老百姓又都厌恶打仗。就精神方面来说，鲁是个公认的礼仪之邦，又是个小国，谁打了它，都得背上个不礼不义的恶名。这些就是鲁国难打的原因。"

田常禁不住哈哈大笑了。他说："恕我讲一句不客气的话，您这些话都是本末倒置，不合常理的。您所说的鲁国在物质方面难打的原因，对一般人来说，正是最容易打的弱点。您说的精神方面的道理，更是站不住脚。所谓礼仪之邦，恕我冒昧，不过是一句空话。鲁国内部的事情乱七八糟，且不去说它，它在国与国关系方面，像前几年攻打邾国，欺负人家小国，这不正是以大欺小是什么？还侈谈什么礼仪之邦！"

子贡说："看来您需要上一堂哲学课。"

田常不耐烦了，他说："算了，算了。一般的道理都讲不通，再不要讲那些玄之又玄的东西了。"

子贡说:"我很欣赏您的坦率,我知道您当了相国不久,一般外交俗套的沾染还轻。"

田常说:"您不是鲁国派来的使节,我是把您当作好朋友看待的,所以不同您讲话绕圈子。"

子贡说:"那么,也恕我不客气地说,您对攻打鲁国的看法,是把自己降低到一般人的水平了。作为一个政治家,应该能够看到普通人所看不到的东西,也就是说,要有远见。要不然,人人都可以当政治家了。"

田常稍微谦和地说:"说真的,我还是不大懂得您的意思。"

子贡凑近一点,很诚恳地说:"您该想一想'忧在内者攻强,忧在外者攻弱'这句话的道理。您既然以好朋友相待,我也就不能不坦诚相见。听说您三次求封未成,看来您今天的处境,恐怕很难同其他的大夫们长期共处,他们都不服。说穿了,您有内顾之忧。攻打鲁国的确易如反掌,我所说的难,是从对您的利害得失的角度考虑的。齐国把鲁国打下了,也许可以扩张一些领土,这样一来齐侯就更神气了,那些攻打鲁国的人,功劳更高,势力也更大了。可是您呢?不但没有得到什么实际好处,反而上骄君主,不恣群臣,同他们越来越疏远。'上骄则恣,臣骄则争'。结果呢,您同齐侯的关系搞坏了,下面也不听您的命令,您要立足齐国就难了,更不要说完成什么大事了。依我看,您还是不要攻打鲁国好,要打的话,得打一个比鲁国强的,所谓'忧在内者外攻强',对您有利。因为遇上了劲敌,总会多死一些人,那些同您不和的大夫们就被缠住了手脚,他们的力量势必受到削弱,国内就没有强敌了。齐侯和人民也不会责怪您,您就可以独揽大权,地位也就巩固了。"

子贡这些话说到了田常的痛处。田氏这才觉得很有道理,连忙很尊敬地说:"现在我算听懂了您的深奥的哲学了。可是齐国的军队已经到了鲁国边境了,一则不好把军队拉回来,引起大家对我的怀疑,再则不打鲁国又打谁呢?"

子贡说:"这个不难。吴国不是一个现成的对手吗?吴国的情况和鲁国正相反。国家大,城墙又高又厚,土地辽阔,兵精粮足,武器精良,统帅又很能干。吴王夫差新近打败了越国,又曾后临齐国城下,正是踌躇满志，趾高气扬的时候。吴鲁有过联盟关系。您要是愿意，我可以为您到姑苏跑一趟，说服吴王派兵救鲁，那时候您移师对吴，就名正言顺了。"

田常觉得是个好办法，把子贡当恩人一样看待，临走时送了他很多贵重的礼物，子贡一概不受，匆匆忙忙赶到吴国去了。田常便密告国、高，说是吴王可能乘机攻齐，请他们暂且按兵不动，查明情况再说。

这里说的游说，但营销工作又何尝不是如此，要想赢得顾客信任，同顾客搞好关系，让顾客购买你的产品，那么你在与顾客交流时，就一定要巧妙地运用说话，把话说到顾客的心里去。

第十一章 攻心为上——孙子与现代商家赢得客户的谋略